LÍNGUA PORTUGUESA

Ernani Terra

LÍNGUA PORTUGUESA

desenvolvendo competências de leitura e escrita

Av. Paulista, 901, Edifício CYK, 4º andar
Bela Vista – São Paulo – SP – CEP 01310-100

SAC sac.sets@saraivaeducacao.com.br

Diretoria executiva	Flávia Alves Bravin
Diretoria editorial	Ana Paula Santos Matos
Gerência de produção e projetos	Fernando Penteado
Gerenciamento de catálogo	Neto Bach
Edição	Estela Janiski Zumbano
Design e produção	Daniele Debora de Souza (coord.)
	Tiago Dela Rosa
	Camilla Felix Cianelli Chaves
	Deborah Mattos
	Lais Soriano
Planejamento e projetos	Cintia Aparecida dos Santos
	Daniela Maria Chaves Carvalho
	Emily Larissa Ferreira da Silva
	Kelli Priscila Pinto
Diagramação	Rafael Cancio Padovan
Revisão	Carolina Mihoko Massanhi
	Queni Winters
Capa e projeto gráfico	Tiago Dela Rosa
Produção gráfica	Marli Rampim
	Sergio Luiz Pereira Lopes
Impressão e acabamento	Gráfica Eskenazi

DADOS INTERNACIONAIS DE CATALOGAÇÃO NA PUBLICAÇÃO (CIP)
ODILIO HILARIO MOREIRA JUNIOR – CRB-8/9949

T323l   Terra, Ernani
Língua Portuguesa: desenvolvendo competências de leitura e escrita. / Ernani Terra. – São Paulo: SaraivaUni, 2023.
272 p. ; il.
ISBN 978-85-7144-146-0 (Impresso)
1. Língua portuguesa. 2. Competências de escrita e fala. 3. Linguística. I. Título.

2022-3757
CDD 469
CDU 81

Índices para catálogo sistemático:
1. Língua portuguesa   469
2. Língua portuguesa   81

Copyright © 2023
2023 Saraiva Educação
Todos os direitos reservados.

1ª edição
2ª tiragem

Dúvidas? Acesse www.saraivaeducacao.com.br

Nenhuma parte desta publicação poderá ser reproduzida por qualquer meio ou forma sem a prévia autorização da Saraiva Educação. A violação dos direitos autorais é crime estabelecido na Lei n. 9.610/98 e punido pelo art. 184 do Código Penal.

CÓD. OBRA 715682   CL 651980   CAE 818328

Para Gabriela e Willian,
por estarem sempre presentes.

APRESENTAÇÃO

A linguagem é como uma pele: com ela eu entro em contato com os outros.

ROLAND BARTHES

Este livro é destinado a todos que querem aprimorar o desempenho em língua portuguesa, particularmente naquelas situações em que se tenha de fazer uso da norma culta como leitores ou produtores de textos, no âmbito acadêmico ou profissional.

A escola, tradicionalmente, costuma privilegiar, nas aulas de Língua Portuguesa, o conhecimento de uma nomenclatura gramatical específica. Enfatiza-se que os estudantes saibam, por exemplo, que determinada palavra pertence à classe dos pronomes, que outra deve ser classificada como conjunção, que uma oração é subordinada. No entanto, não se dá a devida atenção aos usos e aos sentidos que as palavras comportam, nem a como as palavras se organizam em unidades de sentido maiores. Enfim, não se enfatiza como o conhecimento gramatical favorece a formação de competentes leitores e produtores de texto.

O estudo da língua tem de estar voltado para o aprimoramento tanto da capacidade de ler textos dos mais diversos gêneros quanto de produzir textos claros, coerentes e adequados à finalidade proposta. Quando isso é deixado de lado, não há um efetivo aprendizado, razão pela qual muitas pessoas chegam ao nível superior de ensino com deficiências de várias ordens, sejam como leitores, sejam como produtores de texto.

Este livro parte do princípio de que conhecer uma língua não é memorizar uma série de regras que estabelecem o que se pode ou não se pode dizer em português. Em outras palavras, aquilo que é "certo" ou "errado" no uso da língua.

Após definir seu objeto de estudo – a língua –, este livro chama a atenção para o fato de que ela não é homogênea; pelo contrário, o que a caracteriza é a diversidade. Dentre as variedades que a língua apresenta, o conhecimento da norma culta assume importante papel nos intercâmbios verbais, não apenas na vida acadêmica, mas também na esfera profissional; por isso, este livro dá destaque a essa variedade linguística.

O conhecimento amplo da língua possibilita o exercício de habilidades que permitem a socialização, em especial ler e escrever com proficiência, lembrando que o que se lê e o que se escreve são textos que circulam das mais variadas esferas e que se manifestam em gêneros diferenciados, com linguagens e propósitos diferentes, razão pela qual este livro trata da língua sempre levando em conta sua manifestação em textos de gêneros diversos.

O propósito não é, portanto, ensinar a gramática pela gramática. Este livro não é e nem pretende ser uma gramática aos moldes tradicionais, mas um livro de Língua Portuguesa. Por isso, foi concebido para desenvolver não apenas a competência linguística; mas, principalmente, a competência textual, entendida como a faculdade de usar a língua para produzir e compreender textos.

O livro está estruturado em dez capítulos, que tratam de temas fundamentais para o desenvolvimento das competências linguística e textual. Ao final, é apresentada a seção de Referências, em que se arrolam não só as obras consultadas, mas também as sugestões de gramáticas de língua portuguesa para consulta. Os aspectos teóricos são apresentados de forma bastante objetiva, devidamente exemplificados e fundamentados, em linguagem simples, sem rodeios ou complicações.

No Capítulo 1, apresentam-se os conceitos fundamentais, linguagem, língua, fala ou discurso e texto. No Capítulo 2, destaca-se que a língua se caracteriza pela heterogeneidade e que todas as variedades linguísticas apresentam regras. Neste capítulo, o leitor será apresentado ao conceito de norma culta. No Capítulo 3, mostra-se como a língua, uma virtualidade, concretiza-se por meio da enunciação e que o discurso se manifesta em textos, unidades de sentido que estabelecem comunicação entre sujeitos. Trata-se, ainda, de textos temáticos e figurativos, bem como daqueles que produzem sentidos de objetividade ou de subjetividade. O Capítulo 4 destaca que os textos se manifestam em formas relativamente estáveis, relacionadas às diversas esferas da atividade humana – os gêneros do discurso. O Capítulo 5 mostra como se dá a textualização, ou seja, o que faz com que uma sequência de palavras e de frases venha a constituir um texto, uma unidade de sentido maior que a soma de suas partes. O Capítulo 6 está voltado para o modo como os textos se organizam para manifestar ações discursivas como narrar, descrever, argumentar e expor. O Capítulo 7 está centrado em aspectos que favorecem ou prejudicam a legibilidade dos textos. Nele, comentam-se características dos textos, como a clareza, a concisão, a correção e de que maneira o conhecimento gramatical pode favorecer a legibilidade. O Capítulo 8 tem por tema a unidade mínima de significação dos textos, as palavras e os sentidos que veiculam e comportam. No Capítulo 9, destaca-se que, nos textos, as palavras se organizam em unidades de sentidos maiores, as frases. Fechando o percurso, no Capítulo 10, cujo tema é linguagem e estilo, retoma-se o conceito de linguagem apresentado no primeiro capítulo para mostrar que há usos da língua que se revelam mais expressivos que outros, favorecendo a adesão do ouvinte ou leitor ao que o texto veicula.

Os capítulos apresentam uma estrutura padronizada com seções fixas. Parte-se de uma breve introdução ao conteúdo a ser estudado, segue uma teoria, apresentada de forma bastante objetiva, com destaque para aquilo que é essencial. A seguir, é apresentado um texto comentado a fim de mostrar como os conceitos estudados se manifestam em textos concretos. Segue-se uma revisão gramatical de assuntos que fazem parte dos conteúdos de Língua Portuguesa essenciais para o desenvolvimento das habilidades de leitura e de escrita. Há ainda a proposição de atividades para que se apliquem os conhecimentos adquiridos. Encerrando cada capítulo, há uma recapitulação dos principais conteúdos estudados. Boxes estão espalhados pelos capítulos a fim de destacar conceitos fundamentais para a compreensão da matéria apresentada.

Marco Túlio Cícero, célebre orador romano, dizia que a gratidão não é somente a maior das virtudes, é também a mãe de todas as outras. Este livro é fruto de um trabalho coletivo em que muita gente se empenhou para que ele chegasse a você. A essas pessoas, o autor agradece a inestimável colaboração, ressalvando que qualquer falha que porventura houver é de sua inteira responsabilidade.

Primavera de 2022.

O autor

SUMÁRIO

CAPÍTULO 1 Língua e texto **1**

1.1 Introdução 1

1.2 Texto 1

1.3 Plano da expressão 3

1.4 Língua 6

1.5 Língua falada e língua escrita 10

    1.5.1 Língua escrita 12

1.6 Língua e cultura. 15

CAPÍTULO 2 Variação linguística. **23**

2.1 Introdução 23

2.2 Heterogeneidade linguística 23

2.3 Norma linguística 26

2.4 Hipercorreção 30

2.5 Mudanças. 31

2.6 Norma culta × norma-padrão. 32

CAPÍTULO 3 Enunciação, texto e discurso. **45**

3.1 Introdução 45

3.2 Enunciação. 45

3.3 Categorias da enunciação 49

    3.3.1 Categoria *pessoa* 49

    3.3.2 Categoria *tempo* 50

    3.3.3 Categoria *espaço* 52

3.4 Textos enunciativos e textos enuncivos 54

3.5 Textos temáticos e figurativos 55

CAPÍTULO 4 Gêneros do discurso................................ **71**

4.1 Introdução 71

4.2 Noção de gênero 72

4.3 Gêneros verbais, não verbais e sincréticos.......................... 76

4.4 Gêneros e registro 78

4.5 Gêneros e ações discursivas.. 78

4.6 Gêneros digitais e acadêmicos... 79

CAPÍTULO 5 Textualização...................................... **89**

5.1 Introdução 89

5.2 Fatores de textualização.. 89

    5.2.1 Intencionalidade... 90

    5.2.2 Aceitabilidade 91

    5.2.3 Informatividade 93

    5.2.4 Situcionalidade.. 93

    5.2.5 Intertextualidade 94

    5.2.6 Coesão 97

        5.2.6.1 Coesão por substituição............................. 98

        5.2.6.2 Coesão por elipse 101

        5.2.6.3 Coesão por repetição 102

        5.2.6.4 Coesão por conexão 104

    5.2.7 Coerência.. 105

5.3 Hipertexto 109

CAPÍTULO 6 Modos de organização dos textos............. **119**

6.1 Introdução 119

6.2 Sequências textuais... 119

6.3 Texto descritivo 120

    6.3.1 Texto descritivo e gramática 125

6.4 Texto narrativo 125

    6.4.1 Narrativa ficcional 126

    6.4.2 Estrutura do texto narrativo ficcional 127

    6.4.3 Estrutura do texto narrativo não ficcional................. 128

    6.4.4 Texto narrativo e gramática 130

6.5 Texto argumentativo.. 130

    6.5.1 Texto argumentativo e gramática............................ 131

6.6 Texto expositivo... 133

CAPÍTULO 7 Concisão, clareza e correção **149**

7.1 Introdução 149

7.2 Qualidades dos textos 149

    7.2.1 Concisão 149

        7.2.1.1 Concisão e gramática 151

    7.2.2 Clareza 154

        7.2.2.1 Clareza e gramática 155

    7.2.3 Correção 158

7.3 Defeitos de um texto 160

    7.3.1 Prolixidade 160

    7.3.2 Ambiguidade 161

    7.3.3 Cacofonia 163

CAPÍTULO 8 Léxico, palavra e sentido **173**

8.1 Introdução 173

8.2 Palavra 174

    8.2.1 Palavra lexical e palavra gramatical 175

    8.2.2 Palavra e contexto 177

    8.2.3 Criação de palavras 179

    8.2.4 De onde vêm as palavras? 179

8.3 Léxico e associações de sentido 181

    8.3.1 Sinonímia 182

    8.3.2 Paráfrase 184

    8.3.3 Antonímia 185

    8.3.4 Homonímia 187

    8.3.5 Polissemia 188

    8.3.6 Expressões idiomáticas 190

    8.3.7 Metáfora 191

    8.3.8 Metonímia 193

CAPÍTULO 9 A frase **205**

9.1 Introdução 205

9.2 Frase 205

    9.2.1 Tipos de frase 210

    9.2.2 Frase e sentido 212

    9.2.3 Atitude do falante 212

9.2.3.1	Modo indicativo	212
9.2.3.2	Modo subjuntivo	213
9.2.3.3	Modo imperativo	213
9.2.4	Comprometimento do falante	213
9.2.5	Implícitos	214
9.2.6	Ironia	215
9.2.7	Lítotes	217

CAPÍTULO 10 Linguagem e estilo 229

10.1	Introdução	229
10.2	Estilo	229
10.2.1	Estilo e frase	232
10.2.1.1	Deslocamentos	233
10.2.2	Vozes verbais	235
10.2.3	Paralelismo sintático	237

REFERÊNCIAS 249

CAPÍTULO 1

LÍNGUA E TEXTO

1.1 Introdução

O objetivo do Capítulo 1 é apresentar o conceito de língua e, a partir dele, discutir como a língua se manifesta em textos concretos, o que nos obriga a também conceituar texto.

O estudo da língua portuguesa deve ser sempre feito a partir de ocorrências concretas, ou seja, em textos, e não por meio de frases soltas e criadas especialmente para explicar um determinado fato linguístico. A língua – como veremos neste capítulo – é algo abstrato e se concretiza a partir do momento em que o falante se apropria dela e a põe em funcionamento, produzindo textos. Mas, afinal, o que é um texto?

1.2 Texto

Antes de conceituar texto, observe os exemplos a seguir:

Exemplo 1.1

As empresas públicas de transporte e as concessionárias de transporte coletivo reservarão assentos, devidamente identificados, aos idosos, gestantes, lactantes, pessoas portadoras de deficiência e pessoas acompanhadas por crianças de colo.

(Art. 3º da Lei n. 10.048/2000)

Exemplo 1.2

Fonte: iStock / Getty Images

Os Exemplos 1.1 e 1.2 dizem praticamente a mesma coisa: determinadas pessoas têm prioridade no atendimento. Em ambos, comunicam isso a alguém.

Um texto se define por essas duas propriedades:

a) é um todo de sentido (diz algo); e
b) estabelece comunicação entre sujeitos.

De modo bastante simples, podemos dizer que o texto é o objeto pelo qual alguém diz algo a alguém. Reconhecemos que essa é uma definição bastante simples e vaga. Observe que usamos pronomes indefinidos: *alguém* e *algo*. É preciso, portanto, definir quem e o que estão sendo representados por esses pronomes.

O *algo* que se diz é o conteúdo. O pronome *alguém* representa, na definição apresentada, dois elementos diferentes: aquele que diz, que chamaremos de *enunciador*, e aquele para quem se diz, que chamaremos de *enunciatário*.

Em ambos os casos, o enunciador é o legislador e o enunciatário está presumido. Não se trata de uma pessoa determinada, mas de todos os cidadãos residentes no Brasil, porque as leis têm caráter geral. Os textos dizem a mesma coisa, mas em linguagens diferentes. No Exemplo 1.1, foram usadas palavras; no 1.2, imagens. A placa, a folha de papel ou a tela de computador não devem ser confundidas com o texto. Elas são apenas o suporte, ou seja, o local em que o texto é visível.

Os suportes são uma forma que o homem encontrou para preservar os textos. São de natureza variada, físicos ou virtuais, e vão desde as antigas tabuletas de argila às telas de computadores e *smartphones*, passando por folhas de papel, soltas ou encadernadas em forma de livros ou revistas, camisetas, faixas, adesivos, letreiros etc.

O texto resulta da superposição de planos:

a) uma expressão de ordem material; e

b) um conteúdo de ordem cognitiva.

A separação que fazemos entre plano da expressão e plano do conteúdo é meramente didática. Na prática, esses dois planos não se separam. São como o verso e o anverso de uma folha de papel. Todo conteúdo se manifesta por uma expressão e toda expressão é manifestação de um conteúdo. O sentido do texto resulta da superposição desses dois planos.

A expressão é sensorial, é captada pelos sentidos: no Exemplo 1.2, vemos a imagem; em uma conferência, ouvimos as palavras ditas pelo conferencista; em uma mensagem de texto afixada num cartaz, vemos as palavras de que o enunciador se valeu para transmitir o conteúdo. Pelo plano da expressão temos acesso ao conteúdo, que, de modo bastante vago, podemos chamar de ideia.

1.3 Plano da expressão

Neste livro, damos especial atenção ao plano da expressão dos textos, mostrando de que forma ele veicula conteúdos (lembre-se de que toda expressão é manifestação de um conteúdo e de que todo conteúdo se manifesta por meio de uma expressão), por isso temos de falar um pouco mais sobre ele.

O plano da expressão é dado por uma linguagem qualquer, ou seja, por um sistema de símbolos que representa algo para alguém. Os símbolos de que se constituem as linguagens são variados. Podem ser, por exemplo, as cores, como nos semáforos que regulam o tráfego de veículos; imagens, como as que usamos no Exemplo 1.2; movimentos corporais, como o balançar da cabeça para dizer sim ou não; palavras, como as usadas no Exemplo 1.1.

As linguagens que têm como sinais as palavras são chamadas de verbais; as que usam sinais diferentes das palavras são chamadas de não verbais. Dependendo da linguagem usada para manifestar o conteúdo, os textos podem ser:

a) **Verbais:** aqueles cuja linguagem é exclusivamente verbal. Podem se apresentar na forma falada ou escrita. Como exemplos de textos verbais escritos, temos: uma notícia de jornal, um romance, um testamento, uma escritura pública, um currículo, um *habeas corpus*, um *e-mail*, um ofício etc. Como exemplos de textos verbais falados, temos: um telefonema, uma consulta médica, uma entrevista, uma aula expositiva etc. Certos tipos de textos falados podem se manifestar tanto na modalidade presencial como na remota, por exemplo, uma aula, uma consulta médica. Os textos verbais mobilizam as habilidades de falar, ouvir, ler e escrever, que nos permitem a socialização. Essas habilidades se organizam em pares: falar/ouvir, ler/escrever. Nesses pares, cada uma das habilidades deve ser vista como face de uma mesma moeda. Fala-se para ser ouvido, escreve-se para ser lido e só se pode ler algo que foi escrito previamente.

b) **Não verbais:** aqueles que apresentam exclusivamente linguagem não verbal. Como exemplos, temos: um espetáculo de balé, desenhos indicando lugar reservado a pessoas com deficiência, gestantes, idosos, como no Exemplo 1.2 etc.

Evidentemente, o plano da expressão de um texto pode se manifestar por linguagem verbal e não verbal ao mesmo tempo. Esse tipo de texto é chamado de sincrético. Servem de exemplos os gráficos com legendas, as histórias em quadrinhos com balões, as canções, os documentários, as embalagens de alimentos, as mensagens que enviamos por WhatsApp com palavras acompanhadas de *emojis* etc. A seguir, apresentamos alguns exemplos de textos sincréticos.

Texto 1.1

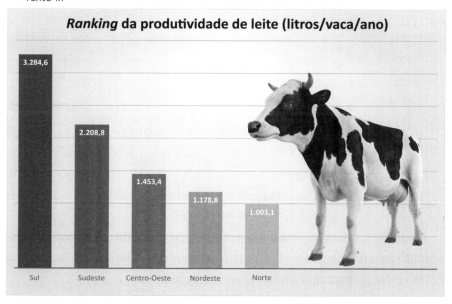

Fonte: adaptado de IBGE, 2019.

Texto 1.2

Fonte: elaborado pelo autor.

Texto 1.3

Fonte: acervo pessoal.

Neste livro, a ênfase será dada a textos cujo plano da expressão é representado pela linguagem verbal, particularmente pela língua portuguesa na norma culta do português brasileiro contemporâneo.

A língua não é algo homogêneo; pelo contrário, sob a denominação "língua portuguesa", encobrem-se diversas variedades dessa língua, como veremos no próximo capítulo. Daremos ênfase à variedade que representa a norma culta do português brasileiro, não porque seja a melhor ou a "correta", mas simplesmente porque é essa a variedade que circula em diversas atividades profissionais e acadêmicas.

1.4 Língua

Define-se língua como a linguagem que tem por sinais as palavras. O conceito de língua se confunde, portanto, com o de linguagem verbal. Trata-se de um sistema de sinais e de regras para a combinação desses sinais. A língua, falada ou escrita, constitui o plano da expressão dos textos verbais. A língua tem caráter social, isto é, pertence a toda uma comunidade de falantes. Ela é uma das formas que as pessoas têm à disposição para exercer a faculdade da linguagem.

O conjunto de sinais – as palavras – de que se constitui a língua é denominado léxico. Trata-se de um inventário de palavras que está à disposição dos falantes. É um conjunto bastante extenso e aberto, porque palavras novas surgem, por exemplo, *ciclofaixa* e *instagramável*; outras, como *desquite*, *gramofone*, *telex*, *mata-borrão* e *nosocômio*, desaparecem; outras adquirem novos significados. A palavra *tarimba*, nome que se dá a uma espécie de cama dura e desconfortável, usada sobretudo em quartéis, passou a ter o sentido de aptidão, experiência em algo. Uma pessoa tarimbada é uma pessoa que tem muita experiência para executar algo.

Não devemos confundir léxico com vocabulário. O léxico corresponde à língua; o vocabulário diz respeito aos falantes da língua, por isso dizemos que determinado autor tem um vocabulário rebuscado e não um léxico rebuscado. O léxico não deve ser entendido apenas como uma lista de palavras, pois engloba ainda elementos lexicais que estão à disposição dos falantes para formar palavras, como os sufixos e os prefixos. O conhecimento do sufixo – *ista* permite aos falantes formar palavras como *secundarista* e *pacifista*, bem como compreender o que significam palavras como *darwinista* e *terraplanista*.

Como o léxico é um conjunto muito extenso, nenhum falante tem o domínio completo dele e isso não constitui obstáculo para que se use a língua com proficiência. O vocabulário varia de pessoa para pessoa e pode ser:

a) **Ativo:** conjunto de palavras que os falantes conhecem e usam.

b) **Passivo:** conjunto de palavras que os falantes compreendem, mas normalmente não usam.

Observe agora esta sequência de palavras:

O segredos não vinho a demasiado nem palavra guarda cumpre.

Você certamente conhece todas as palavras do exemplo indicado, pois pertencem ao léxico da língua portuguesa e fazem parte de seu vocabulário. Por maior que seja o esforço que você empreenda, não conseguirá dar um sentido a esse amontoado de palavras. Se não há sentido, não se pode falar que haja texto. Não é sequer uma frase, pois a frase se caracteriza, como veremos no Capítulo 9, por ser uma unidade linguística de sentido completo.

Por que essas palavras, embora pertençam ao léxico português e façam parte de seu vocabulário, não formam um texto? Porque uma língua não se faz apenas com palavras; é preciso que elas estejam organizadas de acordo com algumas regras que os falantes conhecem e usam. O conjunto dessas regras é o que se denomina gramática.

Ao contrário do léxico, que é um conjunto muito extenso a tal ponto de nenhum falante ter o domínio completo dele, a gramática é um conjunto de poucas regras que os falantes dominam de modo completo.

Se usarmos as regras da gramática da língua para combinar as palavras do exemplo anterior, teríamos algo como:

O vinho demasiado não guarda segredos nem cumpre a palavra.

Agora, sim, podemos dizer que temos um texto, pois possui sentido e é capaz de estabelecer comunicação entre sujeitos.

Nossa afirmação de que a gramática é um conjunto de poucas regras que os falantes dominam de modo completo pode levar você a duas perguntas: poucas regras? Os falantes dominam a gramática da língua de modo completo? Essas perguntas repousam no fato de que, na escola ou consultando alguma gramática, você teve a justa impressão de que o número de regras que fazem parte das gramáticas escolares é muito grande, de tal sorte que nunca conseguiu conhecê-las de modo completo.

A gramática de que falamos não é a que nos apresentaram na escola ou a que consta nos livros. Essa sim tem muitas regras e a maioria dos falantes não têm, de fato, o domínio completo delas.

A gramática a que nos referimos – que, junto com o léxico, forma a língua – é aprendida naturalmente, independentemente de escolarização. Observe que as crianças compreendem e produzem textos muito antes de frequentarem a escola, porque aprenderam, por meio do contato com outros falantes, a gramática da língua.

Você, a esta altura, já percebeu que, para a utilização da língua, efetuamos duas operações:

a) **Seleção:** escolha, dentro de um inventário bastante amplo (o léxico), das palavras que vamos usar; e

b) **Combinação:** arranjo dessas palavras segundo algumas regras (a gramática) e segundo o sentido que pretendemos produzir.

A seleção e a combinação se operam em dois eixos: um vertical, chamado paradigma, e um horizontal, denominado sintagma. No paradigma, as palavras se agrupam em classes: substantivos, adjetivos, verbos etc. Selecionadas as palavras no paradigma, os falantes as combinam umas depois das outras no eixo sintagmático, obedecendo às regras de que já falamos, a gramática da língua.

A linguagem verbal se caracteriza pela linearidade. Na fala, um fonema é colocado depois do outro; na escrita, uma letra depois da outra. A linearização da escrita em português obedece à seguinte ordem: da esquerda para a direita e de cima para baixo, como você está vendo nas páginas deste livro.

É importante que você tenha em mente que o sentido das frases e dos textos não é dado apenas pelas palavras, mas também pela relação que elas mantêm entre si; por isso, frases formadas pelas mesmas palavras apresentarão sentidos diferentes se a relação que se estabelece entre elas for diferente. Compare:

a) O caçador matou o tigre.

b) O tigre matou o caçador.

Ambas são formadas exatamente pelas mesmas palavras, no entanto não expressam o mesmo sentido. Isso ocorre porque as relações entre as palavras são diferentes, o que significa que exercem funções diferentes na frase. Na primeira, *caçador* relaciona-se a *matou* e exprime o agente da ação (aquele que matou). Na segunda, a função de agente da ação de matar cabe a *tigre*.

Sistematizando o que vimos até agora sobre o texto verbal, observe a Figura 1.1.

Figura 1.1 – Sistematização do texto verbal

Fonte: elaborada pelo autor.

1.5 Língua falada e língua escrita

Os textos verbais, como vimos e ilustramos na Figura 1.1, são aqueles cujo plano da expressão é representado pela língua, que é um sistema com um léxico e uma gramática. A língua repousa na consciência coletiva dos falantes que dela fazem uso em suas interações. Como se trata de um sistema abstrato, não "vemos" a língua, pois ela existe apenas virtualmente. O que somos capazes de "ver" são manifestações concretas da língua, a língua em funcionamento, e isso se dá por meio de textos falados ou escritos. Os falantes só têm conhecimento da língua em decorrência do uso que fazem dela. Esse sistema abstrato, que é a língua, se torna concreto pelo exercício da fala. Um sujeito se apropria das possibilidades oferecidas pelo sistema da língua e, por um ato individual de vontade, a põe em funcionamento. Resumindo:

⬦ **Língua:** sistema de natureza abstrata e social. Pertence a toda a comunidade de falantes.

⬦ **Fala:** exercício da língua; é concreta e individual.

A passagem da língua – o sistema abstrato – para a fala, ou seja, o acontecimento, o uso concreto, o processo, se dá pela enunciação, assunto que será estudado em detalhes no Capítulo 3.

Usamos aqui a palavra *fala* em sentido amplo, designando o exercício concreto da língua, o acontecimento, o processo. Nesse sentido, usa-se também a palavra *discurso*. A fala (o discurso) pode se manifestar por meios diferentes:

a) por sons, quando falamos ou ouvimos alguém falar;

b) por símbolos gráficos, quando escrevemos e lemos.

Lembrando que o exercício da fala ou do discurso, ou seja, a língua em ato, pode se dar também por meio de sinais diferentes dos sons ou símbolos gráficos que os representam (letras), de que é exemplo a Língua Brasileira de Sinais (Libras), da qual não trataremos neste livro. Aqui, trataremos apenas de dois tipos de língua e, consequentemente, de dois tipos de textos:

a) língua falada e textos falados; e

b) língua escrita e textos escritos.

Na língua falada, os sinais, as palavras, são representados por sons, os fonemas. Na língua escrita, usamos letras e alguns outros sinais gráficos (acentos, til, cedilha) para representar as palavras.

No Quadro 1.1, apresentamos exemplos de gêneros[1] de textos em que se costumam usar a língua falada e a língua escrita.

Quadro 1.1 – Gêneros textuais na língua falada e na língua escrita

Língua falada	Língua escrita
· Conversação pessoal espontânea · Conversação telefônica · Entrevistas pessoais · Consultas médicas · Debate · Noticiários de rádio e tevê ao vivo · Aula	· Diversas modalidades de carta (familiar, comercial, aberta) · Panfletos e volantes distribuídos na rua · Entrevistas em jornais e revistas · Notícias, artigos, editoriais em jornais e revistas · Atas e ofícios · Escrituras públicas · Leis e decretos · Receitas médicas e culinárias · Manuais de instrução

Fonte: elaborado pelo autor.

Antes de prosseguir, alertamos para o fato de que uma das coisas que distinguem a língua falada (e textos falados) da língua escrita (e textos escritos) não é o grau de formalidade. Há quem pense que a escrita é melhor que a fala, porque, enquanto a primeira é organizada e bem elaborada, a segunda é caótica, repetitiva, desorganizada. Isso não tem nenhum fundamento. Há textos falados extremamente formais (pense, por exemplo, numa entrevista de emprego) e textos escritos muito informais e até mesmo organizados caoticamente. Como veremos, quando tratarmos no próximo capítulo da variação linguística, a formalidade ou a informalidade dos textos não deve ser vista como uma oposição absoluta de dois polos, formal × informal, mas como um *continuum*, que vai do muito informal, como costuma ocorrer no bate-papo espontâneo e descontraído, ao muito formal, como num discurso de posse

---

1. O estudo dos gêneros será feito no Capítulo 4.

de uma autoridade, ou do paraninfo de uma turma de formandos em Direito. Entre esses dois extremos, há uma gama de textos que fazem parte de nosso dia a dia, como as crônicas de jornal, os *e-mails*, a aula, a consulta médica etc., que se caracterizam por um maior ou menor grau de formalidade.

Outro aspecto que distingue a fala da escrita é a forma como são adquiridas. Enquanto a fala é adquirida naturalmente pelo convívio com os demais falantes, a escrita é ensinada, normalmente pelo processo de escolarização. O neurocientista Steven Pinker, no livro *Guia de escrita* (PINKER, 2016), destaca que a dificuldade maior que se tem com a língua escrita em relação à língua falada é porque escrever não é um ato natural e cita Darwin, que afirma que "o homem tem uma tendência instintiva para falar, basta ver o balbucio de nossas crianças pequenas, ao passo que criança alguma tem tendência instintiva para cozinhar, preparar infusões ou escrever".

A fala sempre precede à escrita; as pessoas primeiro adquirem a competência da fala para, posteriormente, aprenderem o sistema da escrita. Há línguas de determinados povos que não possuem nenhum sistema de escrita; são as chamadas línguas ágrafas (*a* = ausência, falta + *grafos* = escrita), como as de alguns povos indígenas.

É preciso ainda levar em conta que a escrita não é reprodução da fala. Trata-se de dois sistemas distintos que apresentam características próprias. Há ocorrências que podem ser observadas na língua escrita que não aparecem na língua falada no Brasil atual, por exemplo, o uso do pronome oblíquo *o* (e flexões) na função de complemento verbal ("eu *o* convidei", "não *a* encontrei"), a mesóclise ("convidar-*me*-ão").

Na língua falada, o que se observam são construções como "convidei *ele*", "não encontrei *ela*", "vão *me* convidar" ou "*me* convidarão". Acrescente-se ainda que a língua falada apresenta recursos de que a escrita não dispõe, como os gestos, a entoação, as expressões faciais, que também contribuem para dar sentido ao que se fala.

1.5.1 Língua escrita

Embora as pessoas façam um uso muito maior da língua falada do que da escrita, dúvidas no uso da língua costumam aparecer, sobretudo, quando têm de fazer uso da escrita. Preocupações com a língua falada ocorrem particularmente em usos que envolvem maior formalidade, como numa entrevista de emprego, numa comunicação em um congresso, numa audiência pública. Nesse caso, o falante exerce um alto grau de monitoramento em relação àquilo que fala.

O homem desenvolveu e aprimorou sistemas de escrita diferentes. Os mais comuns são a escrita ideográfica, em que os sinais (os ideogramas) representam coisas e ideias, e a escrita alfabética, em que os símbolos (as letras) representam sons. O chinês é exemplo de escrita ideográfica; o português, de escrita alfabética. Como dissemos, o sistema de escrita em português é linear, uma palavra depois da outra, e se escreve da esquerda para a direita e de cima para baixo. O árabe se escreve da direita para a esquerda e de cima para baixo.

Muita gente usa com bastante proficiência a língua falada, mas, quando tem de escrever, parece que alguma coisa trava. Se isso acontece com você, bem-vindo ao clube. As dificuldades, que parecem surgir apenas quando fazemos uso da língua escrita, decorrem do fato de que a escrita, ao contrário da fala, é planejada e descontextualizada. É evidente que há casos em que há fala planejada, como no caso da apresentação de um seminário para os colegas de turma ou da sustentação oral de um advogado em um tribunal, mas fala planejada não é regra.

Quando afirmamos que a escrita é descontextualizada, destacamos que o destinatário do texto, o leitor real ou presumido, não está presente no ato comunicativo, ao contrário do que ocorre na língua falada. Nos textos falados, a recepção é *on-line*, ou seja, em tempo real, podemos ver as reações do interlocutor quando falamos e reformular o texto à medida que o produzimos. Quando nos valemos da língua escrita, a recepção é diferida, isto é, o destinatário do texto não está presente no contexto em que se dá a interação verbal. Em grande parte dos casos, nem sabemos quem será o leitor do nosso texto, como ocorre quando postamos algo numa rede social; por isso o presumimos. Em decorrência do fato de ser produto de planejamento e de a recepção ocorrer em outro contexto, nos assaltam dúvidas de ordens diversas quando escrevemos. São dúvidas de todos os tipos, arrolamos apenas algumas:

- **Lexicais:** será que é essa a palavra adequada? Devo usar a palavra *reunião* ou *encontro*? Será que fica bom eu usar a palavra *brainstorming*, ou seria melhor dizer *discussão em grupo*? Posso falar que determinada empresa optou por *uberizar* o trabalho?

- **Na construção das frases:** devo dizer *essa atitude implicará NA anulação do contrato* ou *essa atitude implicará A anulação do contrato*? Devo dizer *o princípio essencial É QUE eles devem reapresentar a proposta* ou *o princípio essencial É DE QUE eles devem reapresentar a proposta*?

- **Na flexão das palavras:** devo dizer *é preciso que ele MEDIE a reunião* ou *é preciso que ele MEDEIE a reunião*? Está correto o verbo *adequar* no trecho *isso se adequa à situação*?

- **Na pontuação:** em *o contrato deve portanto ser registrado em cartório*, devo colocar vírgula antes ou depois de *portanto* ou deixar o *portanto* entre vírgulas? Tenho de colocar vírgula depois de *banda* na frase *Quem quiser assistir ao show da banda deve reservar o ingresso com bastante antecedência*?

- **Na grafia de palavras:** em *esse modelo não tem a pretensão de resolver todos os problemas*, *pretensão* deve ser escrita com S ou Ç? Em *tal atitude incita a violência*, *incita* é mesmo com C, ou deve ser escrita com S?

- **No estilo:** que variedade da língua devo usar? Popular? Culta? Devo ou não usar uma linguagem técnica? Devo usar frases curtas e diretas ou posso usar períodos mais longos?

Esclarecemos que, excetuando as dúvidas relativas ao uso de sinais de pontuação e as relativas à grafia das palavras, as demais também costumam ocorrer em textos falados.

Parte das dúvidas que as pessoas têm ao redigir um texto pode ser resolvida com a consulta a bons dicionários e boas gramáticas. Ao final deste livro, fazemos referências a algumas. Dúvidas relativas a questões ortográficas

14 **Língua Portuguesa:** desenvolvendo competências de leitura e escrita

podem ser resolvidas consultando dicionários ou acessando gratuitamente o Busca no Vocabulário no *site* da Academia Brasileira de Letras.[2]

Ressaltamos que o *Vocabulário Ortográfico da Língua Portuguesa* (Volp) não é um dicionário; portanto, você não encontrará o significado da palavra. Ele é útil para esclarecer dúvidas relativas à grafia, à classe gramatical (se é adjetivo ou advérbio, por exemplo), ao gênero (se é palavra masculina ou feminina) e, em alguns casos, até quanto à flexão de gênero e número.

1.6 Língua e cultura

O ser humano desenvolveu a faculdade da linguagem, vale dizer, a língua é criação humana e não algo que o homem encontrou na natureza; pertence, pois, ao mundo da cultura. Mas o que é cultura? Se você fizer uma rápida consulta a dicionários, verá que essa palavra encobre significados os mais diversos. Não é objetivo deste livro tratar o tema cultura em profundidade e, aliás, nem poderíamos, já que não temos formação específica para isso, razão pela qual apresentaremos a você uma definição bastante simples de cultura.

Em linhas gerais, define-se cultura por oposição a natureza. Há o mundo natural, físico e biológico, e o mundo da cultura. O ser humano transforma a natureza e cria objetos que não existem nela. Quando, por exemplo, o homem, trabalhando o barro, faz um vaso, ele cria um objeto cultural. Note que a cultura é algo abstrato, não a observamos diretamente pelos órgãos do sentido. Não vemos, não cheiramos, não tocamos, não ouvimos a cultura. O que vemos são produtos da cultura, os incontáveis "objetos" culturais criados pelo homem, que vão de um singelo e artesanal vaso de barro a obras artísticas como as pinturas de Leonardo da Vinci, as peças de William Shakespeare, os contos de Guimarães Rosa, as composições de Mozart.

Pela cultura não se criam apenas objetos concretos, como obras de arte, vasos, vestimentas, os diversos pratos que fazem parte da culinária de um povo; criam-se também objetos incorpóreos, como os costumes (sepultar os mortos, por exemplo), as crenças, as regras de conduta, as proibições (a proibição do incesto, por exemplo), as instituições (por exemplo, o casamento,

---

2. Veja mais em: http://www.academia.org.br/nossa-lingua/busca-no-vocabulario?sid=23. Acesso em: 23 set. 2022.

a língua) etc. A cultura, produto da criação humana, existe na sociedade, criando valores. Os produtos culturais, sejam corpóreos ou incorpóreos, tais como crenças e valores, são compartilhados pelos membros das comunidades, formando um sistema de referências que organiza a vida em sociedade.

As línguas falada e escrita são instrumentos pelos quais os indivíduos compartilham cultura. Desde pequenos nos são transmitidos valores, modos de agir, costumes, crenças etc., que são os da sociedade em que vivemos. Nesse caso, há uma transmissão oral da cultura, mas a cultura também é transmitida pela língua escrita.

Uma receita culinária pode ser transmitida oralmente de pai para filho, mas também pode ser transmitida pela língua escrita, fixada em livros ou em *sites* de culinária. Os poemas homéricos, *Ilíada* e *Odisseia*, foram transmitidos primeiro pela língua falada. Só mais tarde ganharam forma escrita. O mesmo aconteceu com os contos maravilhosos dos irmãos Grimm. Podemos, portanto, falar em cultura letrada, transmitida pela escrita, e em cultura oral, transmitida pela língua falada. O importante é você perceber que todos os povos têm sua cultura, mesmo os que não conhecem a escrita.

Entre os objetos culturais, a língua ocupa papel relevante, pois, além de integrar a cultura, ela também a expressa, permitindo o intercâmbio cultural. A maior parte das aquisições culturais são transmitidas pela língua falada ou escrita.

A língua, como se apontou, é objeto cultural porque não existe na natureza. Trata-se de criação humana que é transmitida de geração a geração; tem, portanto, caráter histórico e, por pertencer à História, apresenta modificações decorrentes da passagem do tempo.

TEXTO COMENTADO

Os sons de Homero – 800 a.C., Grécia

A *Ilíada* não surgiu como literatura, mas como tradição narrativa oral. A história se passava na Idade do Bronze, por volta de 1200 a.C., num mundo anterior à guerra moderna praticada por Alexandre – e antes da escrita. É verdade que a civilização minoica da ilha grega de Creta havia desenvolvido um sistema primitivo de escrita semelhante ao dos hieróglifos egípcios, mas que não foi decifrado.

Em Micenas, surgira um sistema de escrita aparentado, o Linear B, empregado sobretudo para transações econômicas. Ninguém pensou em escrever as histórias da Guerra de Troia. Essas histórias eram cantadas por bardos especializados, para plateias grandes e pequenas.

Por volta de 800 a.C., viajantes da Fenícia – o Líbano de hoje – trouxeram notícias de um sistema de escrita que era fundamentalmente diferente de todos os outros, tão diferente que, no início, era difícil entender como funcionaria. Sistemas de escrita mais antigos, como o cretense, surgiram a partir de sinais que representavam objetos, como vacas, casas, grãos. Ao longo do tempo, esses sinais também passaram a representar as sílabas que constituíam os nomes desses objetos, ou mesmo sons individuais, mas todos eram, em sua origem, significativos, ligados pela forma a um objeto ou ideia, facilitando sua memorização.

Valendo-se de experiências anteriores do Egito, os fenícios reconheceram que a força desses sistemas de escrita era também a sua fraqueza. Enquanto se baseassem no significado, os sinais seriam infinitos. Em resposta, apresentaram uma solução radical: a escrita precisava cortar seus laços com o mundo dos objetos e significados; deveria representar apenas a linguagem e, mais especialmente, os sons. Cada sinal representaria um som, e então os sinais poderiam ser combinados para compor as palavras significativas. Abandonar os objetos, desistir do significado, era uma coisa difícil de fazer, mas tinha uma enorme vantagem: o número de sinais seria reduzido de centenas ou milhares para algumas dezenas, tornando a leitura e a escrita infinitamente mais simples. O ato de escrever estaria ligado de forma muito mais direta à fala. (A ideia dos fenícios espalhou-se pela região: o hebraico se baseia no mesmo conceito).

(PUCHNER, 2019, p. 35-37)

Trata-se de um texto verbal, já que o conteúdo é manifestado por uma língua. Originalmente, o texto foi escrito na língua inglesa e depois traduzido para o português. Pode ser visto em dois suportes, livro físico ou digital. Seu propósito comunicativo é transmitir um saber. O autor supõe que o destinatário, o leitor presumido, não sabe X e, pelo texto, quer levá-lo a saber X. Por trás dessa transmissão de saber, o autor exerce também um fazer persuasivo, ou seja, pretende que o destinatário aceite seu discurso como verdadeiro.

No Capítulo 6, discutiremos em detalhes os tipos de texto: descritivo, narrativo, expositivo e argumentativo. Por ora, basta você saber que, pelo texto, quem o produz não comunica algo apenas; ele quer também que o destinatário aceite o texto como verdadeiro. Assim, por meio dos textos, o autor não exerce apenas um fazer comunicativo, um *fazer-saber*; exerce também um fazer persuasivo, um *fazer-crer*. Retornaremos a esse assunto oportunamente.

Os textos apresentam um tema, isto é, um assunto, aquilo sobre o que se fala, lembrando que os temas nascem e circulam em determinadas esferas discursivas (esfera jornalística, publicitária, religiosa etc.). O texto que estamos comentando insere-se na esfera científica.

O texto, com base em fatos históricos, fala do surgimento da escrita, da passagem de uma cultura oral para uma cultura escrita, das transformações por que a escrita passou ao longo do tempo. Observe que o mesmo tema poderia ser abordado a partir de outra esfera discursiva – a escolar, por exemplo –, manifestando-se no discurso pedagógico. Nesse caso, o autor falaria, provavelmente, de como as pessoas aprendem a escrever, de como a escrita deve ser ensinada, de métodos que devem ser usados para a aquisição da escrita. Essas são apenas algumas possibilidades, existem outras.

Observe estas palavras e expressões presentes no texto: *Idade do Bronze*, *1200 a.C.*, *Alexandre* (trata-se de Alexandre, rei da Macedônia), *civilização minoica*, *sistema primitivo de escrita*, *hieróglifos egípcios*, *800 a.C.*, *viajantes da Fenícia* etc. Veja que essas palavras e expressões se encadeiam orientando a leitura e são responsáveis pela coerência do texto, garantindo sua continuidade, na medida em que mantêm o tema.

Vimos que a língua apresenta um léxico e uma gramática. No parágrafo anterior, chamamos atenção para o léxico. Vamos falar agora sobre a gramática. Há um enunciador, aquele que diz algo, que produz o texto visando sempre a um enunciatário, o destinatário do texto, seja ele real ou presumido. Todo texto possui um enunciador. Se há um texto, há alguém que tomou a palavra para produzi-lo, mesmo que não deixe nele marcas linguísticas, como é o caso do texto que estamos comentando.

Há um *eu* que diz "A *Ilíada* não surgiu como literatura, mas como tradição narrativa oral". Há textos em que o *eu* deixa as marcas linguísticas da pessoa que fala por meio de pronomes, por exemplo. É o que ocorreria se o texto estivesse assim redigido: *Afirmo* (*estou certo de que, não tenho a menor dúvida de que etc.*) a *Ilíada* não surgiu como literatura, mas como tradição narrativa

18   Língua Portuguesa: desenvolvendo competências de leitura e escrita

oral. Dessa forma, os textos podem estar em primeira pessoa (nesse caso, há elementos linguísticos, como verbos e pronomes na primeira pessoa que se referem àquele que fala no texto) ou em terceira pessoa (nesse caso, as marcas linguísticas daquele que fala no texto estão ocultadas).

A opção de produzir um texto em primeira ou em terceira pessoa está ligada aos efeitos de sentido que se pretendem alcançar. Nos textos em primeira pessoa, o efeito de sentido é de subjetividade, ao passo que, nos textos em terceira pessoa, o efeito de sentido é de objetividade. Como o ideal de ciência é a objetividade, os textos científicos costumam ser redigidos em terceira pessoa. Textos que relatam experiências pessoais são normalmente redigidos em primeira pessoa.

REVISÃO GRAMATICAL

Vimos que, para produzir textos falados ou escritos, selecionamos palavras do léxico e as combinamos segundo as regras da gramática da língua. É importante observar que a língua apresenta uma hierarquia. As palavras, de um lado, se organizam em unidades maiores, as frases. Por outro lado, as palavras podem ser decompostas em unidades menores, os morfemas e os fonemas. Os fonemas são unidades sonoras desprovidas de significação e pertencem à língua falada. Na língua escrita, os fonemas são representados por sinais gráficos – as letras – que podem estar acompanhados de outros sinais, como os acentos gráficos, o til, a cedilha, o apóstrofo. Os morfemas são unidades providas de significação que entram na formação das palavras, como o radical, os prefixos e sufixos e as desinências.

Como na língua portuguesa um mesmo fonema pode ser representado por mais de uma letra – por exemplo, ca**S**a, e**X**ame, nature**Z**a – e uma letra pode representar fonemas diferentes – como em cai**X**a, e**X**ibir e au**X**ílio –, é normal que, na modalidade escrita, os usuários da língua possam ter dificuldades no emprego de algumas letras. Além disso, há palavras que devem receber o acento gráfico, há outras ainda que devem ter seus elementos unidos por hífen. Embora haja regras que digam quando se deve empregar o hífen, não recomendamos a memorização delas (memorizar as regras de emprego do hífen é praticamente impossível). Se você tiver dúvida na grafia de alguma palavra, o melhor caminho é ainda recorrer a um bom

Capítulo 1. Língua e texto **19**

dicionário. Como atualmente a maioria dos textos que produzimos é por meio de computadores, nossa preocupação com a grafia de palavras diminui bastante, pois os aplicativos usados para escrever textos já vêm com um corretor ortográfico embutido. Assim, quando digitamos algo errado, o computador corrige automaticamente ou sugere a correção, o que nos poupa trabalho e muitas consultas ao dicionário. Claro que o corretor ortográfico muitas vezes deixa escapar erros de ortografia e, em alguns casos, acaba até mesmo trocando uma grafia correta por uma errada; por isso, ao usar os corretores automáticos, confie desconfiando. O ideal é que se ajuste o aplicativo para não o deixar no modo correção automática, mas usar a ferramenta de revisão ortográfica depois de pronto o texto. Nesse modo, ele não corrige, apenas aponta "problemas" e sugere a correção, que você poderá ou não aceitar. Caso se trate de um texto que será avaliado e/ou publicado, é sempre recomendável fazer também uma revisão ortográfica nos moldes tradicionais, ou seja, por pessoa qualificada para essa tarefa.

APLICANDO O CONHECIMENTO

As questões de a 1 a 5 se baseiam no texto *Os sons de Homero – 800 a.C., Grécia*, de Martin Puchner, que comentamos anteriormente. Releia-o antes de respondê-las.

1. De acordo com o texto, houve vários sistemas de escrita: sinais que representavam objetos, sinais que representavam sílabas, sinais que representavam sons individuais. Diz ainda que os fenícios reconheceram que esses sistemas de escrita apresentavam uma fraqueza. Em que consiste essa fraqueza?

2. Qual solução os fenícios encontraram que permitiu resolver essa fraqueza?

3. Qual é a grande vantagem do sistema de escrita dos fenícios em relação aos sistemas anteriores?

4. Embora sejam línguas completamente diferentes, qual é a semelhança entre o sistema de escrita que usamos em português e a escrita fenícia?

5. Você conhece alguma língua natural que usa um sistema de escrita diferente do nosso?

As questões de 6 a 10 baseiam-se no trecho que segue:

Com os emigrados de Portugal veio também para o Brasil a praga dos ciganos. Gente ociosa e de poucos escrúpulos, ganharam eles aqui reputação bem merecida dos mais refinados velhacos: ninguém que tivesse juízo se metia com eles em negócio, porque tinha certeza de levar carolo. A poesia de seus costumes e de suas crenças, de que muito se fala, deixaram-na da outra banda do oceano; para cá só trouxeram maus hábitos, esperteza e velhacaria, e se não, o nosso Leonardo pode dizer alguma coisa a respeito.

(ALMEIDA, 2011, p. 98)

6. *Emigrados* tem sentido diferente de *imigrados*. Essas palavras correspondem, respectivamente, aos verbos *emigrar* e *imigrar*. Qual é o sentido de *emigrados* no trecho?

7. A palavra *ociosa*, que caracteriza a palavra *gente* no trecho, provém de *ócio*. Levando isso em conta, forme palavras derivadas, obedecendo ao modelo: ócio – ocioso.

   a) Dengo.
   b) Charme.
   c) Maravilha.
   d) Infecção.
   e) Impiedade.

8. No trecho aparece a palavra *certeza*, derivada de *certo*. Forme palavras derivadas obedecendo ao modelo: certo – certeza.

   a) Delicado.
   b) Áspero.
   c) Nobre.
   d) Avaro.
   e) Fino.

9. Após ter resolvido as atividades 7 e 8, formule uma regra para o emprego das letras **S** e **Z**.

10. No trecho, o narrador (aquele que fala no texto) nos apresenta uma visão negativa e preconceituosa a respeito dos ciganos. Transcreva elementos do texto que comprovem isso.

RECAPITULANDO

Os principais conceitos estudados neste capítulo e que são essenciais para o entendimento dos próximos são:

- **Texto:** um todo de sentido que estabelece comunicação entre sujeitos. Resulta da superposição de dois planos que se pressupõem mutuamente: uma expressão, de ordem material e percebida pelos sentidos, e um conteúdo, de ordem cognitiva.

- **Linguagem:** qualquer sistema de sinais capaz de estabelecer comunicação entre sujeitos. Pode ser verbal – quando os sinais utilizados são palavras – e não verbal, no caso de usar quaisquer outros tipos de sinais.

- **Língua:** a linguagem verbal. É social, pois pertence a toda a comunidade de falantes, e abstrata, sendo concretizada pela fala ou pelo discurso. A língua possui um léxico – um conjunto de palavras – e uma gramática – um conjunto de regras que permite a combinação das palavras em unidades de sentido. Pode se manifestar nas formas falada e escrita e vai constituir o plano da expressão dos textos verbais, ou o segmento verbal de textos sincréticos.

- **Fala:** a realização da língua por meio de um ato de vontade de um sujeito. Ao contrário da língua, que é abstrata e social, a fala é concreta e individual. A língua é o sistema; a fala, o processo, o acontecimento. Neste livro, para designar *fala*, usamos também os termos *discurso*, *enunciado* e *ato de fala*, que são manifestações concretas de uso da língua.

CAPÍTULO 2

VARIAÇÃO LINGUÍSTICA

2.1 Introdução

O tema deste Capítulo 2, variação linguística, relaciona-se diretamente aos conceitos de língua e fala, vistos no Capítulo 1. O objetivo é mostrar que a língua é marcada pela heterogeneidade. Antes de prosseguir, é necessário retomarmos, de maneira bastante sumária, os conceitos de língua e fala já estudados.

◇ **Língua:** sistema abstrato, de natureza social, que está à disposição dos falantes.

◇ **Fala ou discurso:** uso concreto e individual que os falantes fazem da língua. É um ato, um acontecimento.

A conversão da língua em fala ou discurso, como afirmamos, se dá pela enunciação, assunto do próximo capítulo. Por ora, basta saber que a enunciação é o ato pelo qual um sujeito se apropria das virtualidades da língua e a converte em discurso, que se manifesta em textos dos mais variados gêneros e que são visíveis em diversos suportes.

2.2 Heterogeneidade linguística

As línguas não são homogêneas. Sua característica é a variedade. No documentário *Língua: vidas em português* (2002), dirigido por Victor Lopes, há uma frase dita pelo escritor português José Saramago que destaca com propriedade o tema da variação linguística: "Não há uma língua portuguesa; há línguas em português".[1] Antes, porém, de discutir variação linguística, é preciso que leiamos dois fragmentos de texto que seguem:

---

1. LÍNGUA: vidas em português. Direção de Victor Lopes. Brasil, Portugal, 2002. 1 vídeo (105 min). Disponível em: https://www.youtube.com/watch?v=JBmLzbjmhhg. Acesso em: 15 dez. 2022.

a) O inglês é o veículo de grande parte do conhecimento mundial, especialmente em áreas como ciência e tecnologia. E acesso ao conhecimento é objetivo da educação. Quando investigamos por que tantas nações recentemente fizeram do inglês língua oficial ou o escolheram como língua estrangeira principal nas escolas, uma das razões mais importantes é sempre a educacional – no sentido mais amplo. (CRYSTAL, 2005, p. 31)

b) — Não vê que meu defunto seu Vieira tá enterrado já há dois ano... Faiz mesmo agora no Natar.

— A arma dele tá penando aí por esse mundo de Deus sem podê entrá no céu.

— Eu então quis fazê esta oração pra São Gonçalo deixá ele entrá.

(MACHADO, 2003, p. 104)

Você não deve ter tido nenhuma dificuldade ao construir um sentido para os fragmentos de textos apresentados, uma vez que, em ambos, o conteúdo é expresso em português, língua que você conhece e domina. Deve ter notado ainda que o uso que se fez da língua é diferente em cada um dos trechos, ou seja, embora a língua seja a mesma – o português –, constata-se que ela apresenta variações de uma ocorrência para outra.

As línguas são marcadas pela heterogeneidade, mas isso não impede que os falantes possam se compreender. As variações linguísticas se dão por diversos fatores e estão presentes tanto na língua falada quanto na língua escrita. Nos exemplos citados, o principal fator que determina a variação é de natureza sociocultural. Pelo uso que se fez da língua, podemos inferir que, no exemplo *a*, temos um falante que teve acesso à cultura letrada; no *b*, reproduz-se a fala de uma pessoa que não teve acesso a essa cultura.

Os linguistas costumam dizer que *a* está expresso na norma culta e, *b*, na norma popular. O termo "norma culta" não é muito feliz, pois pode dar a entender que pessoas que não fazem uso dela carecem de cultura, o que não é verdade; pois, como dissemos no Capítulo 1, todos os povos têm sua cultura.

Do ponto de vista estritamente linguístico, a norma culta não é melhor, nem pior, nem mais bonita, nem mais feia que a norma popular, pois todas as variedades de uma língua se prestam a promover a interação dos falantes. O que ocorre é que as pessoas tendem a conferir prestígio à chamada norma culta. Por outro lado, há pessoas que manifestam preconceito em relação às que não fazem uso dela. Antes de prosseguir, queremos deixar claro que os termos "norma culta" e "norma popular" não cobrem todas as variações existentes na língua.

Como a língua pertence a uma comunidade de falantes e essa é bastante diferenciada, podem-se observar diversas normas. Nos exemplos apontados, a variação decorre de fatores socioculturais, mas ela pode se dar, dentre outros, por fatores geográficos, profissionais, etários etc. Daí falarmos em:

a) **Variação geográfica:** falantes de regiões diferentes usam a língua de forma diferente e, mesmo dentro de uma mesma região, há variações. Num mesmo estado, por exemplo, há diferenças entre a língua das pessoas que vivem na capital e a dos habitantes da zona rural. Numa mesma cidade, pessoas que vivem nos bairros mais periféricos usam a língua de maneira diferente das que vivem nos bairros mais centrais.

A variedade linguística decorrente de fatores geográficos é denominada *dialeto*, daí se falar, por exemplo, no dialeto caipira para designar a variedade linguística de pessoas de certas zonas rurais.

b) **Variação sociocultural:** decorre, sobretudo, do acesso que os falantes têm à cultura letrada e à escolarização formal. No Brasil, relaciona-se diretamente com a situação socioeconômica dos falantes. Uma pessoa com acesso à cultura letrada utiliza a língua de maneira diversa de outra que não teve acesso a esse tipo de cultura. Com base nesse modelo de variação, se estabelece a oposição norma culta × norma popular. O exemplo *a* é, como assinalamos, representativo da norma culta; o *b*, da norma popular. Retomaremos esse tema logo a seguir.

c) **Variação individual:** é determinada por fatores como idade, sexo e grau de intimidade que os falantes mantêm entre si. As crianças não usam a língua do mesmo modo que os adultos, assim como os jovens não o fazem da mesma maneira que os idosos. Quanto ao grau de intimidade, note que a utilização que fazemos da língua com nossos familiares e amigos é diferente da que fazemos numa entrevista de emprego. No primeiro caso, há um baixo índice de monitoramento, isto é, não ficamos policiando nossa fala, que é marcada pela informalidade; a fala, nesse caso, é menos tensa. No segundo, ocorre um maior grau de monitoramento, ficamos atentos às escolhas a que procedemos para adequar nossa fala a uma variedade prestigiada socialmente. Nesse caso, o uso da língua é marcado pela formalidade e é mais tenso.

A variação na fala decorrente da situação em que os falantes se encontram é denominada *registro* ou *estilo*; daí se falar em registro formal e informal. Lembrando sempre que é falsa a ideia de que a escrita é marcada pela formalidade e a fala pela informalidade. Há textos falados em registro formal – uma conferência, por exemplo – e textos escritos em registro informal – por exemplo, uma troca de mensagens via WhatsApp.

d) **Variação de canal:** ligada sobretudo à presença ou à ausência do destinatário na situação comunicativa, isto é, se a recepção do texto ocorrerá no momento da enunciação (recepção *on-line*) ou posteriormente (recepção diferida). A variação de canal diz respeito ao uso da modalidade de língua usada – falada ou escrita – cada uma com suas características, como vimos no Capítulo 1.

2.3 Norma linguística

Embora as variações observáveis na língua sejam diversas, interessa-nos aqui a decorrente de fatores socioculturais, particularmente o conhecimento da chamada norma culta, que é aquela que você usa com maior frequência na produção de textos na esfera escolar e na profissional. Mas, antes, precisamos definir o que é norma.

◇ **Norma** é o conjunto de realizações reiteradas e consagradas de uma língua dentro de uma determinada comunidade de falantes.

Como a norma é relativa a uma comunidade, ela possui caráter coletivo e serve de modelo para seus membros. É importante você saber que todas as variedades de uma língua apresentam um padrão, ou seja, regras. A própria palavra *norma* tem o sentido de regra. Norma é aquilo que se normalizou, isto é, se estabilizou. Veja que, no exemplo *b*, representativo de uma variedade linguística não prestigiada, é possível observar um padrão, ou seja, normas que os falantes seguem, como:

- **Indicar o plural apenas no primeiro elemento de uma expressão:** "dois ano", "três pastel". É com base nessa regra que muitas pessoas dizem "as encomenda chegou" e "os menino saiu";
- **Supressão do fonema /R/ no final de formas verbais do infinitivo:** "quis fazê"; "deixá ele entrá". Veja que esse fenômeno ocorre até mesmo na fala de pessoas escolarizadas: "amanhã eu vou falá com o diretor para ele deixá o relatório assinado".

Você já deve ter percebido que um mesmo conteúdo informacional pode ser dito de maneiras diferentes. A essas formas de se dizer a mesma coisa de modo diferente damos o nome de *variante*. Formas variantes não se restringem ao componente lexical, de que são exemplos os pares *farol/sinaleira* e *mãezinha/mainha*. Elas também podem ser observadas na gramática da língua, visto que falantes de variedades diferentes seguem regras diferentes, por exemplo:

- *as encomenda chegou / as encomendas chegaram;*
- *deixá ele entrá / deixá-lo entrar;*
- *a gente concorda / nós concordamos;*
- *nos dias de hoje onde as pessoas andam estressadas / nos dias de hoje em que as pessoas andam estressadas;*
- *eu custo a acreditar / custa-me acreditar;*
- *assisti o filme / assisti ao filme.*

Capítulo 2. Variação linguística **27**

Formas variantes manifestam variedades da língua. Umas são frequentes na norma popular; outras, na norma culta; outras caíram em desuso, como *custa-me acreditar*; pois, mesmo na norma culta, o uso é *eu custo a acreditar* ou *eu custo para acreditar*. A variante *custa-me acreditar* só existe na norma--padrão, que, como veremos ainda neste capítulo, não representa o uso efetivo da língua, mas um preceito recomendado pela gramática tradicional. Observe que, mesmo na imprensa dita séria, o uso do verbo *custar*, no sentido de ser custoso, ser difícil, com sujeito representado por pessoa já virou regra, como se observa nessa ocorrência do jornal *Folha de S. Paulo*, de 13 de fevereiro de 2020:

> **"**Auxiliares de Jair Bolsonaro custaram a acreditar que o ministro fez tal afirmação.**"**

Levando em conta que a gramática de uma língua apresenta os níveis fonológico (relativo aos sons), morfológico (relativo às formas e flexões das palavras) e sintático (relativo às combinações de palavras), as formas variantes ocorrem em todos esses níveis, como você pode observar pelos exemplos a seguir.

Quadro 2.1 – Variantes no nível fonológico

Norma popular	Norma culta
Mortandela	Mortadela
Sombrancelha	Sobrancelha
Teia	Telha
Pexe	Peixe
Cumpanheiro	Companheiro
Tauba	Tábua

Fonte: elaborado pelo autor.

Observando os exemplos de variantes da norma popular, fica fácil entender por que pessoas comentem erros de ortografia, como escrever "abobra" em vez de *abóbora* e "xicra" em vez de *xícara*. Isso ocorre porque "abobra" e "xicra" são as variantes de pronúncia que algumas pessoas adotam e, como creem que a escrita seja uma reprodução fiel da fala, escrevem dessa maneira.

Quadro 2.2 – Variantes no nível morfológico

Norma popular	Norma culta
Alemãos	Alemães
Fazido	Feito
Ponhado	Posto
Eu pido	Eu peço
Tinha chego	Tinha chegado

Fonte: elaborado pelo autor.

Quadro 2.3 – Variantes no nível sintático

Nível popular	Nível culto
A moça que o pai dela é médico [...]	A moça cujo pai é médico [...]
Não deixa eu esquecer.	Não me deixa esquecer.
Os convidado saiu.	Os convidados saíram.
Chegou os livro.	Chegaram os livros.

Fonte: elaborado pelo autor.

Fechando este tópico, trazemos uma fala da personagem Lurdes, da novela *Amor de mãe*, da Rede Globo de Televisão:

Tu não pode fraquejar. Ainda não dá para ser fraca. Nesse mundo que a gente vive, não dá. [...]. Porque a gente não é gente, não; a gente é sobrevivente.

(STYCER, 2020, p. C4)

Reproduzimos essa fala para chamar a atenção de uma norma corriqueira característica dos falantes do português brasileiro contemporâneo. O pronome de 2ª pessoa (tu) tem seu uso enfraquecido, sendo substituído pela forma *você*. Quando é usado, observa-se que a concordância do verbo não é feita na 2ª pessoa, mas na 3ª ("tu não pode fraquejar" em vez de "tu não podes fraquejar"). Outro fato linguístico que a fala da personagem ilustra é o uso de "a gente" no lugar de "nós": "a gente vive"; "a gente não é gente"; "a gente é sobrevivente", no lugar de "nós vivemos"; "nós não somos gente"; "nós somos sobreviventes".

Capítulo 2. Variação linguística **29**

2.4 Hipercorreção

Chamamos a atenção para um fato linguístico não raro. Muitos falantes, ao tentarem adequar sua fala aos moldes de uma norma prestigiada socialmente, tentando fugir da norma popular, que consideram feia e errada, acabam "corrigindo" formas em que não há "erro" algum, num procedimento que se chama hipercorreção.

Em decorrência da hipercorreção, há pessoas falam e escrevem "prazeiroso", "bandeija" e "carangueijo". É fácil explicar por que elas "erram" ao tentarem acertar. Esses falantes consideram "erradas" e feias pronúncias como "pexe", "froxo", "caxa", comuns na norma popular. Nelas, se transformam os ditongos orais *ei, ou, ai* em um só fonema vocálico – *e, o* e *a* –, respectivamente. A esse fenômeno, dá-se o nome de monotongação.

Como consideram "erradas" aquelas formas, fazem a "correção" onde não é necessário fazer, dizendo (e escrevendo) "prazeiroso", "bandeija" e "carangueijo", em vez de *prazeroso, bandeja* e *carangueijo*.

Curiosamente, pessoas que condenam as pronúncias (e grafias) "pexe" e "caxa" cometem exatamente o mesmo "erro" quando dizem (e escrevem) "mantegueira" e "cabelereiro", no lugar de *manteigueira* e *cabeleireiro*, por um processo de monotongação. Alguns falantes reduzem até mesmo os dois ditongos, ao dizerem "mantegueira" e "cabelerero".

Usamos aspas em *erradas* (Como consideram "erradas" aquelas formas [...]) para chamar a atenção para o fato de que esse "erro" só causa estranheza quando aparece na escrita, pois na língua falada pronúncias como "ropa", "poco", "loco" são comuns, mesmo por parte de pessoas com alto grau de escolarização.

No conhecido samba *Com que roupa*, de 1929, Noel Rosa rima *roupa* com *sopa, popa* e *estopa*.

Pois esta vida não está sopa
E eu pergunto: com que roupa?

Eu já corri de vento em popa
Mas agora com que roupa?

Meu terno já virou estopa

E eu nem sei mais com que roupa.

(ROSA, 1990, p. 116-117)

O fenômeno da hipercorreção ajuda a explicar construções como "fazem muitos dias" e "haviam pessoas". Nesses exemplos, o falante, tentando acertar, faz a concordância do verbo em desacordo com o que estabelecem as gramáticas normativas, que preconizam as formas "faz muitos dias" e "havia pessoas" (veja a seção *Revisão gramatical* do Capítulo 10).

É necessário agora abrir um parêntese para deixar claro que o que chamamos de norma culta não deve ser confundido com norma-padrão. A primeira representa usos efetivos que falantes com acesso à cultura letrada fazem da língua em situações mais formais. A norma culta é essencialmente urbana, prestigiada socialmente e apresenta certo grau de monitoramento. A norma-padrão não tem existência empírica, ou seja, não representa o uso efetivo de uma comunidade de falantes. Não se trata, pois, de uma variedade linguística. É um modelo de língua considerado ideal e veiculado por meio de gramáticas normativas mais tradicionais, por muitos manuais e programas na mídia que se propõem a ensinar a escrever e falar "certo". Evidentemente, há gramáticas que mostram não existir uma única forma de se dizer algo e ilustram muitos usos efetivos de língua culta que não correspondem ao que estabelece a norma-padrão. Ao final deste livro, há indicações de boas gramáticas da Língua Portuguesa.

2.5 Mudanças

As línguas, além de apresentarem variações, sofrem mudanças no tempo. Tais mudanças se processam lentamente e os falantes praticamente não as percebem. Têm a impressão de que sempre se falou o português da forma como se fala hoje. No entanto, se você comparar dois textos escritos em português de épocas bem distantes, perceberá que o português falado antigamente era muito diferente do falado hoje. Observe esse texto publicado em um jornal em 1922.

CORINTHIANS 2 a 1. 20 de fevereiro de 1922. Ontem, o bravo *team* do Corinthians Paulista derrotou pelo *score* de 2 a 1 o do Palestra Itália, no

Capítulo 2. Variação linguística **31**

ground deste último. *Goals* do *forward* Neco (2) e do *full-back* Baggio. No ponto do *bonds,* após o *match,* um torcedor do Palestra, inconformado, apunhalou um corinthiano.

(SANTOS, 1979)

Procure em um jornal atual na seção de esportes alguma notícia sobre resultado de uma partida de futebol e compare a linguagem utilizada em cada um deles. De pronto, você notará que palavras do jornal antigo que eram grafadas em inglês[2] foram substituídas por palavras em português. *Team* virou time; *score*, placar; *ground*, campo; *goals*, gols; *forward*, atacante; *full-back*, zagueiro; *match*, partida. E os *bonds*, se é que ainda existem, viraram bondes. Em síntese: com a importação do jogo, importamos também o vocabulário relativo a ele. Num primeiro momento, os empréstimos se mantiveram em sua forma original; com a popularização do esporte, as palavras foram sendo aportuguesadas, por isso *foot-ball* virou futebol.

Grave bem isso: a variação diz respeito ao mesmo estágio temporal da língua; é de natureza **sincrônica**, pois as variedades coexistem, manifestam-se num mesmo tempo. A mudança é de natureza **diacrônica**, isto é, diz respeito a alterações que a língua sofre com o passar do tempo; tem caráter histórico, portanto.

2.6 Norma culta × norma-padrão

A norma-padrão, por representar um ideal de língua tomado com base na tradição escrita de nosso idioma, sobretudo por usos consagrados em autores chamados clássicos – muitos deles portugueses –, apresenta um modelo de língua que está muito distante dos usos efetivos de uma norma culta brasileira contemporânea; por exemplo, embora a norma-padrão preconize que se deve dizer "assisti ao jogo", "custa ao governo acreditar" e "pagou ao dentista", na variedade prestigiada socialmente, ou seja, na norma culta, são frequentes os usos "assisti o jogo", "o governo custa a (ou para) acreditar", "paguei o dentista".

---

2. O futebol é um esporte de origem inglesa que havia sido introduzido por Charles Miller no Brasil na última década do século XIX, pouco tempo antes da partida a que o jornal faz referência.

32   **Língua Portuguesa:** desenvolvendo competências de leitura e escrita

O sistema de colocação dos pronomes átonos (me, te, se, nos, vos, o, a, lhe) preconizado pela norma-padrão segue o modelo do português europeu. Enquanto as gramáticas tradicionais atreladas à norma-padrão prescrevem a construção "Convidaram-me", em que o pronome oblíquo deve vir depois do verbo, no português brasileiro, o uso corrente, mesmo de pessoas escolarizadas, é a variante "Me convidaram".

Veja outros exemplos, publicados em jornal de grande circulação e livro. Os grifos são nossos.

> **"**Guedes foi o candidato indicado pela liderança do partido. Mas aliados do vereador Reis (PT), que também concorreu ao cargo mas não foi eleito, *acusam ele* de ter acenado à bancada do governo para conseguir apoio no pleito**"**.

> *(Folha de S. Paulo,* 18 dez. 2019, p. C2)

> **"**[...] a revolução decorria justamente *do fato dele escolher,* como objeto de representação, não um simulacro sublime do homem [...]**"**

> (TEZZA, 2018, p. 115-116)

No primeiro exemplo, a norma-padrão estabelece que se use *acusam-no;* no segundo, *do fato de ele escolher.*

No Quadro 2.4, apresentamos mais alguns exemplos de ocorrências da norma culta que não correspondem ao que estabelece a norma-padrão.

Quadro 2.4 – Normas padrão e culta

Norma-padrão	Norma culta
Contaram-me que ele se casou.	Me contaram que ele se casou.
Assistir à televisão.	Assistir televisão.
Atender ao telefone.	Atender o telefone.
Visava a um cargo numa empresa de tecnologia.	Visava um cargo numa empresa de tecnologia.
Obedeço a todos os regulamentos.	Obedeço todos os regulamentos.
Ivan namora Valéria.	Ivan namora com Valéria.

(Continua)

Capítulo 2. Variação linguística

(Continuação)

Entrou na sala e saiu dela.	Entrou e saiu da sala.
A possibilidade de ele escapar é remota.	A possibilidade dele escapar é remota.
Não se conhecem os verdadeiros motivos.	Não se conhece os verdadeiros motivos.
Entre Gabriela e mim, nunca houve desentendimentos.	Entre Gabriela e eu, nunca houve desentendimentos.

Fonte: elaborado pelo autor.

A esta altura você pode estar se perguntando: se todas as variedades exercem função comunicativa, permitindo a interação, qual delas devo usar? Deve estar se perguntando ainda: qual é variedade linguística é a correta? É errado usar a norma popular?

O conceito de erro em língua tem sido usado por gramáticos conservadores para designar qualquer desvio da norma-padrão. Assim, seria errado dizer: *Assisti o jogo, Paula namora com Luciano, Me disseram que ela foi aprovada, Simpatizei-me com Camila*, uma vez que esses usos estão em desacordo com gramáticas normativas que preconizam as formas *Assisti ao jogo, Paula namora Luciano, Disseram-me que ela foi aprovada* e *Simpatizei com Camila*, respectivamente.

Como se vê, para gramáticos e gramáticas que preconizam o uso da norma-padrão, só existe uma forma correta de dizer as coisas. Por trás dessa concepção, reside o fato de não reconhecerem que a língua varia, o que caracteriza uma contradição; pois, ao afirmarem que uma determinada forma é a correta, estão reconhecendo implicitamente que existem outros usos, que rejeitam ou fingem que não existem. Como se vê, a norma-padrão é uma utopia. Em nenhuma sociedade as pessoas falam do mesmo jeito sempre. Como dissemos, a norma-padrão não tem existência empírica, ela só existe nos manuais e gramáticas mais tradicionais.

Para reforçar o que dissemos, chamamos a atenção para dois fatos. O primeiro: mesmo em registros mais monitorados de parte de pessoas com acesso à cultura letrada, construções como *Assisti o jogo, Paula namora com Luciano, Me disseram que ela foi aprovada* e *Simpatizei-me com Camila* são frequentes, o que significa que são representativas da norma culta. O segundo: como assinalamos, as línguas mudam com o tempo, o que significa que certas

34 **Língua Portuguesa:** desenvolvendo competências de leitura e escrita

construções que eram comuns no passado se alteraram. Se antigamente a construção *Custou-me acreditar naquilo* era representativa do falar das pessoas "cultas", atualmente ela deixou de ser usada mesmo por pessoas escolarizadas em situações mais monitoradas, que passaram a usar a forma *Eu custei para acreditar naquilo*, como no exemplo do jornal *Folha de S.Paulo,* mencionado no tópico *2.3 Norma linguística*. O mesmo ocorreu com a construção *Atender ao telefone*, que foi abandonada pelos falantes, que passaram a dizer *Atender o telefone*. Esse exemplo e outros tantos que apresentamos mostram uma tendência em se transformar complementos introduzidos por preposição em complementos sem preposição: *assistir o jogo, aspirar o cargo, visar uma posição destacada, pagar o médico, obedecer o regulamento* etc.

O inverso, transformar complemento sem preposição em complemento com preposição, ocorre com menor frequência. Poderíamos citar o verbo *namorar* que, segundo a norma-padrão, requer complemento sem preposição (namorar alguém), mas o uso dominante passou a ser namorar *com* alguém. A provável explicação para isso é que os falantes assim o fazem por analogia ao verbo *casar*.

Os linguistas insistem no fato de que as línguas apresentam variações e reservam o termo "erro" apenas para designar construções que não são possíveis pelas regras da gramática natural da língua, aquela que todo falante conhece e domina desde pequeno, independentemente de escolarização formal. Assim, nos exemplos a seguir, segundo os linguistas, apenas a construção assinalada com asterisco (*) constituiria um erro.

> Os meu colega não qué falá com tu.
> Os meus colegas não querem falar contigo.
> Meus colega os não qué falá com tu.*

Veja que, do ponto vista linguístico, "erro" seria a colocação do artigo depois do substantivo (*colega os*), porque infringiria uma regra natural da língua. Note que não é necessário ensinar que o artigo precede o substantivo. Mesmo pessoas que nunca frequentaram a escola não infringem essa regra.

Em síntese, a resposta às perguntas formuladas no início desta seção é simples: a variedade linguística que você deverá usar será aquela adequada ao contexto comunicativo, ou seja, ao produzir textos, falados ou escritos, você deverá levar em conta os seguintes fatores:

a) **Quem é o destinatário de seu texto?** No caso de textos escritos em que você não pode individualizar seu(s) destinatário(s), ele será o leitor presumido, ou seja, numa carta a um jornal de grande circulação, o destinatário serão os leitores do jornal.

b) **Qual é o assunto do texto?** Uma solicitação de emprego? Um convite para uma festa informal? Um pedido de revisão de prova? Uma mensagem de parabéns a uma colega que foi aprovada num concurso público?

c) **Qual é o suporte utilizado para fixar seu texto?** Como seu texto se tornará visível? Por meio de uma comunicação eletrônica ou de texto escrito e impresso em folha de papel? Será visível em um cartaz fixado em uma parede, ou em um *post* publicado em uma rede social?

d) **Qual é o gênero do texto?** A variedade linguística de um anúncio não é a mesma que a de um requerimento. Uma monografia de trabalho de conclusão de curso será redigida numa variedade linguística diferente de uma crônica.

TEXTO COMENTADO

Rememorando minha trajetória, vivificando o único proceder das minhas promessas. Diante dessa terra que visitei como anônimo companheiro de um candidato à Presidência, cooperador onímodo de um homem representativo, cuja honradez não esteve jamais desligada do contexto de suas manifestações políticas e que sim é firme glosa de princípios democráticos no supremo vínculo de união com o povo, aunando à austeridade da qual deu mostra a síntese evidente de idealismo revolucionário nunca até agora pleno de realizações e de certezas. [...]

Meu traço é o mesmo, concidadãos. Fui parco em promessas quando candidato, optando por prometer o que unicamente poderia cumprir e que, ao cristalizar, se traduzisse em benefício coletivo e não em subjuntivo, nem particípio de

uma família genérica de cidadãos. Hoje estamos aqui presentes, neste caso paradoxal da natureza, não previsto dentro do meu programa de governo...

(RULFO, 2015, p. 133)

O que você acabou de ler é um trecho do conto "O dia do desmoronamento", do escritor mexicano Juan Rulfo (1917-1986). A leitura que se faz de um
texto deve levar sempre em conta o gênero em que se manifesta. Como é
um conto, insere-se na esfera literária e isso determina nossa leitura, ou seja,
o que lemos é ficção, não realidade. Evidentemente, há uma relação entre
ambas, pois aquela costuma imitar esta. Simplificando: embora nossa leitura
identifique aí um discurso político, sabemos que não se trata de um discurso
político real, mas uma imitação, um simulacro de discurso político. Não é um
discurso político verdadeiro, mas parece ser verdadeiro, ou seja, é verossímil.

Falamos que, na relação que se estabelece entre enunciador e enunciatário,
o primeiro visa à adesão do segundo, persuadindo-o a aceitar seu texto como
verdadeiro. Em suma: o enunciador não exerce apenas um fazer comunicativo (um *fazer-saber*), exerce também um fazer persuasivo (um *fazer-crer*).

Você deve ter notado que, para simular que se trata de um "verdadeiro"
discurso político, o enunciador se valeu de algumas estratégias. Uma delas,
e a que mais salta à vista, foi usar uma variedade linguística que pudesse ser
identificada pelo enunciatário como própria da fala dos políticos quando se
manifestam publicamente por meio de discursos. É evidente que, na tenta-
tiva de imitar a variedade linguística dos políticos, o enunciador exagerou
nos traços. Esse exagero é, evidentemente, intencional, o que acaba redundando numa caricatura do político em campanha. De semelhante recurso
se valeu o dramaturgo brasileiro Dias Gomes, criador do impagável Coronel
Odorico Paraguaçu, prefeito de Sucupira, da série televisiva *O bem-amado*.

Um dos recursos empregados (e isso os políticos fazem muito) é se valer
de palavras pouco usadas na comunicação cotidiana. Você certamente leu
o fragmento e não deve ter compreendido o sentido de algumas palavras,
como *onímodo* (um cooperador onímodo é um cooperador que se envolve
em tudo, ilimitado) e *aunando* (aunando à austeridade é unindo-se, juntan-
do-se à austeridade).

Outro recurso é usar palavras conhecidas, mas fora do sentido usual que, no discurso, acabam não significando nada. Ao dizer que só prometeu o que pôde cumprir para que sua promessa "se traduzisse em benefício coletivo e não em subjuntivo, nem particípio de uma família genérica de cidadãos", as palavras *subjuntivo* e *particípio*, no trecho, não estão empregadas com o sentido que usualmente damos a ela, de formas do verbo. E o que seria "uma família genérica de cidadãos"? Em resumo: embora os ouvintes possam identificar a expressão sonora, o significante, não conseguem associá-las a um conteúdo, ou seja, trata-se de discurso oco.

Quem se vale desse tipo de discurso, evidentemente, o faz com a intenção deliberada de construir uma imagem para o público, a daquele que fala bem, de que domina a língua, de que conhece a gramática, de quem tem um excelente vocabulário e que, portanto, é pessoa inteligente e capaz e, consequentemente, apta a exercer o cargo para o qual quer ser eleito. Trata-se de uma questão de estilo, como veremos no Capítulo 10. Infelizmente, como se tem observado na prática, é comum as pessoas se deixarem manipular por esse tipo de discurso.

Afirmamos que os efeitos de verossimilhança do texto decorrem do fato de o autor do texto reproduzir, mesmo caricaturalmente, a variedade linguística de um grupo social no exercício de seu trabalho, ou seja, o jargão.

O jargão é o uso da língua de um grupo profissional ou sociocultural cujo sentido, na maioria das vezes, é incompreensível para as pessoas que não pertencem àquele grupo. Está, pois, ligado à variação linguística. A língua usada por médicos, advogados e pilotos de avião é exemplo de jargão profissional. A usada por presidiários e por certos grupos de jovens é exemplo de jargão sociocultural e normalmente designada por gíria.

REVISÃO GRAMATICAL

Neste capítulo, falamos em norma popular e norma culta e insistimos que o uso de uma ou outra está relacionado à situação comunicativa, ou seja:

- Quem é o destinatário do texto, isto é, o ouvinte, ou leitor (real ou presumido)?
- Qual é o assunto?

- Qual é o gênero?
- Qual é o suporte?

Como assinalamos, em diversas situações, devemos nos valer da norma culta. Em muitas áreas é comum também que se use o jargão. Em monografias nas áreas de Direito, de Contabilidade, de Economia, por exemplo, a norma culta conviverá com o jargão específico da área profissional. Em trabalhos acadêmicos não é adequado o uso da norma popular.

Nesta seção vamos rever o emprego de algumas palavras e expressões muito usadas que costumam apresentar divergência entre a norma popular e a culta, para que você possa usá-las adequadamente em seus textos.

Acerca de / cerca de / há cerca de / a cerca de

◊ *Acerca de* é uma locução prepositiva, equivale a "a respeito de", "relativamente a", "quanto a":

Discutimos *acerca de* uma melhor saída para o caso.

◊ *Cerca de* é uma expressão que significa "aproximadamente":

Cerca de 70 mil veículos deixaram a capital no feriado prolongado.

◊ *Há cerca de* é uma expressão formada por *cerca de*, que denota quantidade aproximada, precedida do verbo *haver*, que indica tempo transcorrido:

Há cerca de uns 15 dias, discutíamos uma saída para o caso.

◊ *A cerca de* é a expressão *cerca de* (aproximadamente) precedida da preposição *a*:

Falaram *a cerca de* setenta pessoas.

Ao encontro / de encontro

◊ *Ao encontro* (rege a preposição *de*) significa "a favor de", "na direção de":

Essas atitudes vão *ao encontro* do que eles pregam.
Ao desembarcar, Gabriela foi *ao encontro* do marido.

◊ *De encontro* (rege a preposição *a*) significa "contra", "em choque com":

Capítulo 2. Variação linguística **39**

Sua atitude veio *de encontro* ao que eu esperava.
As ideias dela vêm *de encontro* às minhas.

Por ora / por hora

◊ *Por ora* é usado com o sentido de "por enquanto". *Por hora* significa "em cada hora".

Por ora não trataremos desse assunto, deixando-o para uma
próxima oportunidade.
O prefeito determinou que a velocidade máxima nas avenidas
será de 50 quilômetros *por hora*.

Por que / por quê / porque / porquê

◊ Lembre-se de que, em final de frase, a palavra *que* deve ser sempre acentuada graficamente, por se tratar de um monossílabo
tônico terminado em *e*:

Você vive de *quê*? Ela pensa em *quê*? Eu não entendo por *quê*.

1. Escreve-se *por que* (separado e sem acento gráfico):

   a) quando equivale a "pelo qual" e flexões:

      Este é o caminho *por que* passo todos os dias. (= pelo
      qual passo)
      Aquele é o livro *por que* Marco se interessou. (= pelo qual
      Marco se interessou)

   b) quando depois dele vier escrita ou subentendida a palavra
      "razão". Se ocorrer no final da frase, deverá ser acentuado
      graficamente:

      Por que ele faltou à reunião? (= Por que [razão] ele faltou
      à reunião?)
      Você não compareceu *por quê*? (= por quê [razão])
      Não sabemos *por que* ele faltou. (= por que [razão] ele
      faltou)
      Eu não sei *por quê*, mas ainda vou descobrir. (= Eu não
      sei por quê [razão])
      Por que razão você não compareceu?

40 **Língua Portuguesa:** desenvolvendo competências de leitura e escrita

c) quando equivaler a *para que*:

Estamos ansiosos *por que* comecem as aulas. (= para que comecem as aulas)

2. Escreve-se *porque* (junto e sem acento gráfico) quando se trata de uma conjunção explicativa ou causal. Introduz uma oração que é causa ou explicação da anterior. Geralmente equivale a *pois*:

Tirou boa nota *porque* estudou bastante. (= pois estudou bastante)
Não compareceu *porque* estava doente. (= pois estava doente)
Não saia agora *porque* está chovendo muito. (= pois está chovendo muito)

3. Escreve-se *porquê* (junto e com acento gráfico) quando se tratar de um substantivo. Nesse caso, virá precedido de artigo ou outra palavra determinante:

Nem o governo sabe o *porquê* daquela medida.
Não compreendemos o *porquê* da briga.

Você deve ter notado que, quando usamos a palavra *acento*, a fizemos acompanhar do adjetivo *gráfico*; o mesmo ocorreu com o verbo *acentuar* que fizemos acompanhar do advérbio *graficamente*. O motivo é simples: toda palavra (exceto os chamados monossílabos átonos) tem acento. No caso, acento da fala. Na pronúncia das palavras, há sempre uma sílaba que é pronunciada com mais intensidade que as demais – é a chamada sílaba tônica –, ou a que recebe o acento tônico.

Em algumas palavras, a sílaba tônica é marcada graficamente, isto é, recebe o acento gráfico. O que determina quando a sílaba tônica recebe acento gráfico são as regras de acentuação.

Capítulo 2. Variação linguística **41**

APLICANDO O CONHECIMENTO

O que você vai ler a seguir é um trecho dos *Parâmetros Curriculares Nacionais* (PCN), documento oficial do Ministério da Educação que serve como orientação a professores de língua portuguesa de todo o Brasil. Leia-o e responda ao que se pede.

A variação é constitutiva das línguas humanas, ocorrendo em todos os níveis. Ela sempre existiu e sempre existirá, independentemente de qualquer ação normativa. Assim, quando se fala em Língua Portuguesa está se falando de uma unidade que se constitui de muitas variedades. Embora no Brasil haja relativa unidade linguística e apenas uma língua nacional, notam-se diferenças de pronúncia, de emprego de palavras, de morfologia e de construções sintáticas, as quais não somente identificam os falantes de comunidades linguísticas em diferentes regiões, como ainda se multiplicam em uma mesma comunidade de fala. Não existem, portanto, variedades fixas: em um mesmo espaço social convivem mescladas diferentes variedades linguísticas, geralmente associadas a diferentes valores sociais. Mais ainda, em uma sociedade como a brasileira, marcada por intensa movimentação de pessoas e intercâmbio cultural constante, o que se identifica é um intenso fenômeno de mescla linguística, isto é, em um mesmo espaço social convivem mescladas diferentes variedades linguísticas, geralmente associadas a diferentes valores sociais. O uso de uma ou outra forma de expressão depende, sobretudo, de fatores geográficos, socioeconômicos, de faixa etária, de gênero (sexo), da relação estabelecida entre os falantes e do contexto de fala. A imagem de uma língua única, mais próxima da modalidade escrita da linguagem, subjacente às prescrições normativas da gramática escolar, dos manuais e mesmo dos programas de difusão da mídia sobre o que se deve e o que não se deve falar e escrever, não se sustenta na análise empírica dos usos da língua.

(BRASIL, 1998)

1. A imposição de regras para o uso da língua consegue impedir que ocorram variações linguísticas? Com base no que você estudou neste capítulo, responda a essa questão usando argumentos que sustentem sua opinião.

2. Se uma língua apresenta variações, como se justifica o fato de os falantes dessa língua conseguirem entender-se uns aos outros?

3. Dissemos que um dos fatores que atuam na variação linguística é o geográfico, ou seja, falantes de regiões diferentes usam a língua de maneira diferente. Na

sua opinião, todos os falantes de uma região, Porto Alegre, por exemplo, usam o português da mesma maneira?

4. Leia o fragmento de texto a seguir e depois responda ao que se pede.

> Este enrosco precisa tomar um paradeiro. Está aí, sujeira, está aí. Meti o pé na lama quando tomei aquele flagra de fumo. Deus e o mundo ficaram sabendo do meu chaveco e aqui na Lapa até vendedor de amendoim e engraxate tiram sarro com a minha cara. Ficou esquisito. Mas eu tenho de puxar o pé desse barro sem sair respingada. Cavar um trampo no Bar e Boate Primor. Aí, me mando da Lapa. Alugo uma vaga em Copa, me viro como manicure, babá, o que pintar no pedaço.
>
> (ANTÔNIO, 2012, p. 406)

O fragmento lido é representativo de uma variedade do português. Qual? Levando em conta que uma língua apresenta um léxico e uma gramática, qual desses dois componentes o levou a chegar a essa conclusão? Exemplifique. Pela variedade linguística empregada, o leitor é capaz de construir uma imagem do falante. Caracterize-o com base no uso que ele faz da língua.

5. No trecho a seguir, Erico Verissimo intencionalmente usa palavras que se afastam da variedade culta, caracterizando o personagem como alguém que não tem o domínio completo dessa variedade. Destaque e comente algumas dessas palavras, indicando que forma seria usada por um falante que se expressasse na norma culta.

> Não vou acusar ninguém. Só quero pedir ao meretrício juiz e ao reverendíssimo promotor que não condenem a minha mulher. Se ela envenenou (o que ainda não acredito) foi porque sou mesmo um porcaria, não valo nada. Passava o dia sem trabalhar, de noite saía em bebedeiras e serenatas (não é mesmo, Alambique?) e quando voltava pra casa de madrugada ainda batia na pobre da Natalina. Povo de Antares, ajudem a absorver a minha mulher! Era só o que eu tinha a dizer.
>
> (VERISSIMO, 2009, p. 372)

RECAPITULANDO

Mostramos que a língua é marcada pela heterogeneidade e as variações linguísticas aparecem tanto na língua falada quanto na língua escrita e decorrem de diversos fatores. Os principais conceitos apresentados foram:

- **Variação:** propriedade que as línguas apresentam de se manifesta-rem por usos diversos. As línguas não são homogêneas e variam em decorrência de diversos fatores (geográficos, socioculturais, etários, profissionais etc.). Uma língua é um feixe de variedades.

- **Variedade:** um dos modos de uso efetivo da língua por parte de uma comunidade de falantes. Como a sociedade é muito heterogênea, podem ser observadas muitas variedades linguísticas. Como há inú-meros modos de utilização de uma mesma língua, temos diversas varie-dades, cada uma com características próprias.

- **Variante:** uma forma alternativa de dizer a mesma coisa. Por exemplo: *Eu me simpatizo com Paula* / *Eu simpatizo com Paula*; *Me convidaram para uma festa* / *Convidaram-me para uma festa*; *Ivan namora com Valéria* / *Ivan namora Valéria*.

- **Norma culta:** variedade linguística de pessoas que tiveram acesso à escolarização formal. É tipicamente urbana. É a variedade linguística ensinada na escola e que aparece em documentos oficiais, em edito-riais de jornais, em situações comunicativas com maior grau de moni-toramento. Opõe-se a norma popular.

- **Norma-padrão:** modelo de língua considerado ideal, por representar o bom uso da língua. Não se trata de variedade linguística, ninguém fala a norma-padrão. É veiculada sobretudo pelas gramáticas norma-tivas tradicionais e manuais cuja proposta é dar dicas de como falar e escrever "certo".

CAPÍTULO 3

ENUNCIAÇÃO, TEXTO E DISCURSO

3.1 Introdução

No Capítulo 1, vimos que a língua, sistema abstrato, se concretiza por meio da fala, que é individual. No Capítulo 2, destacamos que as línguas são marcadas pela variação, ou seja, o uso que os falantes fazem da língua não é homogêneo.

O objetivo deste Capítulo 3 é mostrar como se dá a passagem da língua (o sistema) para a fala (o processo, o acontecimento linguístico), isto é, como a língua se converte em discurso e se materializa em textos concretos.

3.2 Enunciação

No Capítulo 1, dissemos que a língua é o sistema abstrato pertencente a toda uma comunidade de falantes. O termo *discurso* pode se referir a várias coisas. Uma delas é a realização da língua por meio dos falantes. Nesse sentido, é o mesmo que fala, o lado individual e concreto da linguagem humana.

A distinção entre o lado social e o individual da linguagem humana foi estabelecida pelo linguista suíço Ferdinand Saussure (1857-1913), em uma obra chamada *Curso de linguística geral*, publicada, postumamente, em 1916, por dois de seus discípulos. Saussure chamou de *langue* (língua) o lado abstrato e social da linguagem e de *parole* (fala ou discurso), o lado individual e concreto. Destacamos que o discurso se manifesta em textos e que estes resultam da superposição de dois planos que se pressupõem: um conteúdo, de ordem cognitiva, e uma expressão, de ordem material, que manifesta o conteúdo. Por expressão, entende-se uma linguagem qualquer, verbal, não verbal ou sincrética, por isso os textos serão verbais, não verbais ou sincréticos. Neste livro, interessam-nos particularmente os discursos manifestados por meio de uma linguagem verbal, ou seja, os textos verbais.

45

Esquematizando:

Veremos que a primeira etapa, a passagem da língua para o discurso, se dá pela enunciação. O discurso, quando manifestado por uma expressão qualquer, se converte em texto, assunto tratado no Capítulo 1, e que será aprofundado neste capítulo.

A palavra *enunciação* liga-se ao verbo *enunciar*, que significa *dizer*. *Enunciação* é um substantivo abstrato e significa o ato de dizer. Em ambas as palavras, aparece o radical de origem latina *-nunci*, presente em diversas palavras da nossa língua, como nos verbos a*nunci*ar, de*nunci*ar, pro*nunci*ar e em substantivos como a*núnci*o, a*nunci*ante, pro*núnci*a, de*núnci*a, todas elas ligadas ao campo do dizer. Como sempre é mais fácil partir do concreto para o abstrato, partiremos do enunciado para explicar a enunciação.

Observe o exemplo a seguir:

> Ninguém será submetido a tortura nem a penas ou tratamentos cruéis, desumanos ou degradantes.

Este é o artigo 5º da Declaração Universal dos Direitos Humanos. Houve alguém (não importa quem no momento) que se apropriou da língua e, por um ato de vontade, a pôs em funcionamento, ou seja, converteu a língua em discurso e, valendo-se de uma expressão, no caso a língua portuguesa, manifestou esse discurso por meio de texto verbal.

Damos o nome de discursivização à passagem da língua para fala ou discurso. A passagem do discurso para o texto é chamada de textualização, que é a manifestação do discurso por meio de uma expressão qualquer, conforme o esquema a seguir:

Observe que o discurso ainda não é texto, ele pertence ao plano do conteúdo. Para que haja texto, é necessário que o discurso se manifeste por meio de uma expressão.

Damos o nome de enunciado ao produto da enunciação. A noção de enunciado, portanto, se confunde com a noção de texto que apresentamos. Os enunciados são únicos e irrepetíveis, ou seja, sempre que alguém se apropria da língua e diz algo, temos um enunciado, não importando sua extensão. Assim, o simples ato de dizer "bom dia" a alguém até um extenso romance, passando por uma reportagem publicada numa revista, são exemplos de enunciados.

Não devemos confundir enunciado com frase, pois se trata de conceitos relativos a domínios distintos. Usamos o termo *frase* quando estamos no domínio da gramática, que a define como uma palavra ou um conjunto de palavras que possuem sentido completo. A frase será estudada no Capítulo 9 deste livro. Falamos em enunciado quando nos referimos a realizações efetivas da língua em situações concretas de interlocução. Uma mesma frase pode corresponder a incontáveis enunciados.

Uma frase como "bom dia" será um enunciado cada vez que for dita por alguém a outrem numa determinada situação. O *bom dia* que você diz a um familiar quando acorda não é o mesmo *bom dia* que você diz ao porteiro do prédio, ou a seu colega quando chega ao trabalho. A frase é a mesma ("Bom dia."), mas os enunciados são distintos, porque são produtos de enunciações distintas. Por outro lado, um enunciado pode comportar várias frases. Uma notícia de jornal, por exemplo, é um enunciado formado por muitas frases.

A enunciação pressupõe a existência de um sujeito que, por um ato de vontade, se apropria da língua e a converte em discurso. A esse sujeito que põe a língua em funcionamento damos o nome de enunciador. Como quem diz algo sempre diz algo a alguém, haverá sempre um enunciatário, aquele a quem se diz. Resumindo o que dissemos até aqui:

- **Enunciação:** é o ato de dizer e está pressuposta pela existência do enunciado. Trata-se do ato pelo qual um sujeito se apropria das virtualidades da língua e a converte em discurso.

- **Enunciado:** aquilo que é enunciado, o que é comunicado, o produto da enunciação. Aquilo que é dito, oralmente ou por escrito, independentemente de sua extensão. É o acontecimento linguístico, o discurso enunciado. Os enunciados são únicos e irrepetíveis.

- **Enunciador:** aquele que diz, aquele que se apropria do sistema da língua e a converte em discurso, que, manifestado por meio de uma expressão, constituirá os textos. É o sujeito que se constitui no e pelo discurso. O enunciador sempre se dirige a alguém, presente ou ausente, real ou presumido.

- **Enunciatário:** aquele para quem se diz. A linguagem humana é marcada pelo dialogismo. Sempre que um *eu*, o enunciador, toma a palavra, dirige-se a um *tu/você*. Assim como o enunciador, o enunciatário é constituído *no* e *pelo* discurso.

Embora a maioria das pessoas identifique apenas no enunciador o produtor do texto, é preciso ressaltar que o enunciatário também é produtor de textos porque é ele quem constrói o sentido que, muitas vezes, não é o mesmo que o enunciador pretendeu dar. Além disso, ao produzir o texto, o enunciador cria uma imagem do enunciatário. Essa imagem determinará, consciente ou inconscientemente, as escolhas e os modos de dizer que resultarão no enunciado.

É importante assinalar que o enunciador deixa informações pressupostas ou subentendidas, esperando que o leitor ou o ouvinte as infira. Por exemplo, quando alguém vê numa estrada uma placa com os dizeres "Pare fora da pista", entende que o enunciador, "economizando" palavras, está dizendo: "Em caso de pane no veículo, pare fora da pista" ou "Em situação de emergência, pare fora da pista". No Capítulo 9, trataremos das informações implícitas.

Nos textos escritos, muitas vezes, o enunciatário é o leitor presumido, ou seja, uma imagem que o enunciador constrói do leitor. Acrescentamos ainda que, dado o caráter dialógico da língua, as posições de enunciador (eu) e enunciatário (tu/você) se invertem constantemente. O enunciatário, ao tomar a palavra, passa a enunciador e aquele que, no momento anterior, exercia papel de enunciador passa a enunciatário, como você pode observar principalmente nos atos de conversação espontânea, ou em textos escritos que reproduzem a conversação (diálogos).

3.3 Categorias da enunciação

A enunciação, como destacamos, pressupõe sempre a existência de um sujeito, um *eu* que toma a palavra. A categoria de pessoa é inerente às línguas e, portanto, à enunciação. Ao tomar a palavra, o sujeito da enunciação não só constitui um *tu/você* a quem se dirige, como também instala um eixo de coordenadas espácio-temporais, pois quem fala o faz em determinado tempo e lugar. Por isso dizemos que a enunciação é a instância do eu, do aqui e do agora, que correspondem, respectivamente, às categorias de pessoa, de lugar e de tempo.

3.3.1 Categoria *pessoa*

Aprendemos na escola que as pessoas do discurso são três:

- **1ª pessoa:** quem fala (eu);
- **2ª pessoa:** a quem se fala (tu/você); e
- **3ª pessoa:** de que ou de quem se fala (ele/ela).

Se você pensar bem, verificará que as pessoas do discurso são apenas duas: a 1ª, correspondente ao enunciador, e a 2ª, correspondente ao enunciatário. Aquilo que as gramáticas denominam de 3ª pessoa, na verdade, é uma não pessoa. Veja que o que se convencionou chamar de 3ª pessoa não participa da cena enunciativa. Trata-se apenas do referente do ato comunicativo, designando a coisa ou a pessoa sobre a qual o enunciador fala. Observe ainda que, do ponto de vista gramatical, a 3ª pessoa, ao contrário da 1ª e da 2ª, apresenta flexão de gênero. Enquanto *eu* e *tu* valem tanto para o masculino quanto para o feminino, na 3ª pessoa temos uma forma para cada gênero, *ele* (masculino) e *ela* (feminino). Note ainda que a 3ª pessoa, ao contrário da 1ª e da 2ª, faz, como a maioria das palavras da língua, o plural pelo simples acréscimo da desinência –s: *eles*, *elas*. Esses fatos demonstram por si sós que o que as gramáticas denominam 3ª pessoa tem um estatuto diferente da 1ª e da 2ª. A 3ª pessoa pertence ao enunciado, mas não à enunciação.

Levando em conta a categoria pessoa, podemos observar dois tipos de enunciados e, consequentemente, dois tipos de textos: aqueles em que as marcas linguísticas daquele que fala estão presentes no enunciado, principalmente por meio de pronomes e formas verbais, e aqueles em que essas marcas não aparecem. Os primeiros constituem os textos enunciativos; os segundos, os textos enuncivos. Voltaremos a esse assunto com detalhes logo adiante.

3.3.2 Categoria *tempo*

Você certamente aprendeu que os tempos linguísticos são três: o presente, o pretérito (ou passado) e o futuro. O sistema temporal da língua portuguesa organiza-se tomando como referência o momento da enunciação (ME), o agora. Com base nesse momento, temos as categorias concomitância e não concomitância. O que é concomitante ao ME chamamos de presente (o agora). A categoria não concomitância (o então) se divide em anterioridade e posterioridade. O tempo anterior ao ME é o que denominamos passado (ou pretérito); o posterior, denominamos futuro.

Esquematizando:

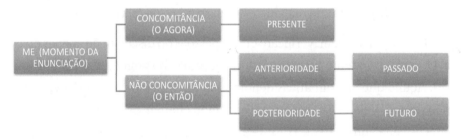

Fonte: adaptado de Fiorin (2001).

Exemplificando:

O sol está brilhando, não se vê fumaça nem gás. Não se escutam tiros.

(ALEKSIÉVITCH, 2016, p. 44-45)

As formas verbais *está brilhando*, *vê* e *escutam* estão no presente porque designam acontecimentos que ocorrem no momento da enunciação, ou seja, são concomitantes ao momento em que se fala.

Eu trabalhava numa confeitaria. Fazia tortas, e as lágrimas caíam.

(ALEKSIÉVITCH, 2016, p. 36)

Trabalhava, fazia e *caíam* são formas verbais do passado, uma vez que nomeiam processos não concomitantes ao momento da enunciação e anteriores a ele.

> Em breve a Ucrânia empreenderá uma obra de grande envergadura.
>
> (ALEKSIÉVITCH, 2016, p. 14)

Empreenderá exprime um fato futuro, pois nomeia uma ação não concomitante ao momento da enunciação e posterior a ela.

No discurso é frequente que se use uma forma de tempo verbal no lugar de outra; pode-se, por exemplo, usar o presente no lugar do passado ou do futuro, como explicado nos exemplos a seguir: "Um dia me ausentei. Ao voltar, vejo sobre a mesa uma laranja grande" (ALEKSIÉVITCH, 2016, p. 28). No caso, o presente (*vejo*) é empregado no lugar do passado (*vi*). Quando dizemos a alguém "amanhã eu pago o café", estamos empregando o presente (*pago*) no lugar do futuro (*pagarei*).

Os tempos verbais também se organizam a partir de um momento de referência (MR) já instalado no texto. Veja este exemplo:

> Muitos anos atrás, a minha avó leu na Bíblia que chegaria o tempo em que na Terra haveria de tudo em abundância, tudo floresceria e frutificaria, os rios se encheriam de peixes, e os bosques de animais, mas que o homem não poderia tirar proveito disso [...].
>
> (ALEKSIÉVITCH, 2016, p. 28)

Há um marco temporal instalado no texto, a expressão adverbial "muitos anos atrás", que se refere a um tempo anterior ao momento da enunciação e que serve como momento de referência (MR) a processos verbais presentes no texto. A ação de ler ("a minha avó leu") indica um fato concomitante a "muitos anos atrás". Porém, as formas verbais *chegaria, haveria, floresceria, frutificaria, encheriam* e *poderia* expressam fatos futuros não em relação ao momento em que se fala (o agora), mas a um momento temporal passado instalado no texto, ou seja, são formas que exprimem o futuro do passado, ou como quer a gramática, são formas do futuro do pretérito.

Finalizando nossas considerações sobre a categoria *tempo*, chamamos a atenção para o fato de que, além dos verbos, ela pode ser expressa por:

a) Advérbios e expressões de valor adverbial, como *hoje, ontem, no mês passado, em 1989* etc.

b) Preposições e locuções prepositivas: *após, até, desde, depois de* etc.

c) Conjunções e locuções conjuntivas: *quando, enquanto, logo que, assim que, depois que, antes que* etc.

3.3.3 Categoria *espaço*

A categoria *espaço* se articula em espaço da enunciação × espaço fora da enunciação. O espaço da enunciação é o *aqui* – o espaço do sujeito da enunciação – e se opõe ao *lá* ou *acolá* – o espaço fora da cena enunciativa. A categoria *espaço* pode não aparecer explicitada nos textos, como se observa no trecho que segue em que não há qualquer referência ao espaço.

> A língua não é um protocolo imposto por uma autoridade, mas um "sistema *wiki*" que reúne as contribuições de milhões de escritores e falantes, os quais submetem continuamente o idioma às suas necessidades e que, fatalmente, envelhecem, morrem e são substituídos pelos filhos, que modificam a língua por sua vez.
>
> (PINKER, 2016, p. 15-16)

Em muitos textos, a categoria *espaço* tem papel relevante. Lembre-se do conhecido poema de Gonçalves Dias, *Canção do exílio*, construído com base na oposição *aqui* × *lá*. A primeira estrofe do poema diz o seguinte:

> Minha terra tem palmeiras,
> Onde canta o Sabiá;
>
> As aves que aqui gorjeiam,
> Não gorjeiam como lá.
>
> (DIAS, 1973, p. 318)

Os advérbios *aqui* e *lá* são denominados *dêiticos*. O sentido deles está atrelado à enunciação e não a um referente fixo. Dêiticos são palavras da ordem do discurso. *Aqui* designa o espaço do enunciador. Quando alguém toma a palavra e diz "Eu estou aqui", *aqui* designa o lugar em que a pessoa está quando diz isso: se estiver no Rio de Janeiro, *aqui* é o Rio de Janeiro; se estiver em Recife, *aqui* é Recife; se estiver na Finlândia, *aqui* é a Finlândia.

Você já deve ter notado que o pronome pessoal *eu* também é um dêitico, pois não nomeia uma pessoa específica. Seu sentido está atrelado à enunciação. Se quem diz "Eu estou aqui" é Ivan, *eu* é Ivan; se for Valéria, *eu* é Valéria. Enfim, *eu* é aquele que diz isso: e não uma pessoa determinada. Cada vez que alguém diz *eu*, o sentido dessa palavra se atualiza.

No texto de Gonçalves Dias, *aqui*, o espaço da enunciação, é Portugal. É possível saber isso porque, ao final do poema, o autor indicou o lugar, o mês e o ano em que o poema foi escrito (Coimbra, julho de 1843). *Lá* designa o espaço fora da cena enunciativa, a minha terra do poema, no caso, o Brasil. Portanto a oposição *aqui* × *lá* recobre a oposição Portugal × Brasil. O poema de Gonçalves Dias é um canto de louvor à pátria, em particular à sua natureza, que o poeta considera mais rica, bonita e exuberante que a de Portugal.

O advérbio *aí* designa o espaço do enunciatário. Quando alguém diz para o outro "Não saia daí", o *aí* é o espaço em que o enunciatário está no momento da enunciação. O advérbio *lá* refere-se ao espaço fora da cena enunciativa, ou seja, não é o espaço nem do enunciador nem do enunciatário.

Veja que, assim como o pronome *eu* se atualiza a cada vez que alguém diz *eu*, os advérbios *aqui, lá, ali, cá* etc. também se atualizam sempre que alguém os enuncia. É por isso que são chamados de dêiticos.

A categoria *espaço* é expressa:

a) por advérbios e locuções adverbiais de lugar: *aqui, aí, lá, cá, acolá, atrás, acima, abaixo, além, diante, à direita, à frente* etc.

b) pelos pronomes demonstrativos: *este, esse, aquele*.

Os pronomes demonstrativos *este, esse* e *aquele* e alguns advérbios se organizam em sistema tricotômico, como se vê no Quadro 3.1.

Quadro 3.1 – Sistema tricotômico

	Espaço do enunciador (*eu*)	Espaço do enunciatário (*tu/você*)	Espaço fora da cena da enunciação
Pronomes	este	esse	aquele
Advérbios	aqui, cá	aí	lá, acolá

Fonte: elaborado pelo autor.

3.4 Textos enunciativos e textos enuncivos

Como dissemos no tópico *3.3.1 Categoria pessoa*, há enunciados que contêm as marcas linguísticas daquele que fala (pronomes, formas verbais), como no poema de Gonçalves Dias. Em outros, como "O sol está brilhando, não se vê fumaça nem gás. Não se escutam tiros." (ALEKSIÉVITCH, 2016, p. 44-45), não há marcas linguísticas no enunciado que remetam àquele que fala.

Compare estes dois enunciados:

a) Eu afirmo que, em um triângulo retângulo, a soma do quadrado dos catetos é igual ao quadrado da hipotenusa.

b) Em um triângulo retângulo, a soma do quadrado dos catetos é igual ao quadrado da hipotenusa.

No exemplo *a*, o pronome de 1ª pessoa e a forma verbal "afirmo" no enunciado remetem àquele que fala. Em *b*, também há alguém que fala, só que as marcas dele foram ocultadas no enunciado. Com base na enunciação, falamos em dois tipos de enunciados (e, consequentemente, dois tipos de textos): aqueles em que, no enunciado, há marcas daquele que fala (exemplo *a*) e aqueles em que essas marcas foram ocultadas (exemplo *b*).

Os primeiros constituirão os textos enunciativos, aqueles em que há um *eu* instalado no texto. São os textos em 1ª pessoa (*eu/nós*). Os segundos constituirão os chamados textos enuncivos, aqueles em que as marcas do enunciador foram ocultadas, os textos em 3ª pessoa. Reiteramos que, nos textos enuncivos, há alguém que fala, no entanto não há marcas linguísticas (pronomes ou formas verbais) que remetam a ele.

Se há textos enunciativos e enuncivos, você pode estar se perguntando: qual deles é o melhor? Qual deles devo usar quando escrevo? A resposta é semelhante à que demos, no Capítulo 2, em que respondíamos sobre qual variedade linguística deve ser usada em nossos textos.

Vimos, naquele momento, que não há variedade correta, mas variedade adequada ao contexto comunicativo. Produzir um texto em 1ª ou em 3ª pessoa está ligado não só a estratégias discursivas, mas também à esfera em que o texto circulará. Explicando melhor: textos enuncivos (os textos em 3ª pessoa) produzem efeitos de sentido de objetividade, de imparcialidade, de racionalidade e de afastamento da instância da enunciação, por isso são predominantes em gêneros da esfera científica, como artigos, monografias, dissertações, teses. Textos enunciativos (em 1ª pessoa) produzem efeitos de sentido de subjetividade e de proximidade à instância da enunciação, parecem ser mais dialógicos que os enuncivos. Os textos enunciativos são simulacros de enunciações, na medida em que são enunciações enunciadas. A conversação face a face é um exemplo típico desse tipo de texto. Na esfera familiar, eles são abundantes e podem ser observados no discurso midiático, em gêneros como *blog* e *posts* em redes sociais.

3.5 Textos temáticos e figurativos

O discurso apresenta uma sintaxe e uma semântica. Se nos estudos gramaticais a sintaxe se opõe à morfologia, nos estudos dos textos, a sintaxe se opõe à semântica. A sintaxe diz respeito aos mecanismos pelos quais se arranjam os conteúdos; a semântica diz respeito aos conteúdos investidos de arranjos sintáticos. Acrescentamos que os arranjos sintáticos também são dotados de conteúdo. Sabemos que o enunciado "Otelo matou Desdêmona" tem sentido diferente de "Desdêmona matou Otelo", pois, embora os conteúdos semânticos sejam exatamente os mesmos – *Otelo*, *matou* e *Desdêmona* –, o arranjo sintático que se deu a eles é diferente.

A distinção entre textos enunciativos e enuncivos é feita com fundamento na sintaxe do discurso, isto é, na presença ou na ausência de elementos linguísticos no enunciado que remetem ou não à instância da enunciação. Há uma outra distinção importante que se deve fazer entre os textos, essa com

Capítulo 3. Enunciação, texto e discurso **55**

base em conteúdos semânticos, ou seja, sob que tipo de palavras e expressões os textos se organizam.

Com base nesse critério, os textos se constroem por meio de dois procedimentos básicos: a tematização e a figurativização. Na tematização, como o próprio nome indica, predominam os temas. A figurativização se dá quando os temas aparecem revestidos por figuras. Os textos em que predomina a tematização são mais abstratos. Os textos em que prevalece a figurativização são mais concretos.

Figuras são palavras ou expressões que remetem a algo existente no mundo natural, como *árvore, lobo, cordeiro, riacho, bruxa, fada*. Veja que, quando dizemos "mundo natural", não nos referimos apenas ao mundo real, mas também ao mundo construído pela imaginação, por isso colocamos *bruxa* e *fada* como figuras do mundo natural. Lembre-se de que a gramática tradicional classifica essas palavras como substantivos concretos e não como abstratos.

As figuras são, pois, palavras concretas, mas não são representadas apenas por substantivos, pois há também adjetivos e verbos concretos, como *alto, gordo, moreno, nadar, correr, caminhar*. Note que o que é concreto é de ordem sensorial, isto é, é percebido pelos órgãos dos sentidos.

Temas são palavras ou expressões que não têm um referente no mundo natural, portanto não são percebidos pelos sentidos. São conceitos e ideias pelos quais organizamos o mundo. São de ordem cognitiva. Como exemplos, podemos citar *democracia, justiça, solidariedade, amor, morte, violência, ciúme* etc.

Tematização e figurativização são formas de concretização do discurso. A tematização, isto é, a inserção de conteúdos semânticos abstratos, representa o primeiro nível de concretização. Pode-se concretizar o discurso ainda mais pelo revestimento dos temas por meio de figuras. Um tema como a violência pode ser concretizado por diversos percursos figurativos, como na descrição ou na narração de um roubo, de um sequestro, de um homicídio, de uma briga de torcidas uniformizadas, de uma agressão física etc.

Com base na dominância de temas ou figuras, os textos se classificam em temáticos ou figurativos. Usamos a palavra *dominância* porque não há textos exclusivamente temáticos ou figurativos. Todo texto se constrói sobre temas, que podem ou não estar revestidos por figuras. A opção em se produzir um texto temático ou figurativo está ligada à intenção de se obter um texto mais abstrato ou mais concreto e isso se relaciona à situação discursiva: de que se fala e para quem se fala.

Ao ler um texto figurativo, cabe ao leitor descobrir os conteúdos abstratos que estão recobertos pelas figuras. Uma fábula é um exemplo de texto figurativo. Por trás de figuras como *lobo* e *cordeiro* subjaz o tema da força. Num texto de filosofia ou de sociologia, esse mesmo tema praticamente não receberia revestimento figurativo, sendo abordado por meio de ideias, de conceitos, de raciocínios, o que lhe conferiria um caráter abstrato.

Os textos figurativos aparecem com mais frequência na esfera literária; os temáticos são mais frequentes na esfera científica. Um texto científico, que é predominantemente temático, pode apresentar figuras, sobretudo quando o autor se vale de procedimentos como a exemplificação e a analogia.

O primeiro fragmento de texto que você vai ler é exemplo de texto temático; o segundo, de texto figurativo.

Exemplo 3.1

Trecho que abre o Prólogo do livro *Crítica da vítima*, do italiano Daniele Giglioli.

> A vítima é o herói de nosso tempo. Ser vítima dá prestígio, exige atenção, promete e promove reconhecimento, ativa um importante gerador de identidade, direito, autoestima. Imuniza contra qualquer crítica, garante inocência para além de qualquer dúvida razoável.
> Como poderia a vítima ser culpada, ou melhor, responsável por alguma coisa? Não fez, foi feito a ela. Não age, padece. Na vítima articulam-se ausência e reivindicação, fragilidade e pretensão, desejo e ter desejo de ser. Não somos o que fazemos, mas o que sofremos, o que podemos perder, aquilo de que nos privaram.
>
> (GIGLIOLI, 2016, p. 19)

Trata-se de texto argumentativo da esfera política que aborda o tema da vitimização. Como é comum em textos que provêm dessa esfera, ele é marcado pela polêmica. Não cabe, nesse espaço, um aprofundamento das ideias contidas no fragmento. Para tanto, teríamos de lê-lo na íntegra e confrontá-lo com outros textos com os quais estabelecem concordância e, preferentemente, com textos com os quais estabelece relação polêmica. Interessa-nos apenas como exemplo de texto que se constrói com base em conceitos, ou seja, como exemplo de texto temático.

Exemplo 3.2

Uma citação de Carl Gustav Jung no livro *A poética do espaço*, do filosofo francês Gaston Bachelard.

> Temos de descobrir um edifício e explicá-lo: seu andar superior foi construído no século XIX, o térreo data do século XVI e o exame mais minucioso da construção mostra que ela foi feita sobre uma torre do século II. No porão descobrimos fundações romanas; e debaixo do porão há uma caverna em cujo solo encontramos, na camada superior, ferramentas de sílex e, nas camadas mais profundas, restos de uma fauna glacial. Tal seria, aproximadamente, a estrutura da nossa alma.

(JUNG, 2008, p. 20)

Para explicar um tema bastante complexo e abstrato – a estrutura do inconsciente –, o psicoterapeuta e psiquiatra suíço Carl Gustav Jung (1875-1961) se vale de um texto figurativo. O uso das figuras permite que o leitor "veja" algo que jamais poderia visualizar pelos órgãos do sentido. Se você prestar atenção, as figuras escolhidas por Jung estão no campo na construção (*edifício, andar superior, térreo, porão*) e encadeiam-se dando coerência ao texto. Além disso, ele vai fazendo o leitor "ver" que os pavimentos do edifício se dispõem verticalmente e que, à medida que se vai descendo, vai se afastando no tempo.

TEXTO COMENTADO

Para que se esclareçam conceitos estudados neste capítulo, usaremos o recurso de confrontar textos que se valem de estratégias discursivas distintas. Por isso, apresentamos não um, mas dois trechos de um mesmo livro, *Vozes de Tchernóbil: a história oral do desastre nuclear*, da escritora Svetlana Aleksiévitch, ganhadora do Prêmio Nobel de Literatura em 2015. Em seu livro, como indica o título, a autora dá voz a sobreviventes do desastre nuclear, recompondo uma das maiores tragédias ocorridas no século XX.

Texto 3.1

No dia 26 de abril de 1986, à 1h23min58, uma série de explosões destruiu o reator e o prédio do quarto bloco da Central Elétrica Atômica (CEA) de Tchernóbil, situado bem próximo à fronteira da Belarús. A catástrofe de Tchernóbil se converteu no mais grave desastre tecnológico do século XX.

Para a pequena Belarús (com uma população de 10 milhões de habitantes), o acidente representou uma desgraça nacional, levando-se em conta que ali não havia nenhuma central atômica. Tratava-se de um país agrário, com predomínio de populações rurais. Nos anos da Segunda Guerra Mundial, os nazistas destruíram 619 aldeias no país, com toda a sua população. Depois de Tchernóbil, o país perdeu 485 aldeias: setenta delas estão sepultadas sob terra para sempre. A mortalidade da guerra foi de uma para quatro bielorrussos; hoje, um em cada cinco vive em território contaminado. São 2,1 milhões de pessoas, dentre as quais 700 mil crianças. Dentre os fatores de descenso demográfico, a radiação ocupa o primeiro lugar. Nas regiões de Gómel e Moguilióv (as mais afetas pelo acidente), a mortalidade superou a natalidade em 20%.

(ALEKSIÉVITCH, 2016, p. 9-10)

Texto 3.2

Não sei do que falar... da morte ou do amor? Ou é a mesma coisa? Do quê?

Estávamos casados havia pouco tempo. Ainda andávamos na rua de mãos dadas, mesmo quando entrávamos nas lojas. Sempre juntos. Eu dizia a ele "eu te amo". Mas ainda não sabia o quanto o amava. Nem imaginava... Vivíamos numa residência da unidade dos bombeiros, onde ele servia. No segundo andar. Ali viviam também famílias jovens, e a cozinha era comunal. Embaixo, no primeiro andar, guardavam os carros, os carros vermelhos do corpo de bombeiros. Esse era o trabalho dele. Eu sempre sabia onde ele estava e o que se passava com ele. No meio da noite, ouvi um barulho. Gritos. Olhei pela janela. Ele me viu: "Feche a persiana e vá se deitar. Há um incêndio na central. Volto logo."

A explosão, propriamente, eu não vi. Apenas as chamas, que iluminavam tudo... O céu inteiro... Chamas altíssimas. Fuligem. Um calor terrível. E ele não voltava. A fuligem se devia à ardência do betume, o teto da central estava coberto de asfalto. As pessoas andavam sobre o teto como se fosse resina, como depois ele me contou. Os colegas sufocavam as chamas, enquanto ele rastejava. Subia até o reator. Arrastavam o grafite ardente com os pés... Foram para lá sem roupa e lona, com a camisa que estavam usando. Não os preveniram, o aviso era de um incêndio comum...

(ALEKSIÉVITCH, 2016, p. 16-17)

Ambos os trechos, publicados no suporte livro, físico e digital, inserem-se na esfera jornalística. Apesar de tratarem do mesmo tema, a explosão nuclear seguida de incêndio ocorrida na usina nuclear de Tchernóbil na Ucrânia, então parte da antiga União das Repúblicas Socialistas Soviéticas (URSS) em abril de 1986, têm características bem distintas.

No primeiro, temos a voz da autora; no segundo, a de uma sobrevivente da tragédia que faz seu relato oralmente, transcrito depois pela autora do livro para a língua escrita. Portanto, uma primeira e fundamental distinção entre os dois trechos diz respeito à posição enunciativa, de sorte que o leitor toma contato com duas perspectivas diferentes do mesmo fato. No primeiro fragmento, a de um narrador que não participou diretamente dos fatos narrados; no segundo, a de uma participante da tragédia. Como o mesmo tema é apresentado ao leitor a partir de perspectivas diferentes, evidentemente, produz efeitos de sentidos diversos e isso tem muito a ver com a enunciação.

Ambos são enunciados concretos. Se há um enunciado (o dito), está pressuposta a enunciação (o ato de dizer). Do ponto de vista da enunciação, há uma diferença entre eles. No Texto 3.1, não há nenhuma marca linguística (pronomes e formas verbais) que remeta àquele que fala, embora ele exista e se confunda com a autora do livro. No Texto 3.2, o enunciador delega a voz a outra pessoa, a mulher do bombeiro, que relata com suas próprias palavras o que aconteceu no momento da explosão. Ao contrário do Texto 3.1, nele se podem observar, no enunciado, as marcas linguísticas daquele que fala. São sobretudo os pronomes de 1ª pessoa, *eu* e *nós* (= eu + ele) e formas verbais de 1ª pessoa (singular e plural): (eu) *sei*, (eu) *não sabia o quanto* (eu) *o amava*, (eu) *nem imaginava*, (eu) *olhei pela janela*; (nós) *estávamos casados*, (nós) *andávamos, quando* (nós) *entrávamos* etc. que remetem à instância da enunciação.

Em 3.1, temos um texto enuncivo; em 3.2, um texto enunciativo. Como destacamos, a opção por ocultar ou não as marcas da enunciação no enunciado

60   Língua Portuguesa: desenvolvendo competências de leitura e escrita são estratégias discursivas para produzir efeitos de sentido diferentes. Em 3.1, um texto em 3ª pessoa, o efeito de sentido é o de objetividade e de distanciamento em relação à instância da enunciação; em 3.2, um texto em 1ª pessoa, o efeito de sentido é o de subjetividade e de aproximação da instância da enunciação. No primeiro, o enunciatário, o destinatário final do texto, no caso, o leitor presumido, tem uma visão objetiva do fato ocorrido, sem que se destaque o ponto de vista do sujeito que o relata. É como se alguém de fora, um observador atento, relatasse a tragédia. No segundo, tem-se a visão de alguém que viveu a tragédia. É uma visão de dentro dos acontecimentos. No caso, a mulher do bombeiro. Seu relato vai muito além do acontecimento em si (a explosão seguida de incêndio). Nele, as lembranças pessoais, a vida conjugal com o marido a quem amava, emergem para o primeiro plano.

Como dissemos no Capítulo 1, a relação que se estabelece nos textos entre o enunciador e o enunciatário não é apenas comunicativa, é também persuasiva. Assim, tanto em 3.1 quanto em 3.2 não apenas se comunica algo (o acidente), mas se pretende levar o destinatário do texto, o leitor presumido, a aceitar o texto como verdadeiro, ou seja, exerce-se não apenas um *fazer--saber*, mas também um *fazer-crer*.

Ambos os trechos são figurativos. O uso das figuras dá sensorialidade aos textos. É como se o leitor presumido visse diante de si a explosão seguida de incêndio. No Texto 3.1, essa figurativização é levada ao extremo, por meio de um recurso que produz efeitos de sentidos de realidade. Observe que ele fornece ao leitor:

a) dia, mês e ano (26 de abril de 1986), bem como hora, minuto e segundo (1h23min58) em que ocorreu a explosão;

b) o local exato do acidente: quarto bloco da Central Elétrica Atômica (CEA) de Tchernóbil, situado bem próximo à fronteira da Belarús;

c) as características da Belarús, país atingido pela catástrofe, como sua população, economia: economia agrária, 10 milhões de habitantes que viviam predominantemente em zonas rurais; e

d) dados estatísticos que permitem comparar duas tragédias em termos de mortalidade: a explosão de Tchernóbil e a Segunda Guerra Mundial.

Se no Texto 3.1 o convencimento do leitor se dá por meio de estratégias que procuram produzir efeitos de sentido de objetividade e de realidade, no Texto 3.2 a estratégia discursiva para persuadir o leitor é de outra ordem. Visa-se sensibilizar o leitor por meio de um drama pessoal: a tragédia desfez uma relação marcada pelo amor. Notem que, em 3.1, fixa-se no drama coletivo, a população como um todo; em 3.2, no individual.

REVISÃO GRAMATICAL

Neste capítulo, ao falarmos sobre enunciação, abordamos muito rapidamente três categorias gramaticais: o verbo, o pronome e o advérbio, que você estudou no Ensino Fundamental e no Ensino Médio. Ao tratar da categoria *espaço*, falamos que ela pode ser expressa por advérbios e pronomes demonstrativos e chamamos sua atenção para o fato de que essas categorias gramaticais podem funcionar como dêiticos. Faremos agora uma revisão gramatical dos pronomes demonstrativos, mostrando alguns aspectos de seu emprego em textos.

Quando tratamos da categoria espaço, mostramos o emprego dos pronomes demonstrativos *este*, *esse* e *aquele* em função dêitica, destacando que o pronome *este* (e flexões) remete ao espaço daquele que fala; portanto, é pronome relativo à 1ª pessoa do discurso. O pronome *esse* (e flexões) remete ao espaço daquele a quem se fala (*tu/você*), portanto, é pronome relativo à 2ª pessoa do discurso. O pronome *aquele* (e flexões) remete ao espaço fora da cena da enunciação. É pronome relativo à não pessoa, ou à 3ª pessoa do discurso, na nomenclatura empregada na gramática tradicional.

Como a categoria *espaço* também pode ser indicada por advérbios, é possível fazer uma relação entre os pronomes demonstrativos *este*, *esse* e *aquele*, indicando espaço, e advérbios de lugar.

O demonstrativo *este* combina com o advérbio *aqui*; *esse* com *aí*; e *aquele* com *ali* (ou *lá*), como você pode observar nos exemplos a seguir:

Esta caneta que está *aqui* comigo é azul.
Este relógio que eu tenho *aqui* nas mãos é analógico.
Isto que está *aqui* comigo é um livro.

Essa caneta que está *aí* contigo é azul.
Esse relógio que tu tens *aí* nas mãos é analógico.
Isso que está *aí* com você é um livro.

Aquela caneta que está *lá* com o aluno da outra sala é azul.
Aquele relógio que está *ali* na mesa é analógico.
Aquilo que está *lá* na outra sala é um livro.

Como *ali* e *lá* designam espaço fora da cena enunciativa, você pode estar se perguntando: qual é a diferença entre *ali* e *lá*? É simples, *lá* designa espaço fora da enunciação para além do *ali*. Em outras palavras, *ali* é mais próximo do que *lá*, que é mais distante. Reveja os dois últimos exemplos. Usou-se *ali* para a mesa e *lá* para outra sala, portanto a sala está mais distante da cena enunciativa do que a mesa.

As formas *aqui* e *cá* designam o espaço daquele que fala e se equivalem. No conhecido poema *Canção do exílio*, Gonçalves Dias alterna as duas formas em relação ao espaço da enunciação. Observe:

As aves que *aqui* gorjeiam,
Não gorjeiam como *lá*.

[...]

Minha terra tem primores,
Que tais não encontro eu *cá*.

Observe ainda que, para designar o espaço fora da cena enunciativa, o poeta usou o advérbio *lá* e não o advérbio *ali*, porque *lá* é o Brasil, espaço bastante afastado da cena da enunciação, o *aqui*, que é Portugal.

Essa distinção entre *ali* e *lá* fica muito clara quando se observam os usos que se fazem desses advérbios na fala cotidiana. Quando alguém pergunta onde fica algo, as respostas costumam ser: "É logo *ali*", se for perto e "É *lá* pra baixo", se for mais distante.

Os advérbios *lá* e *acolá* designam espaço fora da cena enunciativa, sendo o *acolá* usado para indicar espaço além do *lá*, ou seja, algo que está *acolá* está num ponto mais distante de algo que está *lá*.

Quanto aos pronomes *este*, *esse* e *aquele* nas indicações de espaço, o professor José Luiz Fiorin, no livro *As astúcias da enunciação*, assinala que, no português atual, está ocorrendo a neutralização do pronome *este*. De sorte que, de um sistema tricotômico (*este*, *esse*, *aquele*), está se passando a um sistema dicotômico, em que a forma *esse* passa a ser usada no lugar de *este*. O sistema atual dos demonstrativos indicando espaço no português brasileiro culto contemporâneo já é o seguinte: *esse* (espaço da enunciação) × *aquele* (espaço fora da cena da enunciação).

Os pronomes *este*, *esse* e *aquele* (e suas flexões) também são empregados em português em função anafórica, isto é, para recuperar elementos já apresentados no texto. Se a função dos dêiticos é apontar para algo, a dos anafóricos é a de lembrar algo que já apareceu no texto. Podemos assim defini-los:

> **Anafóricos** são expressões que estabelecem uma relação de referência a uma expressão textual mencionada no texto, denominada antecedente. Um anafórico estabelece um *link* com uma palavra ou expressão antecedente. Por amarrarem uma expressão a outra, estabelecendo conexão entre elas, os anafóricos funcionam como elemento que assegura a coesão do texto.

Os pronomes (não apenas os demonstrativos) são muito usados como anafóricos, por permitirem a substituição, e sua consequente recuperação, de termos já mencionados, como se observa em: "Luana concluiu o Ensino Médio este ano. *Ela* prestou vestibular para Direito e foi aprovada".

Em função anafórica, usa-se *esse* (*essa*, *isso*) e não *este* (*esta*, *isto*) como se pode observar nos exemplos a seguir:

Férias, é exatamente *disso* que estou precisando.
Luana, Lúcia, Luciana, *essas* são as aniversariantes do mês.

64 Língua Portuguesa: desenvolvendo competências de leitura e escrita

Veja que, em ambos os exemplos, o pronome demonstrativo recupera um termo anterior, ou seja, tem função anafórica (*isso* = férias; *essas* = Luana, Lúcia, Luciana).

Em função catafórica, isto é, para indicar o que ainda será dito, emprega-se o pronome *este* (esta, isto), como se observa nos exemplos que seguem.

É exatamente *disto* que estou precisando: férias.

Estas são as aniversariantes do mês: Luana, Lúcia, Luciana.

Em função anafórica, emprega-se *este* por oposição a *aquele*. *Este* retoma o último citado, ou seja, o mais próximo; *aquele* retoma o primeiro citado, isto é, o mais distante.

Veja um exemplo:

Matemática e Literatura são disciplinas que me agradam: *esta* (= Literatura) me desenvolve a sensibilidade; *aquela* (= Matemática), o raciocínio.

Caso se usassem numerais no lugar dos demonstrativos, seriam utilizados *o(a) primeiro(a)* no lugar de *aquele* e *o(a) segundo(a)* no lugar de *este*.

Matemática e Literatura são disciplinas que me agradam: *a primeira* (*aquela* = Matemática) me desenvolve o raciocínio; *a segunda* (*esta* = Literatura), a sensibilidade.

Para finalizar esta seção, chamamos sua atenção para o fato de que uma mesma forma gramatical pode funcionar como dêitico ou anafórico, lembrando que esses conceitos não se confundem. Nos dêiticos, o referente não é algo presente no texto, mas na situação comunicativa; nos anafóricos, a referência é feita a expressões já mencionadas no próprio texto. Veja, a título de exemplo, duas frases com o pronome demonstrativo *esse*.

Esse livro que você está consultando traz um capítulo muito bom sobre emprego de pronomes. Vou consultá-lo também porque *esse* assunto me interessa muito.

Na primeira ocorrência, *esse* é um dêitico, pois aponta para um livro que está com ou próximo ao enunciatário. Na segunda, *esse* é empregado como anafórico, pois retoma um elemento textual já apresentado, *emprego de pronomes*. Sua função é lembrar algo já apresentado no texto.

Capítulo 3. Enunciação, texto e discurso **65**

APLICANDO O CONHECIMENTO

1. No fragmento a seguir, os pronomes demonstrativos *este* e *aquele* aparecem duas vezes. Quais são os antecedentes desses pronomes?

Há, pois, dois níveis de concretização dos esquemas narrativos: o temático e o figurativo. Este é mais concreto do que aquele. Conforme o modo de concretização da estrutura narrativa, temos dois tipos de texto: os textos temáticos e os figurativos. Estes criam um efeito de realidade, pois constroem uma cena real com gente, bichos, cores etc. Por isso representam o mundo no texto. Aqueles procuram explicar os fatos e as coisas do mundo, buscam classificar, ordenar e interpretar a realidade.

(FIORIN; SAVIOLI, 1995, p.73)

2. Leia o fragmento e responda ao que se pede.

De meu país e de minha família tenho pouco a dizer. Maus-tratos e o passar dos anos me afastaram daquele e fizeram de mim um estranho para esta.

(Edgar Allan Poe)

No trecho, ocorrem os pronomes demonstrativos *aquele* (em *daquele*) e *esta* em função anafórica. Que elementos textuais eles recuperam? Mesmo que você não conhecesse a "regra" do uso do *este* por oposição a *aquele* em função anafórica, seria possível identificar os termos que eles recuperam. Por quê?

3. Leia o fragmento de texto a seguir e responda ao que se pede.

E no entanto era Díaz-Varela que eu via agora como Chabert. Este havia sofrido amarguras e penas sem conta e aquele as tinha infligido, este tinha sido vítima da guerra, da negligência, da burocracia e da incompreensão, e aquele tinha se constituído em carrasco e havia perturbado gravemente o universo com sua crueldade, seu egoísmo talvez estéril e sua descomunal frivolidade. Mas os dois tinham se mantido à espera de um gesto, de uma espécie de milagre, de um alento e um convite, Chabert do quase impossível reenamoramento de sua mulher e Díaz-Varela do improvável enamoramento de Luísa, ou pelo menos do seu consolo junto dele.

(MARÍAS, 2012, p. 207-208)

a) Quais elementos do texto são recuperados pelos pronomes demonstrativos *este* e *aquele*?

b) Os chamados pronomes possessivos também exercem função anafórica. Nas expressões "sua crueldade", "seu egoísmo", eles recuperam e substituem termo já citado. Qual?

c) Embora a gramática tradicional chame os pronomes *meu (minha), teu (tua), seu (sua)* e *nosso (nossa)* de pronomes possessivos, eles nem sempre são usados para indicar posse, como ocorre em "meu carro" e "minha caneta". Nas expressões "sua mulher" e "seu consolo", os pronomes *sua* e *seu* são anafóricos? Justifique. Que tipo de relação de sentido o pronome *seu* estabelece com o termo que determina, *mulher*?

4. Nas frases a seguir, diga se o advérbio de lugar *ali* funciona como anafórico ou dêitico.

   a) Maria tinha uma pasta. *Ali* costumava guardar seus documentos.

   b) — Onde devo pendurar o quadro?
   — *Ali.*

5. Diz-se que um enunciado é ambíguo quando possibilita mais de uma leitura. Circulou pelas redes sociais uma mensagem anônima que dizia o seguinte:

Meu terapeuta disse: "Escreva carta para as pessoas que odeia e as queime." Fiz isso e agora não sei o que fazer com as cartas.

Trata-se de uma piada criada por alguém que a colocou nas redes sociais e rapidamente viralizou. Seu objetivo é, evidentemente, humorístico. No caso, o humor decorre do fato de um mesmo anafórico poder retomar antecedentes distintos.

   a) Identifique o anafórico e diga os antecedentes que ele pode estar recuperando.

   b) Os efeitos de humor decorrem do fato de que o terapeuta usou como anafórico o pronome *as* referindo-se a uma expressão antecedente e o(a) paciente interpretou o pronome *as* como anafórico de outra expressão antecedente. Para o terapeuta, qual é o antecedente do anafórico? E para o(a) paciente, qual é o termo identificado como antecedente?

   c) O fato de um mesmo pronome referir-se a dois antecedentes distintos resultou na quebra de coesão textual. Atendo-se a esse texto apenas, o fato de a coesão textual ter sido quebrada deve ser considerado um problema, um defeito, um erro? Justifique.

6. Leia os fragmentos a seguir e responda se os textos são temáticos ou figurativos e se são enuncivos ou enunciativos.

a) "Até onde sabemos, somos a única espécie para a qual o mundo parece ser feito de histórias. Biologicamente desenvolvidos para ter consciência de nossa existência, tratamos nossas identidades percebidas e a identidade do mundo à nossa volta como se elas demandassem uma decifração letrada, como se tudo no universo estivesse representado num código que temos a obrigação de aprender e compreender. As sociedades humanas estão baseadas nessa suposição: de que somos, até certo ponto, capazes de compreender o mundo em que vivemos." (MANGUEL, 2017, p. 13)

b) "Rubião fitava a enseada, – eram oito horas da manhã. Quem o visse, com os polegares metidos no cordão do chambre, à janela de uma grande casa de Botafogo, cuidaria que ele admirava aquele pedaço de água quieta; mas, em verdade, vos digo que pensava em outra coisa. Cotejava o passado com o presente. Que era, há um ano? Professor. Que é agora? Capitalista! Olha para si, para as chinelas (umas chinelas de Túnis, que lhe deu recente amigo, Cristiano Palha), para a casa, para o jardim, para a enseada, para os morros e para o céu; e tudo, desde as chinelas até o céu, tudo entra na mesma sensação de propriedade." (ASSIS, 1979, p. 643)

RECAPITULANDO

Neste capítulo, procuramos mostrar que a passagem da língua – o sistema abstrato à disposição dos falantes – para a fala ou discurso – o uso efetivo da língua – se dá pela enunciação. Um sujeito, o enunciador, se apropria do sistema da língua e a põe em funcionamento por um ato de vontade. Ao colocar a língua em funcionamento, o enunciador constitui um enunciatário, porque o discurso se caracteriza pelo dialogismo, quem fala, fala sempre a alguém. Esse processo é conhecido por discursivização. Os discursos manifestam-se por uma expressão, uma língua, por exemplo, constituindo os textos.

Enunciação: é sempre pressuposta pelo enunciado. Coloca a língua em funcionamento por um ato de vontade de um sujeito, portanto, a enunciação pressupõe sempre a categoria *pessoa*. Como quem fala sempre o faz num tempo e lugar, a enunciação apresenta três categorias: *pessoa*, *espaço* e *tempo*, por isso se costuma definir enunciação como a instância do eu, do aqui e do agora.

■ **Textos enunciativos**: apresentam as marcas linguísticas daquele que fala e produzem efeitos de sentido de subjetividade e de proximidade à instância da enunciação. Podem ser considerados como mais emocionais.

■ **Textos enuncivos**: são aqueles cujas marcas linguísticas daquele que fala foram ocultadas. Eles produzem sentido de objetividade e de afastamento em relação à instância da enunciação e podem ser considerados mais racionais.

Os textos se classificam, ainda, em figurativos e temáticos.

■ **Textos figurativos**: predomina a figurativização, caracterizada por palavras concretas, que remetem a referentes do mundo natural. Os textos figurativos organizam o mundo.

■ **Textos temáticos**: predomina a tematização, dada por palavras que não remetem a referentes do mundo natural, ou seja, palavras abstratas. Os textos temáticos representam o mundo.

Capítulo 3. Enunciação, texto e discurso

CAPÍTULO 4

GÊNEROS DO DISCURSO

4.1 Introdução

No Capítulo 3, falamos sobre texto e discurso. O tema, evidentemente, não se esgotou. Dando prosseguimento ao assunto, neste Capítulo 4, veremos que os textos se enquadram em formas relativamente estáveis, que denominamos gêneros do discurso ou gêneros textuais.

Os textos são objetos concretos, materializam o discurso e circulam socialmente. Por meio deles, sujeitos interagem. Um enunciador exerce um fazer comunicativo (*fazer-saber*) e um fazer persuasivo (*fazer-crer* e *fazer-fazer*), cabendo ao enunciatário realizar um fazer interpretativo.

Como as formas de interação e os propósitos comunicativos são inúmeros, há uma variedade inesgotável de formas pelas quais os textos se materializam. É possível, entretanto, observar formas relativamente estáveis, de sorte que, no papel de enunciador, nos apropriamos de uma dessas formas para dizer algo a alguém. O enunciatário, ao tomar contato com alguma dessas formas estáveis de texto, a reconhece imediatamente, identificando seu propósito comunicativo.

Denominamos gêneros do discurso[1] essas formas relativamente estáveis de enunciados, isto é, de discursos materializados em textos. Se não existissem os gêneros, a comunicação humana seria praticamente impossível; pois, cada vez que tomássemos a palavra para dizer algo, teríamos de "inventar" o gênero. Do ponto de vista do enunciatário, o conhecimento do gênero cria um horizonte de expectativas sobre o que se vai ler, no caso dos textos escritos, ou ouvir, no caso dos textos falados, permitindo antecipar o propósito comunicativo.

---

1. Dado o caráter didático deste livro, optamos por usar o termo *gêneros do discurso* e não fazemos distinção entre gêneros do discurso e gêneros textuais ou até mesmo gêneros textuais-discursivos.

71

4.2 Noção de gênero

Neste Capítulo 4, voltamos a usar o mesmo procedimento do anterior, qual seja partir do concreto para o abstrato. O concreto aqui é a manifestação, o texto, o enunciado, o discurso materializado. O abstrato é o gênero.

Você certamente já viu algum texto muito semelhante ao que reproduzimos a seguir:

Figura 4.1 – Cardápio de uma rede de restaurantes*

Fonte: acervo pessoal do autor.

* Nota da Editora: caso você deseje, disponibilizamos na nossa plataforma Conecta uma versão em cores deste cardápio. Acesse em: https://somos.in/LP1.

Com base no que já vimos neste livro, podemos afirmar que:

- trata-se de texto sincrético, pois o plano da expressão apresenta linguagem verbal (segmentos escritos nas línguas portuguesa e inglesa) e linguagem não verbal (diversas fotos de pratos da culinária oriental, prontos para serem servidos);

- é um texto figurativo. O apelo é ao sensível, com o predomínio de sensações visuais. As imagens remetem a referentes do mundo natural, dando concretude ao texto;

- há uma relação comunicativa entre um enunciador, o restaurante de comida rápida, e o enunciatário, o cliente; e

- o enunciador exerce um fazer comunicativo (*fazer-saber*). Faz saber ao enunciatário que dispõe de alguns pratos que poderão ser adquiridos, dando a ele opções. Exerce, ainda, um fazer persuasivo. Pretende que o enunciatário aceite o texto (*fazer-crer*) e execute algo, adquirir produtos (*fazer-fazer*).

Essas são características de todos os textos. No entanto, há nele algumas outras que o distinguem de outros textos, de sorte que, com base nelas, podemos enquadrá-lo numa classe, ou melhor dizendo, num gênero. Vejamos quais são.

Em primeiro lugar, temos um determinado conteúdo temático que o difere de outras classes de textos. O texto não fala, por exemplo, de violência, de política, de esporte etc., mas de comida. Chamamos sua atenção para o fato de que o conteúdo temático não é o tema em si (comida), mas como ele é enfocado com base em determinados valores e crenças. No caso, o conteúdo diz respeito à alimentação que pode ser comprada pronta e consumida rapidamente e própria para ser feita fora de casa, portanto de interesse de um determinado grupo de pessoas. O tema "comida" poderia aparecer, por exemplo, em uma receita culinária, que é outro gênero de texto.

Esse conteúdo temático, e consequentemente seus valores, manifesta-se por certo estilo verbal, isto é, por escolhas lexicais e gramaticais que o enunciador fez. Note como se apresenta o segmento verbal (atemo-nos apenas ao segmento em Língua Portuguesa):

- predomínio de nomes, substantivos ora sozinhos (como *repolho, cenoura, mussarela,*[2] *presunto, cebolinha, alface, camarão, rúcula, frango, macarrão* etc.), ora determinados por adjetivos valorativos que os caracterizam (como massa *fina crocante recheada*; molho *agridoce*; camarão *empanado sequinho* e *crocante*, camarões *fresquinhos, saboroso* rolinho *recheado*);

- do ponto de vista sintático, o segmento verbal é manifestado por frases curtas, diretas, a maioria nominais, isto é, sem verbo, sem que haja dependência sintática entre elas, o que justifica a ausência de palavras relacionais, os chamados conectivos. O texto apresenta ainda, no segmento verbal, a descrição do prato em língua inglesa, para o caso de o leitor não conhecer a língua portuguesa, mas conhecer o inglês.

Além disso, apresenta uma forma de composição característica, uma determinada estrutura composicional no que se refere ao modo de organização e de apresentação, que faz com que identifiquemos seu propósito comunicativo, possibilitando enquadrá-lo em determinada classe de discursos, isto é, em um gênero, antes mesmo de ler o seu conteúdo.

Quanto à sua estrutura composicional, destacamos:

- o texto se estrutura em seções e subseções com títulos que permitem ao leitor identificar rapidamente o conteúdo. Há os títulos maiores, relativos às seções – *Entradas* e *Tradicionais* – e, dentro deles, subtítulos um pouco menores – *Rolinhos, Saladas, Camarão Empanado, Molhos para Salada, Gyosa* e *Yakisobas* – relativos às subseções.

- em cada subtítulo, há as opções dos pratos com as respectivas descrições; e

- para alguns pratos, há uma foto ilustrativa.

---

2. Mantivemos a grafia "mussarela" porque é dessa forma que ela aparece no cardápio. No sistema ortográfico vigente no Brasil, deve-se usar a forma "muçarela", que é a que consta no Vocabulário Ortográfico da Língua Portuguesa (Volp).

As características que apontamos fazem com que o texto seja classificado como pertencente ao gênero cardápio. Você certamente deve estar pensando: "não precisava dizer tudo isso, pois sei que a foto reproduz um cardápio, é óbvio que se trata de um cardápio".

De fato, o conhecimento que temos dos gêneros vem de nossas práticas sociais. Sabemos reconhecer um texto como sendo uma receita médica, um aviso, uma aula, um *e-mail*, um telefonema, uma entrevista, uma piada, um meme, um tuíte, um contrato, um currículo, uma notícia etc., sem que precisemos teorizar sobre eles, pois esses são gêneros que circulam na esfera cotidiana.

Há, no entanto, gêneros com os quais não estamos familiarizados e, em algumas situações, temos de fazer uso deles, seja como destinadores, seja como destinatários. Na vida acadêmica, você certamente se deparará com vários deles, pois produzirá monografias e dissertações e lerá artigos, resumos e resenhas, por exemplo.

Antes de prosseguir, é necessário que façamos uma pausa para sistematizar o que vimos até agora, começando pela conceituação de gênero:

◇ **Gêneros** são formas relativamente estáveis de enunciados e caracterizam-se por apresentarem conteúdo temático, estilo verbal e estrutura composicional.

Quando afirmamos que os gêneros são formas "relativamente estáveis", destacamos que não são formas engessadas. Pelo contrário, os gêneros apresentam certa plasticidade; uns mais, outros menos.

Um cardápio não é exatamente igual a outro, assim como uma monografia não é exatamente igual a outra. Mesmo gêneros que têm uma estrutura composicional muito engessada, como o requerimento e a ata, apresentam certa flexibilidade. Para que seja possível enquadrar um texto em determinado gênero, deve-se levar em conta suas três características. Tomemos como referência um gênero bastante conhecido, o ditado popular.

- **Conteúdo temático:** não é o tema em si, mas como ele é enfocado com base em determinados valores. Os ditados populares constituem um gênero e falam de temas diversos: inveja, coragem, perseverança etc. Nos ditados, os temas são abordados a partir de uma perspectiva moralizante, ou seja, o conteúdo temático dos ditados populares diz respeito ao caráter pedagógico investido no tratamento dos temas, na medida em que sua função é transmitir conselhos.

- **Estilo verbal:** são os procedimentos fraseológicos, isto é, as escolhas lexicais e gramaticais que o enunciador fez. Para continuar no exemplo ditado popular, esse gênero, quanto ao estilo verbal, se caracteriza por apresentar períodos simples, muitas vezes sem verbo explícito, com predomínio de palavras concretas, normalmente empregadas com valor simbólico, o que possibilita que a leitura que se faz deles não seja a mesma de pessoa para pessoa. É ainda comum valerem-se de recursos que conferem sonoridade (aliterações, assonâncias, rimas), o que facilita sua memorização. São textos enuncivos, isto é, em 3ª pessoa, e figurativos.

- **Estrutura composicional:** os ditados populares se manifestam, em geral, por frases curtas com estrutura bimembre, isto é, a frase se compõe de duas partes de estrutura parecida, o que confere um certo contrabalanceamento expressivo, como em "Tal pai, tal filho".

É em decorrência dessas características juntas que você reconhece que "Casa de ferreiro, espeto de pau" e "Água mole em pedra dura tanto bate até que fura" são ditados populares e não uma notícia, um poema, um manual de instruções, um anúncio classificado etc.

4.3 Gêneros verbais, não verbais e sincréticos

Os gêneros do discurso se manifestam em textos concretos (por isso é que também se diz gêneros textuais ou, ainda, gêneros textuais-discursivos). Um texto, como vimos no Capítulo 1, resulta da superposição de um conteúdo a uma expressão, uma linguagem. Como a linguagem pode ser oral ou escrita, temos gêneros orais e escritos, conforme exemplificado no quadro a seguir.

Quadro 4.1 – Gêneros orais e escritos

Gêneros	
Escritos	**Orais**
· Monografia	· Telefonema
· Currículo	· *Podcast*
· Receita médica	· Consulta médica
· Procuração	· Exposição oral
· Dissertação	· Seminário
· Artigo de opinião	· Debate
· Edital	· Mesa-redonda
· Parecer	· *Jingle*
· Verbete de dicionário	· Juramento

Fonte: elaborado pelo autor.

Certos gêneros se manifestam apenas na forma oral, como o telefonema; outros, só na forma escrita, como a monografia, por exemplo. Outros podem se manifestar, ainda, tanto na forma oral quanto na forma escrita. Uma piada pode ser contada por alguém a outrem, que vai ouvi-la, portanto, ou pode ser enviada por mensagem de texto. Nesse caso, o destinatário vai lê-la. Uma entrevista pode ser feita oralmente, com presença de entrevistado e entrevistador na cena da enunciação, ou por escrito, no caso de o entrevistador enviar um questionário para que o entrevistado responda e o envie posteriormente. Lembrando sempre que, nos gêneros orais, a recepção é imediata, ao passo que, nos escritos, ela ocorre em tempo posterior ao da enunciação. Nos gêneros orais, o destinatário do ato comunicativo não precisa estar necessariamente no mesmo espaço físico do destinador, como ocorre na conversação face a face, já que o desenvolvimento tecnológico permite a interação a distância, por exemplo, em videoconferências e aulas *on-line*.

Vale ainda ressaltar que, por serem práticas sociais, os gêneros tanto orais quanto escritos estão ligados às diversas esferas das atividades humanas, sejam públicas, sejam privadas. Há gêneros em que o oral e o escrito se mesclam. É o caso de uma apresentação com auxílio de PowerPoint ou de tutoriais veiculados pelo YouTube.

Capítulo 4. Gêneros do discurso

A seguir, veja alguns exemplos de gêneros relacionados à esfera discursiva, que é o lugar social em que o texto surge e circula.

Quadro 4.2 – Gêneros e esfera discursiva

Esfera discursiva	Gênero
Acadêmica	Artigo, resumo, fichamento, monografia, dissertação etc.
Jornalística	Editorial, artigo de opinião, notícia, reportagem etc.
Publicitária	Anúncio, classificado, folheto, cartaz, *outdoor*, panfleto etc.

Fonte: elaborado pelo autor.

Os gêneros do Quadro 4.2 referem-se a esferas públicas. Há ainda os relativos à esfera privada, ou seja, aqueles que circulam nas relações cotidianas. São os gêneros da esfera interpessoal, como as mensagens de WhatsApp, os lembretes, os *e-mails*.

4.4 Gêneros e registro

No Capítulo 2, destacamos que registro é o nome que se dá à variação linguística em decorrência de fatores de natureza individual, podendo ser formal ou informal. Chamamos sua atenção para o fato de que informal e formal não devem ser vistos como polos absolutos; ao contrário, representam um *continuum*, indo do muito informal, como um bate-papo entre amigos, ao muito formal, como um discurso de posse.

O falante procede à escolha do registro em função do gênero e de sua esfera de circulação. Assim, há gêneros marcados pela informalidade, como uma piada ou uma mensagem via WhatsApp, e os marcados pela formalidade, como uma monografia ou uma resenha. Por formalidade e informalidade representarem um contínuo, há gradações. Assim, teremos gêneros semiformais, como um artigo de opinião, e gêneros ultraformais, como o requerimento.

4.5 Gêneros e ações discursivas

São macroações discursivas narrar, descrever, argumentar e expor, que configuram quatro tipos de texto: narrativo, descritivo, argumentativo e expositivo.

Os estudiosos do texto fazem, ainda, referência ao texto injuntivo e ao conversacional. Como todo texto se enquadra num gênero, temos gêneros narrativos, descritivos, argumentativos e expositivos, como exemplificamos a seguir:

Quadro 4.3 – Gêneros e macroações discursivas

Macroação discursiva	Gêneros
Narrar	*Ficcionais*: romance, conto, novela, lenda, fábula, piada, história em quadrinhos etc. *Não ficcionais*: notícia, reportagem, diário, biografia, relato etc.
Descrever	Cardápio, lista de compras, currículo, anúncios classificados, caricatura etc.
Argumentar	Artigo de opinião, editorial, dissertação, tese etc.
Expor	Aula, conferência, relatório, seminário etc.

Fonte: elaborado pelo autor.

Um mesmo gênero pode se prestar à realização de macroações diferentes. Uma carta, por exemplo, pode ser usada para contar algo (carta narrativa), para defender um ponto de vista (carta argumentativa), para descrever algo ou alguém (carta descritiva), ou para transmitir um saber (carta expositiva).

4.6 Gêneros digitais e acadêmicos

Como você já percebeu, o número de gêneros do discurso, se não é infinito, é muito grande, de tal sorte que é impossível fazer uma lista fechada deles. O importante é você saber que gêneros não são textos; são práticas sociocomunicativas relacionadas às diversas esferas da atividade humana e, como essas são inesgotáveis, os gêneros também o são. Além disso, como as práticas sociocomunicativas são dinâmicas e se alteram, os gêneros se metamorfoseiam. Um gênero que hoje faz parte de nosso cotidiano, o *blog*, nada mais é que a transmutação do antigo diário pessoal. Curiosamente, aquilo que era pessoal e íntimo tornou-se público com o advento da internet.

Assim como o *blog*, o mundo digital fez surgirem gêneros novos e deu cara nova a antigos: a carta pessoal metamorfoseou-se no *e-mail*. Com a internet, vimos aparecer gêneros que há poucos anos não existiam e que hoje fazem parte de nossas práticas cotidianas.

Além dos gêneros digitais, é importante que você vá se familiarizando com os gêneros da esfera acadêmica, tais como a monografia, o resumo, o fichamento, a resenha, a dissertação etc., pois a competência nesses gêneros é fundamental para seu melhor aproveitamento nos cursos superiores. Mas lembre-se: gêneros são práticas sociais e o domínio deles se dá pelo uso em situações concretas de interação, por isso nada de decorar modelos ou seguir receitas prontas.

TEXTO COMENTADO

Caro leitor,

Você está no limiar de minhas palavras; juntos, estamos na passagem para mudanças galácticas que vão ocorrer em poucas gerações. Estas cartas são um convite que faço para considerar um conjunto improvável de fatos referentes à leitura e ao cérebro leitor, cujas implicações vão levar a mudanças cognitivas importantes em você, na próxima geração e possivelmente na nossa espécie. Minhas cartas convidam também a olhar para outras mudanças, mais sutis, e a considerar se você se afastou sem perceber do conforto que a leitura era outrora para você. Para a maioria de nós, essas mudanças já começaram.

Comecemos por um fato enganadoramente simples que tem inspirado meu trabalho sobre o cérebro leitor durante os últimos dez anos, e partamos dele: *os seres humanos não nasceram para ler*. A aquisição do letramento é uma das façanhas epigenéticas[3] mais importantes do *Homo sapiens*. Até onde sabemos, nenhuma outra espécie realizou essa façanha. O ato de ler acrescentou um circuito inteiramente novo ao repertório do nosso cérebro de hominídeos. O longo processo evolutivo de aprender a ler bem e em profundidade mudou nada menos que a estrutura das conexões desse circuito, e isso fez com que mudassem as conexões do cérebro, com a consequência de transformar a natureza do pensamento humano.

O que lemos, como lemos e por que lemos são fatores de mudanças do modo como pensamos, mudanças essas que prosseguem atualmente num ritmo mais rápido. No curso de apenas seis milênios, a leitura tornou o fator catalisador de transformação do cérebro no desenvolvimento dos indivíduos e nas culturas letradas. A qualidade de nossa leitura não é somente um índice da qualidade de

---

3. Relativo à epigenética, ramo da biologia cujo objeto é o efeito de influências e estímulos externos no desenvolvimento dos organismos.

nosso pensamento, é o melhor meio que conhecemos para abrir novos caminhos para a evolução cerebral de nossa espécie. Há muito em jogo no desenvolvimento do cérebro leitor e nas rápidas mudanças que caracterizam atualmente sucessivas evoluções.

Basta você olhar para si próprio. Provavelmente você já percebeu como a qualidade da atenção mudou à medida que lê mais e mais em telas e recursos digitais. Provavelmente, você sentiu uma sensação aflitiva de que alguma coisa sutil está faltando ao tentar mergulhar num livro de que gostou. Como um membro fantasma, você se lembra de quem era enquanto leitor, mas não consegue convocar aquele "fantasma atento" com a mesma alegria que sentia outrora, ao ser transportado de um lugar para fora de você para aquele espaço íntimo. As crianças têm ainda mais dificuldade, porque sua atenção é continuamente distraída e inundada por estímulos que não chegarão a consolidar-se em seus repositórios de conhecimentos. Isso significa que o próprio fundamento de sua capacidade para derivar analogias e inferências durante a leitura será cada vez menos desenvolvido.

(WOLF, 2019, p. 9-10)

O que você acabou de ler foi extraído do livro *O cérebro no mundo digital*, escrito pela neurocientista norte-americana Maryanne Wolf. Você não teve a menor dúvida em reconhecer que o texto pertence ao gênero carta. O vocativo "Caro leitor" que abre o texto sinaliza isso. A macroação discursiva que caracteriza o texto é expor. Trata-se de texto de transmissão de saberes. O enunciador pressupõe que o enunciatário não sabe X e quer levá-lo a saber X.

Não devemos confundir gênero com suporte, que é o lugar físico ou digital onde o texto fica visível ao leitor. O suporte usado por Wolf para publicar suas cartas foi um livro. Para elaborar este livro, usamos a versão física – livro impresso em papel –, mas esse texto também está disponível em versão digital. A esfera discursiva, isto é, onde o texto nasce e circula, é a acadêmica. Ressaltamos que, ao publicar o livro por uma editora comercial, sua esfera de circulação ampliou-se além do mundo acadêmico, atingindo o público geral. A escolha do gênero carta favorece isso, na medida em que, por meio delas, a autora se aproxima do leitor, dialogando com ele. O livro todo é estruturado em forma de cartas. São nove ao todo.

Vários autores, desde a Antiguidade, já se valeram desse recurso para transmitir saberes aos leitores. Entre tantos, podemos citar *Cartas a um jovem*

Capítulo 4. Gêneros do discurso **81**

escritor, do escritor peruano Mario Vargas Llosa (Editora Elsevier), e *Cartas a um jovem terapeuta*, do psicanalista Contardo Calligaris (Editora Planeta). Nos dois exemplos, alguém que possui um saber numa determinada área (escrita de ficção e psicoterapia, respectivamente) dialoga por meio de cartas com um leitor presumido que pretende adquirir um saber que não possui de modo completo. Isso fica subtendido na palavra "jovem" que aparece no título de ambos os livros. Entre enunciador – o autor das cartas – e enunciatário – o leitor presumido pelo enunciador – há uma relação assimétrica: o enunciador é dotado de uma competência e de um saber que o enunciatário, presume-se, não tem. O uso do gênero carta é um dos fatores que possibilitam a atenuação dessa assimetria.

Como insistimos, os gêneros são formas relativamente estáveis de enunciados, apresentando certa plasticidade. Isso significa que o texto de Wolf pertence ao gênero carta, mas apresenta características diferentes de uma carta familiar, de uma carta de leitor ao jornal ou de uma carta aberta. A esfera de circulação da carta familiar é privada, ao contrário da carta ao leitor do jornal e da carta aberta, que é pública. As diferenças podem ser observadas na estrutura composicional e no conteúdo temático. Quanto à estrutura composicional, observe que a carta de Wolf não apresenta, por exemplo, local e data, o que é comum na carta familiar. Na verdade, Wolf se apropria de um gênero que originalmente serve a um propósito e o usa com outro.

O que importa saber é que a escolha do gênero se faz em função do propósito e contexto comunicativos. Decorre ainda do conteúdo temático, da esfera discursiva, de quem é o enunciatário, do suporte em que será visível etc. Todos esses fatores determinam o registro a ser usado, num *continuum* que vai do muito informal ao muito formal.

A escolha do gênero carta por Wolf favoreceu a aproximação entre enunciador e enunciatário. O leitor tem a sensação de que a autora escreve pessoalmente para ele, o que, como sabemos, não é verdadeiro. A escolha do gênero carta cria a ilusão de pessoalidade, de exclusividade e de proximidade.

Como destacamos no capítulo anterior, a enunciação produz efeitos de sentido não só de aproximação e de distanciamento, como também de objetividade e de subjetividade. Como ela é pressuposta pelo enunciado, é a partir dele que se reestabelece a cena enunciativa.

Volte ao enunciado (o trecho da carta) e releia-o observando, principalmente, como se instala nele a categoria pessoa.

Relido o fragmento da carta, você deve ter notado que estão espalhadas pelo enunciado as marcas linguísticas de pessoa, expressas por formas verbais e pronominais: *estamos, faço, comecemos, sabemos, lemos, pensamos, conhecemos; você, nós, minhas, meu, nosso(a)* etc. Isso significa que se trata de texto enunciativo, ou seja, um texto em 1ª pessoa, cujos efeitos de sentido são os de subjetividade e de proximidade da instância da enunciação. Em outras palavras: o texto simula a enunciação; é uma enunciação enunciada.

Repare que o pronome que abre a carta e que vem imediatamente após o vocativo "Caro leitor" é *você*. Trata-se de pronome que se refere ao destinatário da carta (o leitor presumido), portanto um pronome referente à 2ª pessoa do discurso, embora a concordância do verbo seja feita em 3ª pessoa ("Você *está* no limiar..."). Se há uma 2ª pessoa instalada no texto (*você*), é porque há também um *eu* instalado no texto, como fica evidente no uso da 1ª pessoa em *faço*, no trecho "... são um convite que *faço*..." e do pronome *meu* em "*meu* trabalho".

Outra coisa que chama a atenção é o fato de a 1ª pessoa do plural (nós) prevalecer sobre a 1ª do singular (eu). Isso produz um efeito de sentido de cumplicidade, pois esse *nós* não é o plural de *eu*, mas um *eu* amplificado, que engloba aquele que fala (*eu*) e aquele a quem se fala (*você*, o leitor presumido). A propósito desse efeito de cumplicidade, observe quantas vezes ocorre no fragmento o pronome *você*. Nada menos do que nove vezes. Em síntese: é como se o autor da carta estivesse conversando com o leitor. A escolha do gênero carta vem reforçar o efeito de sentido de diálogo.

REVISÃO GRAMATICAL

No capítulo anterior, fizemos uma revisão do emprego dos pronomes demonstrativos (*este, esse, aquele*). No texto comentado neste capítulo, chamamos a atenção para o fato de que ele foi produzido em 1ª pessoa e que nele predomina a forma da 1ª pessoa do plural. Aproveitamos essa ocorrência do *nós* no texto para fazer uma revisão dos pronomes pessoais, acrescentando alguns comentários sobre seu emprego.

Os pronomes pessoais exprimem as pessoas do discurso pura e simplesmente. Designam aquele que fala, a 1ª pessoa, e aquele a quem se fala, a 2ª pessoa, portanto os pronomes pessoais não têm como referente algo do mundo natural, mas seres construídos *no* e *pelo* discurso. Lembre-se: *eu* é aquele que diz *eu*. Esses pronomes são, portanto, dêiticos, como vimos no Capítulo 3.

O pronome *ele*, como vimos, refere-se à não pessoa. Designa aquilo ou aquele de que ou de quem se fala. A gramática, no entanto, considera a 3ª pessoa como uma pessoa do discurso. Note que a 3ª pessoa é diferente da 1ª e da 2ª, pois apresenta flexão de gênero (ele/ela), o que não ocorre com a 1ª e a 2ª. Os pronomes pessoais de 3ª pessoa, ele e ela, fazem o plural como a maioria das palavras da língua, pelo acréscimo da desinência **–s** (eles/elas).

Os pronomes pessoais assumem outras formas quando empregados na função de complemento. As gramáticas fazem essa distinção, classificando os pronomes pessoais como retos, quando empregados na função de sujeito, e oblíquos, quando na função de complemento. Embora a gramática tradicional condene o uso de pronomes retos na função de complemento, é comum, mesmo em variedades prestigiadas, construções como "Chamei ele" e "Convidei ela".

No português brasileiro, observa-se uma simplificação do quadro dos pronomes pessoais em relação ao que estabelece a gramática tradicional. Você já deve ter notado que a 2ª pessoa do plural (vós) caiu em desuso e que o uso da forma *tu*, da 2ª pessoa, está restrita a algumas regiões do país. A forma mais usada hoje no Brasil em referência à 2ª pessoa do discurso é *você*.

Vejamos agora o emprego da forma de 1ª pessoa do plural (nós), atentando para o fato de que a oposição *eu* × *nós* não deve ser entendida como uma oposição *singular* × *plural*, mas como oposição entre pessoa estrita (o *eu*) e pessoa amplificada (o *nós*). Note que o fato de usarmos palavras diferentes (*eu* e *nós*) é suficiente para demonstrar que o pronome *eu* não admite a pluralização.

Observe a frase que abre o texto no fragmento a seguir:

"Você está no limiar de minhas palavras; juntos, estamos na passagem para mudanças galácticas que vão ocorrer em poucas gerações."

84 **Língua Portuguesa:** desenvolvendo competências de leitura e escrita

O *nós*, implícito na forma verbal *estamos*, engloba aquele que fala (eu) e aquele a quem se fala (você, o leitor presumido). O adjetivo *juntos* não deixa a menor dúvida de que esse *nós* representa eu + você. Observe: "[...] *juntos*, [eu e você], estamos na passagem para mudanças galácticas que vão ocorrer em poucas gerações". Como nesse *nós* aquele que fala (eu) inclui aquele a quem se fala (tu/você), ele é chamado de *nós inclusivo*. Seu emprego cria um efeito de sentido de proximidade e cumplicidade entre os parceiros da comunicação. Trata-se de um ótimo recurso que a autora usou para manipular o leitor, fazendo-o crer seu cúmplice. Além disso, o uso do *nós inclusivo* cria um efeito de sentido de reversibilidade do discurso, ou seja, reforça seu caráter dialógico.

Existe também o *nós exclusivo*. Nesse caso, há a presença daquele que fala (eu), mas não daquele a quem se fala (tu/você). O *nós exclusivo* resulta da junção do *eu* com a não pessoa (ele, eles), criando um grupo de pessoas. Quando alguém diz, por exemplo, "Em julho, minha mulher e eu tiramos férias e nós tomamos a decisão de fazer uma viagem de carro por Minas Gerais. Como não conhecíamos ainda as cidades históricas, aproveitamos para visitar Ouro Preto, Mariana, Tiradentes".

Nessa frase, o pronome de 1ª pessoa do plural (nós) designa uma pessoa amplificada que corresponde à junção daquele que fala (eu) e ela (a mulher dele).

Resumindo por meio de um esquema:

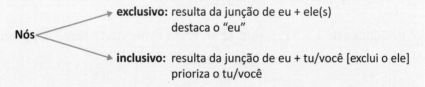

Nós
- **exclusivo:** resulta da junção de eu + ele(s)
  destaca o "eu"
- **inclusivo:** resulta da junção de eu + tu/você [exclui o ele]
  prioriza o tu/você

Encerrando esta revisão gramatical, chamamos a atenção para um uso do *nós* de que você fará bastante uso em seus trabalhos acadêmicos. Nesse tipo de produção textual, não é de bom tom que a redação seja feita na 1ª pessoa do singular (eu), mesmo que o trabalho seja feito por uma única pessoa. O recomendado é que se use a 3ª pessoa, o que confere um sentido de impessoalidade e de subjetividade ao texto. Normalmente, é uma 3ª pessoa seguida do pronome *se*.

Outra forma muito comum em trabalhos acadêmicos é usar o *nós* no lugar do *eu*. É o chamado plural de autor ou de modéstia. Veja exemplos no quadro a seguir:

Quadro 4.4 – A categoria pessoa em trabalhos acadêmicos

3ª pessoa + SE	Plural de autor
Nesta dissertação, discute-se...	Nesta dissertação, discutimos...
O que se apresenta como exemplo é...	O que apresentamos como exemplo é...
Analisaram-se vários exemplos de...	Analisamos vários exemplos de...
Objetiva-se mostrar que...	Objetivamos mostrar que...
Conclui-se que...	Concluímos que...

Fonte: elaborado pelo autor.

Como as duas formas (verbo na 3ª pessoa + *se* e plural de autor) se equivalem, é indiferente usar uma outra, observando-se que, escolhida uma delas, deve-se mantê-la em toda a redação do trabalho. O que não se deve fazer é misturar as duas formas em um mesmo trabalho.

Por fim, como você observou pelos exemplos que apresentamos de plural de autor, não é necessário explicitar o *nós*, uma vez que ele fica implícito na desinência do verbo (**–mos**).

APLICANDO O CONHECIMENTO

As atividades de 1 a 2 referem-se ao texto comentado neste capítulo.

1. No primeiro parágrafo, há um *eu* que se dirige a um leitor, representado pelo pronome *você* ("Estas cartas são um convite que [eu] faço a você"). No segundo parágrafo, a autora usa três formas verbais na 1ª pessoa do plural, *comecemos, sabemos, conhecemos*. Comente a opção pelo uso do *nós* em lugar do *eu*.

2. Vimos que anafóricos são expressões textuais cuja função é retomar elemento textual anteriormente expresso, denominado antecedente. O anafórico, por estabelecer um *link* entre dois termos, amarrando um ao outro, é importante elemento de coesão textual.

   Que termos são retomados pelos anafóricos destacados nos fragmentos abaixo, extraídos do segundo parágrafo do texto?

a) "Até onde sabemos, nenhuma outra espécie realizou *essa* façanha."

b) "[...] e *isso* fez com que mudassem as conexões do cérebro, com a consequência de transformar a natureza do pensamento humano."

Texto para a questão 3.

Camerino permite-lhe agora receber visitas. O desfile hoje começa cerca das dez da manhã, quando seus sogros Aderbal e Laurentina entram no quarto acompanhados de Flora. Flora? Que milagre! Bom, ela representa a sua comédia, para evitar que os pais venham a descobrir o verdadeiro estado de suas relações com o marido.

— Visitas para você — diz ela sem mirá-lo. E senta-se a um canto do quarto.

Rodrigo não gosta do hábito que Flora adquiriu no convívio dos cariocas de tratá-lo por você. Sempre achou o tu mais íntimo, mais carinhoso, além de mais gaúcho.

Bom, seja como for, dadas as relações atuais entre ambos, você talvez seja o tratamento mais adequado.

(VERISSIMO, 2004, p. 247)

3. Com base nas informações fornecidas pelo texto, assinale apenas as alternativas que forem verdadeiras.

a) Em algumas regiões do Brasil, as pessoas se referem ao interlocutor usando o pronome pessoal *tu* e em outras usando *você*.

b) Quando tratamos o interlocutor por *você*, o verbo deve ir para a 2ª pessoa do singular.

c) Quando tratamos o interlocutor por *tu*, o verbo deve ir para a 2ª pessoa do singular.

d) Os gaúchos preferem chamar o interlocutor pelo pronome de tratamento *você*.

e) Segundo Rodrigo, o uso do pronome de tratamento *você* revela mais formalidade que o uso do pronome pessoal *tu*.

f) As relações entre Rodrigo e Flora não estavam muito boas.

RECAPITULANDO

Neste capítulo, você viu que os textos orais e escritos se enquadram em gêneros, formas relativamente estáveis de enunciados. Viu ainda que os gêneros apresentam três características que os definem, que são:

■ **Conteúdo temático:** não é o assunto (tema) propriamente dito (amor, ódio, vingança etc.), mas os diversos sentidos que o gênero comporta.

- **Estilo verbal:** diz respeito ao uso que se faz da língua, ao aspecto lexical (a escolha das palavras), ao aspecto gramatical e ao registro (mais formal, mais informal).

- **Estrutura composicional:** diz respeito aos aspectos formais, isto é, como o texto se apresenta. Alguns gêneros apresentam pouca plasticidade quanto à estrutura composicional (requerimento, ata, memorando etc.), outros são bastante flexíveis quanto à estrutura, a poesia, por exemplo.

Os gêneros são práticas discursivas que circulam nas mais variadas esferas e se fixam nos mais variados suportes.

CAPÍTULO 5

TEXTUALIZAÇÃO

5.1 Introdução

Para a compreensão deste capítulo, é essencial que tenhamos bem claros os conceitos já vistos neste livro, por isso os retomamos em rápidas palavras, destacando as relações que guardam entre si.

Textualização é um substantivo proveniente do verbo *textualizar*, que, por sua vez, provém de *texto*, que definimos, no Capítulo 1, sob dois aspectos: a) é um todo de sentido; e 2) estabelece comunicação entre sujeitos. Mostramos ainda que o texto resulta da superposição de dois planos que se pressupõem: um conteúdo e uma expressão.

O verbo *textualizar* procede do adjetivo *textual* ao qual se acrescentou o sufixo **–izar**, o mesmo que aparece em palavras como *humanizar, realizar, suavizar*. Embora a palavra *textualizar* ainda não conste de três dos mais importantes dicionários da língua portuguesa – Aurélio, Aulete e Houaiss –, por analogia a *humanizar, realizar* e *suavizar*, que significam, respectivamente, tornar humano, tornar real e tornar suave, podemos concluir que textualizar é fazer com que algo (uma ideia, um sentido) se torne um texto.

Vimos, no Capítulo 1, que a textualização ocorre quando um conteúdo é recoberto por uma expressão. Textualização é, portanto, a manifestação de um conteúdo por meio de uma linguagem.

5.2 Fatores de textualização

A pergunta que se pretende responder neste capítulo é: *o que faz com que um conjunto de palavras seja considerado texto?* Antes de prosseguir, queremos deixar claro que trataremos apenas dos textos verbais, aqueles cujo plano da expressão é representado pela língua.

89

Embora um texto verbal seja formado por palavras que se organizam em frases, seu sentido está além das frases que o constituem. Isso porque os elementos que compõem o texto guardam relações de sentido entre si, ou seja, as ligações entre as partes do texto, embora sejam sintáticas, revelam ligações semânticas. Uma palavra, por exemplo, pode estar retomando outra que já apareceu e, para atribuir sentido a ela, é preciso que se estabeleça o *link* entre as duas. Uma frase liga-se a outra para exprimir relações de sentido como causa, tempo, condição etc. Num texto, por economia, o autor omite palavras, mas o leitor poderá recuperá-las facilmente por meio de informações já fornecidas. Enfim, embora para efeitos didáticos seja costume desmontar o texto para explicá-lo, nunca se pode perder de vista o todo.

◇ **Análise** é o procedimento pelo qual se desmonta um todo (um texto, uma frase, uma palavra) nas partes que o constituem.

Voltemos à pergunta que abre este tópico, reformulando-a: *se um texto é algo que vai além da soma de frases que o constituem, o que faz com que uma soma de frases forme um texto?*

A resposta que alguns linguistas deram a essa questão é que há fatores que fazem com que um conjunto de frases constitua um texto. Para esses linguistas, os fatores de textualidade são sete: aceitabilidade, intencionalidade, situacionalidade, informatividade, intertextualidade, coesão e coerência. Esses fatores dizem respeito a atitudes dos parceiros da comunicação e ao modo como eles organizam e interpretam o discurso, vale dizer, não são fatores de ordem exclusivamente linguística; são também de ordem discursiva e pragmática. Examinaremos cada um deles em separado, chamando a atenção para o fato de que, desses sete fatores, a coesão e a coerência merecem atenção especial.

5.2.1 Intencionalidade

O que caracteriza o discurso é seu caráter dialógico. O texto é objeto de comunicação entre sujeitos. Aquele que toma a palavra sempre se dirige a um tu/você, explícito ou presumido, o leitor ou ouvinte. Ao produzir um texto, o enunciador o faz com determinado objetivo e, para isso, tem um plano. Para usar uma expressão do mundo dos negócios, visa atingir metas. Uma delas é que seu texto seja aceito pelo enunciatário.

A intencionalidade diz respeito ao enunciador, aquele que produz o texto. Quem toma a palavra para dizer algo, oralmente ou por escrito, é movido por um propósito, ou seja, por uma determinada intenção e deve organizar seu texto para atingir esse propósito.

As intenções que nos levam a produzir textos são diversas: informar, convencer, divertir, advertir, agradecer, pedir, vender, felicitar, reclamar etc. Como os textos se caracterizam pelo dialogismo, quem produz o texto espera sempre uma resposta daquele a quem o texto se destina. Se se produz um texto pedindo algo (um requerimento, por exemplo), espera-se como resposta que o pedido seja atendido. Se se produz um texto com a intenção de convencer alguém, espera-se que o destinatário aceite os argumentos, se convença e altere seu comportamento, mudando de opinião ou adquirindo algo. Ao se contar uma piada, espera-se que o ouvinte ache graça nela; caso se use um texto para transmitir uma ordem, espera-se que ela seja cumprida.

Seja qual for o objetivo que move o produtor de um texto, ele espera que seu texto seja aceito. Em outras palavras: pelo texto, visa-se conseguir a adesão do leitor ou do ouvinte. Para isso, o autor coloca como meta produzir um texto que seja coerente, compreensível e que atenda às expectativas do leitor ou do ouvinte. Para isso, escolhe os recursos linguísticos adequados ao propósito comunicativo (convencer, informar, advertir etc.).

5.2.2 Aceitabilidade

A aceitabilidade é o outro lado da intencionalidade. Se esta diz respeito ao produtor do texto, aquela se refere ao leitor ou ao ouvinte. Intencionalidade e aceitabilidade são duas faces de uma mesma moeda, à qual podemos dar o nome de cooperação.

A aceitabilidade diz respeito à expectativa do destinatário, o leitor ou o ouvinte, que espera um texto relevante, útil e coerente. Isso obriga o autor a se valer de estratégias que atendam à expectativa do destinatário, não só com relação à escolha do tema, como também ao grau de aprofundamento (o texto é para um especialista ou para um público geral?) e aos recursos linguísticos a serem utilizados. A seleção vocabular deve levar em conta se as palavras usadas são conhecidas pelo destinatário. A escolha do registro, mais formal ou mais informal, deverá também ser considerada por aquele que produz o texto. Se esses procedimentos não forem observados, corre-se o risco de o destinatário não aceitar o texto e o propósito comunicativo não ser alcançado.

Diariamente você é bombardeado pelos mais diversos textos, que lhe chegam por variados suportes. Só pelas redes sociais você recebe tantos textos que, mesmo que dedicasse todo seu tempo a lê-los, não conseguiria dar conta. Portanto, você despreza um número enorme de textos e lê apenas alguns, ou seja, o fator aceitabilidade é um dos critérios que você adota para ler um determinado texto e desprezar outros. Isso significa que a escolha do que você vai ler é pautada por critérios como relevância, atualidade e interesse. Mas não só os aspectos temáticos fazem com que você aceite um texto e rejeite outros. Há ainda fatores linguísticos: a escolha recai em textos cuja linguagem você compreenda, ou seja, a aceitabilidade está relacionada à inteligibilidade. Quando alguém começa a ler um texto e não consegue compreendê-lo, a atitude mais comum é não aceitar o texto, abandonando a leitura logo nas primeiras linhas.

Para ilustrar essa nossa afirmação, pense em um jornal impresso de grande circulação. Ele é formado de vários cadernos, cada um deles com características e linguagens específicas. Cremos que praticamente não existam, nos dias de hoje, pessoas que leem um jornal inteiro. Aceitam-se alguns textos e rejeitam-se outros. Há leitores que a primeira coisa que leem são as notícias do mundo do esporte; outros, a previsão do tempo; outros, o horóscopo (tem ainda gente que não sai de casa sem ler o horóscopo); o homem de negócios vai direto ao caderno de economia, mas passa longe do horóscopo e dos anúncios classificados. Há quem tenha o hábito de ler os anúncios funerários. No caso dos jornais em formato digital, a aceitabilidade de alguns textos (e a consequente rejeição de outros) costuma até ser mais rápida. Em síntese: ao produzir um texto, sempre se deve levar em conta as expectativas daquele a quem o texto se dirige, obedecendo ao princípio da aceitabilidade, um dos fatores que fazem com que uma sequência de enunciados seja aceita por alguém como um texto.

5.2.3 Informatividade

A intencionalidade diz respeito ao autor, aquele que fala. A aceitabilidade está relacionada àquele a quem se fala, o destinatário (tu/você). A informatividade é relativa àquele ou àquilo de quem ou de que se fala.

Os textos se caracterizam por veicular um determinado conteúdo informacional, aquilo que se diz. A informatividade diz respeito à previsibilidade dos textos. Quanto mais informações novas ele trouxer, menos previsível ele será. Ao contrário, um texto que trouxer apenas informações conhecidas será altamente previsível.

Um texto não pode se constituir apenas de informações novas. Caso isso ocorra, ele será improcessável. Tente ler um texto de física quântica. Se você não possui conhecimentos da área, não conseguirá processá-lo. Por outro lado, um texto que só apresente informações conhecidas terá grau de informatividade zero, caracterizando-se como redundante, pois diz o que o leitor/ouvinte já está cansado de saber, ou, para usar uma expressão popular, o texto acaba dizendo o mais do mesmo.

Um bom texto deve equilibrar informação nova com informações conhecidas, pois estas funcionam como âncora para o leitor/ouvinte processar a informação nova. Informações conhecidas constituem o conhecimento enciclopédico e a extensão desse conhecimento, que está armazenado na memória de longo prazo, é variável de pessoa para pessoa. Em razão disso, um texto pode se apresentar como altamente informativo para uma pessoa e, para outra, ser de baixíssima informatividade. Por essa razão, quem produz textos deve adequar o grau de informatividade em função do destinatário.

5.2.4 Situacionalidade

A relação comunicativa entre enunciador e enunciatário se dá em uma determinada situação, ou seja, é contextualizada e, portanto, vai refletir os valores e as crenças do contexto em que ocorre. Como vimos quando estudamos a enunciação, o enunciador, ao tomar a palavra, instala a categoria de pessoa (eu/tu), que serve de eixo para as categorias de tempo e de lugar, portanto, quem diz, diz algo a alguém em um certo momento e em certo lugar, vale dizer, a partir do enunciado, é possível reestabelecer a enunciação, pois esta é pressuposta por aquele.

Quando falamos em situcionalidade, fazemos referência à adequação do texto à situação comunicativa, ao contexto, isto é, se o texto é pertinente em função de fatores como o lugar, o momento e os participantes da situação comunicativa, ou seja, quem diz, para quem diz, quando diz, onde diz, por que diz, para que diz.

Um texto pertinente numa determinada situação pode ser muito impertinente em outra. Uma piada contada num encontro entre amigos comemorando o fim de ano é adequada ao contexto comunicativo. A mesma piada contada num velório se mostraria totalmente inadequada.

5.2.5 Intertextualidade

O texto, como vimos, é um todo de sentido, por isso é um objeto autônomo. No entanto, essa autonomia é relativa, pois o texto não se esgota em si mesmo, já que mantém relações com outros textos que o precederam, podendo até servir de referência a textos que ainda serão produzidos. Ao ser manifestado, um texto entra em uma corrente de textos com os quais mantém relações mais ou menos explícitas. O texto é um tecido; em sua tessitura, usamos fios que vamos buscar em outros textos.

Intertextualidade, como o próprio nome indica, tem a ver com texto e pode ocorrer em qualquer texto, independentemente do plano da expressão, portanto você poderá observá-la nas mais diversas esferas discursivas. Na esfera acadêmica, ela é bastante comum. Podemos assim defini-la:

◇ **Intertextualidade** é a propriedade dos textos de fazerem referências explícitas ou implícitas a textos que o precederam (o texto fonte ou intertexto).

A intertextualidade pode ser marcada ou não no texto. No primeiro caso, temos intertextualidade explícita e ela é facilmente reconhecida por estar destacada por alguma marca, como as aspas, por exemplo. É o que ocorre quando, num texto nosso, colocamos um trecho de outro autor para abonar um ponto de vista que estamos defendendo.

Já que neste tópico falamos em intertextualidade, poderíamos trazer um outro texto que viesse ao encontro do que estamos dizendo. Poderíamos prosseguir este texto dizendo que Julia Kristeva, na obra *Introdução à semanálise*, afirma que "todo texto se constrói como um mosaico de citações, todo texto é absorção e transformação de outro texto" (KRISTEVA, 1974, p. 13). A frase que usamos de Kristeva, *todo texto se constrói como um mosaico de citações, todo texto é absorção e transformação de outro texto*, é um exemplo de intertextualidade explícita, pois reproduzimos com as mesmas palavras o que foi dito por aquela autora, tomando o cuidado de destacar, pelo uso das aspas, a referência intertextual. Nesse caso, identificamos não só a autora do intertexto (Kristeva), como a obra (*Introdução à semanálise*), o ano da publicação (1974) e a página em que se encontra o trecho citado (13).

Em trabalhos acadêmicos, como artigos, teses, monografias e dissertações, costumam-se usar as aspas (ou outro destaque gráfico, como o itálico) para citações de até três linhas e o recuo de 4 cm em relação à margem esquerda do texto para citações com mais de três linhas, lembrando que as citações textuais devem ser devidamente creditadas, indicando o autor e as referências completas da obra em que foram colhidas.

As regras para citação em textos acadêmicos costumam sofrer alguma variação de instituição para instituição, por isso é sempre bom você estar atento às normas de publicação da instituição ou do periódico em que pretende publicar seu texto. As instituições costumam seguir as normas da Associação Brasileira de Normas Técnicas (ABNT), que podem ser encontradas no *site*: http://www.abnt.org.br.

No exemplo citado, há indicação clara da autoria da citação. Há casos, porém, em que a referência intertextual é vaga, como em citações que se abrem por expressões do tipo *Como se dizia antigamente...*, ou *Há um ditado popular que diz...* e equivalentes. Em frases como "Há um ditado que diz que *o direito não socorre quem dorme*" e "Como diz o povo, *o seguro morreu de velho*", as expressões destacadas são referências intertextuais a um saber cuja autoria não é conhecida.

Ocorre intertextualidade implícita quando a referência ao texto fonte não apresenta marca alguma, de sorte que o leitor só a identificará por meio de seu conhecimento prévio, já que não há qualquer explicitação do intertexto. É o que ocorre no célebre soneto camoniano:

Sete anos de pastor Jacó servia
Labão, pai de Raquel, serrana bela;
Mas não servia ao pai, servia a ela,
Que ela só por prêmio pretendia.

Os dias, na esperança de um só dia,
Passava, contentando-se com vê-la;
Porém o pai, usando de cautela,
Em lugar de Raquel lhe dava Lia.

Vendo o triste pastor que com enganos
Lhe fora assim negada a sua pastora,
Como se a não tivera merecida,

Começa de servir outros sete anos,
Dizendo: — Mais servira, se não fora
Pera tão longo amor tão curta a vida!

(CAMÕES, 1963)

Esse soneto de Camões dialoga com um episódio bíblico relatado no primeiro livro da Bíblia, Gênesis. Evidentemente, o leitor só perceberá a relação intertextual se tiver conhecimento do episódio bíblico.

Há um tipo de intertextualidade em que o texto novo subverte o texto fonte a fim de obter efeito de sentido de humor. É o que se denomina paródia. Para produzir os efeitos de humor, é necessário que o texto fonte esteja presente na memória do leitor. Todos os dias nas redes sociais você pode encontrar paródias que se manifestam nos mais variados gêneros, charges, memes, caricaturas, canções. E, por falar em memes, caricaturas e charges, voltamos a lembrar que a intertextualidade não é exclusiva de textos verbais.

A intertextualidade se manifesta nos vários tipos textuais (assunto do próximo capítulo), portanto pode estar presente em textos expositivos, narrativos, argumentativos etc., sejam os mais simples, sejam os mais complexos. Um artigo científico, uma dissertação, uma monografia ou uma tese de

96 **Língua Portuguesa:** desenvolvendo competências de leitura e escrita

doutorado se caracterizam por serem um mosaico de citações (grande parte diretas) que se usam para corroborar o ponto de vista daquele que escreve. Nesse caso, as citações alheias constituem o que se chama de argumento de autoridade. Os artigos de opinião e os editoriais que lemos na imprensa sempre fazem referência a algo dito por outrem, seja para concordar e aderir ao pensamento do outro, seja para dele discordar, apresentando outro ponto de vista, ou ainda para relativizá-lo. Num julgamento, tanto defesa quanto acusação recorrem a textos de outrem para justificar a tese que defendem e persuadir quem julga a aceitá-la.

5.2.6 Coesão

Embora alguns autores não façam distinção entre coesão e coerência, entendemos que são fatores de textualidade distintos e que, portanto, devem ser tratados separadamente. O argumento mais forte que sustenta nosso ponto de vista é o fato de pertencerem a planos diferentes do texto. Enquanto a coerência diz respeito ao plano do conteúdo, a coesão é relativa ao plano da expressão, ou seja, ela se manifesta na superfície do texto. Como o plano da expressão de textos verbais é a língua, os mecanismos que garantem a coesão do texto são de natureza linguística. Podemos assim definir coesão:

◇ **Coesão** é o procedimento pelo qual os segmentos textuais, palavras, frases, parágrafos, amarram-se uns aos outros, garantindo a continuidade do texto.

A coesão, como salientamos, se manifesta no plano da expressão e diz respeito à relação que as expressões linguísticas mantêm entre si. Como o plano da expressão é linear, palavras e expressões que aparecem na superfície do texto fazem referência a outras que já apareceram ou que ainda aparecerão, amarrando umas às outras, de forma que, num texto coeso, nada fica solto, porque há uma relação solidária entre as palavras e as expressões. Dessa forma, a interpretação de um item depende da interpretação de outro. O sentido do texto resulta, portanto, de relações entre as partes, por isso afirmamos que a coesão é um dos fatores de textualidade.

A coesão não só estabelece as articulações entre segmentos textuais, como também sinaliza essas articulações, contribuindo para a legibilidade do texto, favorecendo a clareza. Embora as articulações entre segmentos se efetivem na superfície do texto, isto é, no plano da expressão, elas remetem a ligações semânticas do plano do conteúdo. Por isso, embora coesão e coerência sejam coisas distintas, a primeira garante a segunda, pois a continuidade no plano da expressão manifesta a continuidade do plano do conteúdo.

5.2.6.1 Coesão por substituição

Observe o trecho a seguir:

> A minhoca continua a se retorcer, apesar de dividida em três pedaços. Visto o anzol com a parte que me cabe: seguro o anelídeo entre o polegar e o indicador, introduzo a fisga com a outra mão e empurro o verme para baixo até ele fazer a curva e cobrir a haste. Uma pasta com cor e cheiro de barro sai do interior. Os mosquitos estão à toda, gostaria de acender um cigarro para espantá-los, mas não quero contaminar a isca.

> (BOTTINI, 2013, p. 42)

O trecho começa pela apresentação de um item lexical, a minhoca. Trata-se de uma figura, porque, como vimos, trata-se de palavra que remete a um referente do mundo natural, um animal anelídeo, de hábitos terrestres, cavador de túneis, e que serve de alimento a outros animais. Trata-se de texto figurativo, que representa o real, por meio de palavras concretas (figuras) que dão sensorialidade ao texto. No caso, predominam as sensações visuais.

◇ **Item lexical** ou **palavra lexical** são palavras que remetem a um referente do mundo natural (real ou criado pela imaginação). São representados por substantivos, adjetivos e verbos. Opõem-se aos itens ou palavras gramaticais, aquelas que não remetem a um referente no mundo natural, mas a um referente textual ou do contexto comunicativo, como pronomes, advérbios, preposições e conjunções. Os dêiticos e alguns tipos de anafóricos são exemplos de itens gramaticais. Esse assunto será retomado no Capítulo 8.

Na segunda frase, aparece a palavra *anelídeo*, referindo-se ao mesmo item lexical (minhoca = anelídeo). Substitui-se o animal (*minhoca*) pela espécie (*anelídeo*), ou seja, o particular pelo geral. Ainda na mesma frase, minhoca é retomada por *verme* (minhoca = verme). Aqui, a substituição não se deu por uma palavra técnica e precisa, *anelídeo*, mas por um termo comum e pouco preciso, *verme*, palavra usada na linguagem comum para designar imprecisamente animais alongados e de corpo mole.

Ao substituir *minhoca* por *anelídeo*, o autor se valeu de uma metonímia, substituiu o particular pelo geral. Ao substituir *minhoca* por *verme*, valeu-se de uma metáfora, a substituição se deu por uma relação de semelhança (corpo mole e alongado). *Minhoca, anelídeo* e *verme* são palavras lexicais porque fazem referência a elementos do mundo natural. A substituição de *minhoca* por *anelídeo* e por *verme* foi possível porque elas guardam entre si relações de sentido.

Nessa segunda frase ainda, o termo *verme*, que substituiu *minhoca*, é retomado por *ele*, que não é item lexical, isto é, não aponta para um referente do mundo natural, ao contrário de *minhoca, anelídeo* e *verme*. Trata-se de um item gramatical, no caso um pronome de 3ª pessoa. Sua função é substituir um item lexical, estabelecendo com ele uma relação de identidade. Trata-se de um anafórico. O mesmo ocorre no trecho "... acender um cigarro para espantá-los..." em que a forma pronominal *los* retoma *vermes*.

A retomada de uma palavra por outra(s), além de garantir a continuidade do texto, mantém o objeto de discurso, no caso a minhoca, em foco, configurando um texto que se mostra para o leitor como coerente.

Como você pode ter percebido no exemplo apresentado, o mecanismo de coesão consistiu na substituição de uma palavra por outra, seja por palavra lexical (minhoca = anelídeo = verme) ou por palavra gramatical (pronomes *eles* e *os*). Dizemos que ocorre coesão lexical quando o termo que substitui outro é palavra lexical (substantivo, adjetivo, verbo), e que ocorre coesão gramatical quando a palavra que substitui outra é uma palavra gramatical (pronome, advérbio).

A substituição de uma palavra por outra é uma das formas de coesão. Existem outras das quais ainda falaremos. Por ora, é importante que você guarde que substituir uma palavra por outra estabelece uma identidade entre

Capítulo 5. Textualização **99**

elementos do texto. Como você notou, um mesmo referente pode ser renomeado por expressões linguísticas distintas, por isso se diz que, nesses casos, a coesão se dá por correferência. Veja:

> Na consulta que fez ao médico, a paciente foi alertada de que poderia haver uma alteração na tireoide. O endocrinologista solicitou uma ultrassonografia para verificar se realmente havia alguma alteração na glândula. O resultado do exame revelou que não havia anormalidades.

Nessa frase, *endocrinologista* retoma *médico* estabelecendo entre ambos uma identidade (médico = endocrinologista). No caso, substitui-se o geral (*médico*) pelo particular (*endocrinologista*), num processo metonímico. Outra substituição é de *tireoide* por *glândula*. Aqui, houve um procedimento inverso: substitui-se um termo de sentido mais restrito por outro de sentido mais amplo (*glândula*). Na última frase, o termo *exame*, que tem caráter geral, retoma *ultrassonografia*, que é o termo específico. Veja outro exemplo:

História e lenda

> É provável que o peixe-boi tenha tido sua origem há mais ou menos 45 milhões de anos. Desde os primeiros contatos com o homem, este mamífero de águas doces e salgadas despertou muito interesse. O tamanho impressionava e levava os pescadores a temerem o animal.
>
> (NATUREPLANET, 2007)

No trecho, introduz-se o item lexical *peixe-boi* que é retomado por *mamífero* e *animal*, acrescentando novas informações ao item apresentado. Observe que há uma hierarquia entre os termos: *peixe-boi* é o mais específico e *animal* é o mais genérico. Entre ambos, há um termo médio, *mamífero*, que é mais geral em relação a *peixe-boi* e mais específico em relação a *animal*.

◇ Numa relação entre itens lexicais, o termo mais geral é denominado hiperônimo e o mais específico chama-se hipônimo. Assim: nos exemplos apresentados, *médico* e *animal* são hiperônimos em relação, respectivamente, a *endocrinologista* e *peixe-boi*, que são hipônimos.

Nos casos vistos, os termos usados para substituir a palavra a que se refere, estabelecendo entre elas relação de identidade, foram palavras lexicais (substantivos). Em ambos os casos, temos coesão lexical.

Quando um item do texto (lexical ou gramatical) retoma item anteriormente expresso, estabelecendo com ele identidade, temos o que se denomina anáfora. O termo substituído denomina-se antecedente e o termo que o substitui é chamado de anafórico. Retomamos uma definição apresentada no Capítulo 3:

◇ **Anafóricos** são expressões que estabelecem uma relação de referência a uma expressão textual mencionada no texto, denominada antecedente. Um anafórico estabelece um *link* com uma palavra ou expressão antecedente.

Nos exemplos de coesão lexical vistos até aqui, o termo *anafórico* guarda uma relação de sentido com o termo que substitui. As relações de sentido entre itens lexicais podem ser variadas. As mais comuns são por sinonímia, por hiperonímia, por hiponímia ou mesmo por palavras de sentido muito genérico, como *fato, coisa, negócio, ideia* etc., como nos exemplos que seguem:

A notícia do incêndio foi dada em edição extra pelas emissoras de tevê. O *fato* gerou muita comoção.

Pedro comprou um aparelho que funciona a partir de um comando de voz. A *coisa* funciona assim: você fala para ligar a tevê e em segundos ela já está ligada.

Nesses exemplos, *fato* e *coisa*, palavras de sentido genérico, retomam, respectivamente, *a notícia do incêndio* e *um aparelho que funciona a partir de um comando de voz*, estabelecendo com os antecedentes relação de identidade. Funcionam, portanto, como elementos de coesão textual.

5.2.6.2 Coesão por elipse

Outra forma de coesão por substituição é a elipse. Isso ocorre quando uma palavra ou expressão já apresentada no texto é intencionalmente omitida, ou seja, há uma substituição por zero. A palavra ou a expressão omitida pode ser recuperada facilmente com base na situação comunicativa. Na conversação, é comuníssimo o uso desse recurso. Observe:

— Meu tipo sanguíneo é O.
— O meu é A.

O segundo interlocutor omitiu intencionalmente duas palavras porque elas são recuperadas na situação comunicativa: O meu [tipo sanguíneo] é A. Veja outro exemplo:

Esta dissertação está organizada em três capítulos: o primeiro traz uma reflexão acerca da noção de texto; o segundo trata especificamente dos textos digitais; e o terceiro discute o papel dos textos digitais como objetos didáticos.

A palavra *capítulo* apresentada logo na primeira frase é omitida nas orações seguintes logo após os numerais ordinais *primeiro*, *segundo* e *terceiro*. A omissão desse termo facilmente subentendido não só favorece a coesão como contribui para tornar o texto mais conciso, na medida em que se usam menos palavras para transmitir uma ideia sem que essa economia de palavras interferira na clareza do texto.

5.2.6.3 Coesão por repetição

A repetição intencional de um mesmo item lexical também pode favorecer a coesão textual por enfatizar uma ideia, mantendo-a em foco. Nesse caso, a repetição confere ênfase e força argumentativa ao enunciado, visando conseguir a adesão do leitor ou do ouvinte. Há figuras de retórica que tratam da repetição de palavras, como o polissíndeto (repetição de uma mesma conjunção), a anáfora (repetição de uma mesma palavra no início de versos ou parágrafos) e o quiasmo (repetição cruzada). Veja alguns exemplos:

"Dia virá em que ficarão com sede, muita sede, e não terão água para beber: os rios e lagoas e valos e regatos e até a água da chuva estarão sujos e pobres. E chorarão. E continuarão com sede porque a água do choro é salgada e amarga."

(Trecho do texto *A profecia*, de Werner Zotz)

"Amor é fogo que arde sem se ver,
é ferida que dói e não se sente;
é um contentamento descontente,
é dor que desatina sem doer,
é um não querer mais que bem querer. [...]"

(Trecho do poema *Amor é fogo que arde sem se ver*, de Camões)

"[...] É uma casa portuguesa, com certeza
É, com certeza, uma casa portuguesa. [...]"

(Verso do fado *Uma casa portuguesa*, de V. M Sequeira, Artur Fonseca e Reinaldo Ferreira)

"[...] Não sei se é fato ou se é fita,
Não sei se é fita ou se é fato,
O fato é que ela me fita,
Me fita mesmo de fato. [...]"

(Trova acadêmica cantada pelos estudantes da
Faculdade de Direito da Universidade de São Paulo)

No primeiro exemplo, temos um polissíndeto, repetição da conjunção aditiva *e*; no segundo, um exemplo de repetição de uma forma do verbo *ser* (é) no início de cada verso. No terceiro, temos um exemplo de quiasmo, repetição cruzada (em forma de X).

A trova acadêmica é construída basicamente sobre repetições. Repetem-se as mesmas palavras, ora no início dos versos, ora de forma cruzada (quiasmo). Se avançarmos um pouco, veremos que a repetição de palavras implica a repetição de mesmos fonemas. Observe os fonemas consonantais /f/ e /t/, que se repetem, formando uma aliteração, e os fonemas vocálicos /a/ e /i/, que também se repetem, configurando uma assonância. E temos ainda a repetição de mesmas estruturas sintáticas e rítmicas. Tudo isso contribui para a coesão e a expressividade do texto, facilitando sua memorização. Basta ouvi-lo uma única vez para que ele fique guardado em nossa memória.

No exemplo que segue, a repetição da palavra *sangue* é fator de coesão textual, além de contribuir para a expressividade e a força argumentativa do texto.

Capítulo 5. Textualização **103**

De outros Gólgotas mais amargos subindo a montanha imensa, – vulto sombrio, tetro, extra-humano! – a face escorrendo sangue, a boca escorrendo sangue, o peito escorrendo sangue, as mãos escorrendo sangue, o flanco escorrendo sangue, os pés escorrendo sangue, sangue, sangue, sangue, caminhando para tão longe, para muito longe, ao rumo infinito das regiões melancólicas da Desilusão e da Saudade, transfiguradamente iluminado pelo sol augural dos Destinos!...

(CRUZ; SOUSA, 1961, p. 646)

Notem que a repetição exaustiva da palavra *sangue* (nove vezes) é intencional. Por meio da recorrência a esse item lexical, o poeta acentua a ideia de sofrimento.

5.2.6.4 Coesão por conexão

Ocorre coesão por conexão quando se estabelece uma relação de sentido entre dois segmentos textuais por meio de palavras que funcionam como conectivos (preposições e conjunções), que estabelecem relações sintático-semânticas entre partes do texto. A conexão de segmentos textuais garante a continuidade do texto, contribuindo para sua coerência.

Os conectivos podem estabelecer diversas relações de sentido entre segmentos textuais: *causa, condição, oposição, explicação* etc. A coesão por conexão contribui para a clareza dos textos, na medida em que deixa claras as relações de sentido entre segmentos textuais. Veja alguns exemplos:

A garantia será cancelada *se o produto não for usado corretamente.*

O uso adequado de conectivos garante a coesão textual, *porque conjunções e preposições estabelecem relações de sentido entre segmentos textuais.*

No primeiro exemplo, a conjunção *se* relaciona duas orações em que a segunda exprime condição relativamente à primeira. No segundo, a conjunção *porque* relaciona duas orações em que a segunda exprime causa em relação à primeira.

Na seção Revisão Gramatical, trataremos especificamente das conjunções, destacando as relações de sentido que elas estabelecem.

5.2.7 Coerência

Como afirmamos, coesão e coerência são fatores de textualidade distintos. Enquanto a primeira diz respeito ao plano da expressão, portanto é de natureza linguística, a segunda relaciona ao plano do conteúdo, a aspectos que dizem respeito aos sentidos do texto. Evidentemente, são fatores de textualidade que se imbricam. Por ser relativa ao plano do conteúdo, os fatores responsáveis pela coerência do texto não são apenas de natureza linguística, pois o sentido dos textos depende também do contexto enunciativo (veja o tópico *5.2.4. Situcionalidade*) e de fatores pragmáticos, isto é, das intenções dos usuários no processo comunicativo (ver tópico *5.2.1 Intencionalidade*).

A coerência está ligada à inteligibilidade do texto, ou seja, um texto é coerente quando faz sentido para o leitor ou o ouvinte, sendo resultado da continuidade de sentidos. Você pode estar se perguntando: como manter a continuidade dos sentidos para assegurar a coerência?

O primeiro fator que assegura a continuidade dos sentidos é a reiteração de temas. Introduzido um tema, ele deve ser retomado na cadeia do discurso, para mantê-lo sempre em foco, ou seja, num texto, ao mesmo tempo que se avança pela introdução de novas informações, há recuos visando retomá-las.

Como os temas podem vir revestidos por figuras (ver Capítulo 3), a recorrência de figuras é também fator de coerência. A reiteração de temas e a recorrência de figuras no texto formam cadeias que garantem a continuidade do texto, dando-lhe unidade de sentido, e inteligibilidade, ou seja, coerência. Você viu que a coesão por substituição e por repetição contribuem para isso.

Vamos agora exemplificar com um texto que você certamente conhece, o poema *Canção do exílio*, de Gonçalves Dias, aquele que começa com "Minha terra tem palmeiras/Onde canta o sabiá". Cremos que você já deve ter lido esse poema e considerou que ele tem sentido, ou seja, você considerou coerente o poema. De onde vem a coerência dele? Da manutenção de temas como natureza e nacionalismo que são reiterados ao longo do poema. Mais ainda: esses temas vêm recobertos por figuras e a recorrência delas garante a continuidade do sentido. Veja a propósito a recorrência a figuras que remetem ao tema da natureza: *palmeiras, sabiá, aves, gorjeia, flores, céu, estrelas.*

O outro fator que assegura a continuidade de sentidos é a relação lógica e não contraditória que se estabelece entre sequências menores de texto, por exemplo, entre uma oração e outra. Suponha que você esteja lendo um texto e num determinado momento se depara com o período a seguir:

Patrícia estava muito bem de saúde apesar de ter uma alimentação equilibrada, praticar atividades físicas regularmente sob orientação médica, não fumar e não ingerir bebidas alcoólicas.

No trecho há descontinuidade de sentido, pois o que é afirmado na segunda oração não guarda relação lógica, no caso de oposição, com a primeira. Como se pode observar, nesse caso a ausência de coerência está relacionada à quebra de coesão, decorrente do mau emprego do conector *apesar de*. A relação entre as duas orações é implicativa, isto é, de causa e consequência, e não concessiva, ou seja, de oposição.

O nexo que liga as duas orações é o de causa (ter alimentação equilibrada, praticar atividades físicas regularmente sob orientação médica, não fumar e não ingerir bebidas alcoólicas) e consequência (estar muito bem de saúde). Para manter esse nexo, o conector adequado deveria ser *porque* ou equivalente (*visto que*, *já que*, *uma vez que* etc.). Observe:

Quadro 5.1 – Exemplo de uso dos conectores

Oração 1	Conector	Oração 2
Patrícia estava muito bem de saúde	*porque*	tinha uma alimentação equilibrada, praticava atividades físicas regularmente sob orientação médica, não fumava e não ingeria bebidas alcoólicas.
	visto que	
	já que	
	uma vez que	

Fonte: elaborado pelo autor.

Outra possibilidade de redação seria apresentar a causa primeiro, introduzindo-a pela conjunção *como* ou pela preposição *por* e, a seguir, apresentar a consequência. Assim:

Como tinha uma alimentação equilibrada, praticava atividades físicas regularmente sob orientação médica, não fumava e não ingeria bebidas alcoólicas, Patrícia estava muito bem de saúde.

Por ter uma alimentação equilibrada, praticar atividades físicas regularmente sob orientação médica, não fumar e não ingerir bebidas alcoólicas, Patrícia estava muito bem de saúde.

O linguista Michel Charolles, em um texto denominado *Introdução aos problemas da coerência dos textos* (CHAROLLES, 1997), apresenta quatro regras que garantiam a coerência textual. A seguir, apresentamos essas regras de maneira bastante objetiva:

Regra número 1: regra da repetição
Faça retomada de itens já apresentados no texto.

Lembre-se de que o texto se dispõe linearmente, uma palavra após a outra; mas, como assinalamos, é necessário que se façam retomadas do que já foi dito. Isso se faz normalmente pelo mecanismo da coesão por substituição, por meio de anafóricos como sinônimos, hiperônimos e termos genéricos, e pela substituição por zero (elipse).

Regra número 2: regra da progressão
Ao mesmo tempo que são feitas retomadas, é necessário que o texto avance, que progrida.

Isso ocorre pela apresentação de itens lexicais novos. Veja que, na elaboração de um texto, há um constante vai e vem: recuperam-se informações já apresentadas (Regra 1) e renovam-se informações (Regra 2). Os procedimentos mais comuns para se renovar informações já apresentadas são as exemplificações, normalmente introduzidas por expressões como *a saber*, *isto é, por exemplo* e a paráfrase, que consiste em dizer a mesma coisa por outras palavras. As expressões mais comuns para introduzir paráfrases são: *em outras palavras, em outros termos, melhor dizendo* etc.

Regra número 3: regra da não contradição

Informações novas adicionadas ao texto não podem estar em contradição com o que foi posto ou pressuposto anteriormente.

Veja este exemplo citado pela professora Maria Tereza Fraga Rocco em seu livro *Crise na linguagem: a redação no vestibular*:

> Eu não ganhei nenhum presente, só ganhei uma folha em branco, meu retrato de pôster e um disco dos Beatles.

Há uma informação posta em primeiro lugar em que se afirma "eu não ganhei nenhum presente", no entanto as informações que sucedem contradizem o que foi exposto anteriormente, pois o enunciador afirma que ganhou uma folha em branco, o retrato de pôster e um disco dos Beatles. Essa contradição torna o enunciado sem sentido, ou seja, incoerente.

Regra número 4: regra da relação

É necessário que todos os elementos do texto guardem relação entre si.

Essa regra, de certa forma, inclui todas as outras, pois, se coerência é continuidade de sentidos, o texto deve se configurar como um todo em que as partes (palavras, orações, períodos) relacionam-se semanticamente, isto é, deve haver entre elas associação de sentido. Em síntese: a regra da relação faz referência ao fato de que nos textos nada deve estar solto, pois as partes que compõem o todo (o texto) são solidárias entre si.

Por fim, afirmamos que a coerência é uma propriedade dos textos em geral, independentemente do gênero ou do tipo (descritivo, narrativo, argumentativo, expositivo). Por outro lado, como dissemos, a coerência não diz respeito apenas a aspectos linguísticos, mas também a aspectos contextuais e pragmáticos, de sorte que ela está ligada aos usuários. Um texto coerente para um leitor pode não sê-lo para outro, pois o sentido não está no texto. Na verdade, os sentidos dos textos são construídos pelo leitor/ouvinte com base nas informações presentes na superfície do texto, ou seja, no plano da expressão. Lembrando, ainda, que nem sempre o sentido construído pelo leitor/ouvinte é aquele que o autor pretendeu. Estão aí os mal-entendidos para provar isso.

5.3 Hipertexto

Ao tratar da intertextualidade, destacamos que os textos não se fecham em si mesmos, pelo contrário, estão sempre fazendo referência a outros textos. Embora os estudos sobre a intertextualidade sejam relativamente recentes, não significa que construir textos com base em outros textos seja algo recente. Veja o exemplo do soneto de Camões apresentado no tópico *5.2.6.3 Coesão por repetição*.

Com o advento da internet e o desenvolvimento cada vez maior da rede mundial de computadores, desenvolveu-se um tipo de texto cada vez mais presente na esfera interpessoal, o hipertexto, cuja leitura é normalmente feita em telas de computador, *tablets* e *smartphones* e que são marcados por alto grau de intertextualidade.

O hipertexto é um documento digital, não sequencial, não linear e não hierarquizado que se subdivide, possibilitando acesso instantâneo a outros textos, não necessariamente verbais. Isso significa que o hipertexto possui uma estrutura reticular e acêntrica, ou seja, não há um centro, passa-se de um texto para outro e pode-se voltar a um texto já percorrido por meio do comando *back*. O que permite a passagem de um texto são os *links*, que são nós ou elos que possibilitam ao usuário fazer com que seu navegador vá de um texto a outro por um simples clique de *mouse* ou um toque numa tela *touch*. Cada leitor vai percorrer o hipertexto à sua maneira, pois é ele quem decide o caminho que a leitura deve tomar, de sorte que o percurso é construído não previamente, mas no momento da leitura.

É claro que, na leitura do hipertexto, o leitor pode, se não tomar os devidos cuidados, se perder. Ao clicar num *link*, passa-se para outro texto, que também contém um *link* que o levará a outro texto, que também apresenta *links*. De sorte que o leitor-navegador pode, de repente, se encontrar perdido num labirinto de informações e não achar o caminho de volta.

Chamamos a atenção para o fato de que o hipertexto não é exclusividade da internet. Textos impressos também podem apresentar *links* que permitem ao leitor navegar, como notas de rodapé, gráficos, tabelas, mapas, fotos, que são *links* colocados pelo autor. Nada impede, porém, que, no ato da leitura, o leitor vá construindo ele próprio os *links*, visto que pode parar numa palavra e procurar num dicionário, num livro ou na internet informações ou escla-recimentos sobre o que está lendo. Evidentemente, num procedimento digi-tal conectado à internet, a navegação é muito mais rápida do que em textos impressos. Embora os textos verbais se disponham linearmente, não significa que a leitura se processe rigorosamente na sequência linear.

TEXTO COMENTADO

A humanidade não pode viver sem histórias. Nós nos cercamos delas, as criamos ao dormir, as contamos a nossos filhos e pagamos outras pessoas para que as con-tem. Há quem as inventem para ganhar a vida. E outras pessoas (e eu sou uma delas) passam toda a idade adulta procurando entender sua beleza, seu poder e sua influência.

Este livro é a história de um dos contos mais extraordinários já criados. Deus criou Adão e Eva, o primeiro homem e a primeira mulher, e os pôs, nus e livres de vergonha, num jardim de delícias. Disse-lhes que poderiam comer o fruto de qualquer uma de suas árvores, com uma única exceção. Não poderiam comer da árvore da consciência do bem e do mal; no dia em que violassem essa única proibição, morreriam. Uma serpente, o mais ardiloso dos animais do campo, pôs--se a conversar com a mulher. Falou-lhe que desobedecer à ordem divina não os levaria à morte, mas que lhes abriria os olhos e os tornaria semelhantes aos deu-ses, conhecedores do bem e do mal. Acreditando na serpente, Eva comeu o fruto proibido. Ofereceu-o a Adão, que também o comeu. Os olhos deles realmente se abriram: ao se darem conta de que estavam nus, juntaram folhas de figueira para se cobrir. O Senhor os chamou e perguntou-lhes o que tinham feito. Diante da confissão, Deus anunciou várias punições: daí em diante, as serpentes rastejariam sobre o ventre e comeriam o pó; as mulheres teriam filhos com dor e desejariam os homens, que as dominariam; os homens seriam obrigados a ganhar seu sus-tento com suor e fadiga, até que retornassem à terra de que tinham sido feitos. "Pois és pó, e ao pó tornarás." Para impedir que eles comessem o fruto de outra das árvores especiais – a Árvore da Vida – e vivessem eternamente, Deus expul-sou-os do jardim e pôs de sentinela querubins armados, para evitar que voltassem.

Narrada no começo do Gênesis, a história de Adão e Eva vem moldando há séculos as concepções das origens e do destino do homem. Considerando o jeito que as coisas são, seria muito improvável que essa história viesse a adquirir tanto destaque. É um conto que poderia cativar a imaginação de uma criança impres-sionável, como eu era, mas qualquer adulto, no passado ou no presente, poderia ver facilmente as marcas da imaginação humana no que tem de mais desvairado. Um jardim mágico; um homem e uma mulher, nus, que são criados de uma forma que nunca outros seres humanos vieram ao mundo; adultos que sabem falar e agir sem a infância prolongada que é a marca por excelência de nossa espécie; uma advertência misteriosa sobre morte que nenhum ser recém-criado, como aqueles, teria como compreender; uma serpente falante; uma árvore que concede o conhecimento do bem e do mal; outra que concede vida eterna; e guardiões sobrenaturais que brandem espadas flamejantes. Isso é ficção da mais inventiva, uma história que lança mão do mais desatinado faz de conta.

Entretanto, milhões de pessoas, inclusive alguns dos espíritos mais inteligentes e brilhantes de que temos notícia, aceitam a narrativa bíblica de Adão e Eva como uma verdade sem retoques. E, não obstante a enorme massa de dados acumulada por ciências como a geologia, a paleontologia, a antropologia e a biologia evolutiva, um número incalculável de contemporâneos nossos continua a aceitar esse conto como uma narrativa historicamente precisa da origem do universo e a se ver, literalmente, como descendentes desses primeiros seres humanos que habitaram o Jardim do Éden. Na história do mundo, poucas narrativas se mostraram tão difundidas e foram aceitas como reais com tamanha persistência.

(GREENBLATT, 2018, p. 10-11)

O texto que você acabou de ler faz parte do prólogo do livro *Ascensão e queda de Adão e Eva*, do historiador norte-americano Stephen Greenblatt. Com certeza você deu ao texto um sentido, ou seja, considerou-o coerente.

Isso decorre porque há continuidade de sentidos, as ideias estão amarradas umas às outras por mecanismos de coesão. Por outro lado, o texto apresenta informatividade, pois mantém um equilíbrio entre informações que você já conhecia e informações novas.

Há ainda intertextualidade, pois o texto retoma a narrativa bíblica de Adão e Eva, presente no Gênesis. Enfim, trata-se de um texto inteligível e bem formado, em que os mecanismos de coesão textual exercem um fator muito importante para assegurar a coerência.

No primeiro parágrafo, é apresentado o tema das histórias sobre o qual o autor tem uma posição clara: a humanidade não pode viver sem histórias. Veja que o item lexical *histórias* é retomado diversas vezes nesse parágrafo por meio de um mecanismo coesivo que consiste na substituição do item lexical *história* por pronomes em função anafórica. Veja:

A humanidade não pode viver sem **histórias**. Nós nos cercamos **delas**, **as** criamos ao dormir, **as** contamos a nossos filhos e pagamos outras pessoas para que **as** contem. Há quem **as** inventem para ganhar a vida.

Veja, ainda, que os pronomes possessivos *sua* e *seu* também retomam o termo *histórias*:

E outras pessoas (e eu sou uma delas) passam toda a idade adulta procurando entender **sua** beleza (= a beleza das histórias), **seu** poder (= o poder das histórias) e **sua** influência (= a influência das histórias).

Veja que, nesse parágrafo, o autor conseguiu manter o foco no tema *histórias*. O texto avança; mas, ao mesmo tempo, retoma o que ficou para trás.

Avancemos. No primeiro parágrafo, o autor fala de histórias em sentido amplo (não é à toa que a palavra aparece no plural). A partir do segundo, que se liga por sentido ao primeiro, ele tratará de uma história em particular. Ele não falará mais de histórias, mas de uma história específica, a história, já contada e conhecida dos leitores: a de Adão e Eva. A introdução desse novo tema se dá por uma relação intertextual (trata-se de texto bíblico) que o autor parafraseia, isto é, conta com suas próprias palavras, para o caso de haver leitores que, porventura, não a conheçam (que devem ser bem poucos) e, no caso dos leitores que já a conheçam (a maioria), trazê-la de volta à memória.

A narrativa bíblica de Adão e Eva será o tema dos dois parágrafos que seguem. Esse tema será mantido em foco pela recorrência a ele por meio de mecanismos coesivos que asseguram a continuidade do texto. Veja os itens lexicais usados pelo autor para referir-se à narrativa de Adão e Eva:

- um dos contos mais extraordinários já criados;
- a história de Adão e Eva;
- essa história;
- um conto;
- ficção da mais inventiva;
- uma história que lança mão do mais desatinado faz de conta.

Veja que, à medida em que a narrativa bíblica de Adão e Eva vai sendo retomada, ela é ressignificada, atribuindo-se a ela um valor. Se você atentar bem ao sentido das expressões usadas para retomá-la (história, conto, ficção, faz de conta), verá que ela é recategorizada. Aquilo que, em princípio, é uma narrativa bíblica, é apresentado como um conto de ficção, uma história de faz de conta. Em outros termos: o autor desmistifica a história de Adão e Eva, mostrando ao leitor que ela não é real.

O último parágrafo se inicia por um conector: *entretanto*, que estabelece relação de oposição ao que foi apresentado anteriormente. Os conectores, como vimos, são mecanismos que garantem a coesão sequencial do texto.

Ao introduzir o último parágrafo pelo conector *entretanto*, o autor orienta o leitor para um argumento que irá de encontro ao que afirmou anteriormente, ou seja, embora, como ele demonstrou, a história de Adão e Eva seja uma narrativa ficcional, o que é confirmado pela ciência moderna (geologia, paleontologia, antropologia, biologia), um número muito grande de pessoas continuam aceitando a narrativa de Adão e Eva como uma história verdadeira da origem do universo e do ser humano.

REVISÃO GRAMATICAL

Vimos neste capítulo que coesão e coerência estão intimamente relacionadas e que a primeira favorece a segunda. No Capítulo 3, ao tratarmos do emprego de pronomes, mostramos que eles podem ser usados para substituir elementos dos textos já apresentados, isto é, em função anafórica.

Neste capítulo, você viu que a substituição de itens lexicais é uma das formas de se assegurar a coesão textual; a outra é a conexão entre segmentos do texto por meio de conectores que vão estabelecer a coesão sequencial. A revisão gramatical deste capítulo trata justamente dos conectores.

Conectores ou conectivos são palavras que, como o próprio nome indica, estabelecem conexão entre segmentos do texto, sejam palavras, orações e até mesmo períodos.

Do ponto de vista gramatical, funcionam como conectores as preposições, usadas normalmente para conectar palavras, e as conjunções, usadas em geral para conectar orações ou blocos de texto (períodos ou parágrafos).

Também funcionam como conectores os pronomes relativos (*que, o qual, a qual, cujo* etc.). Os pronomes relativos, ao contrário das preposições e das conjunções, são usados para substituir termos que o antecedem; são anafóricos, por isso estabelecem coesão por substituição. Veja:

Ouço a voz do vento *que* varre a tarde.

Nessa frase, o pronome relativo *que* (= o qual) retoma o termo que o antecede, o *vento*, e o projeta na oração seguinte: [o vento] *varre a tarde*, funcionando como elemento de coesão textual.

Interessa-nos, neste capítulo, a coesão por conexão, por isso vamos fazer uma revisão dos conectores que ligam segmentos de texto estabelecendo um nexo de sentido entre eles, as preposições e as conjunções.

As preposições podem estabelecer diversas relações de sentido. Veja:

◊ Lugar: Ver *de* perto.

◊ Origem: Ele vem *de* Brasília.

◊ Causa: Morreu *de* fome.

◊ Assunto: Falava *de* futebol./Discutiam *sobre* política.

◊ Meio: Veio *de* trem.

◊ Posse: A casa *de* Paulo está sendo reformada.

◊ Matéria: Usava um chapéu *de* palha.

◊ Companhia: Saiu *com* os amigos.

◊ Falta ou ausência: Vivia *sem* dinheiro.

◊ Finalidade: Discursava *para* convencer.

◊ Modo: Sentia-se *à* vontade.

◊ Tempo: Ano *após* ano, ele repete as mesmas coisas.

◊ Instrumento: Cortou o fio *com* uma faca.

◊ Especialidade: Formou-se *em* Direito.

◊ Oposição: Puseram-se *contra* nós.

◊ Valor: Mensalidade *de* cem reais.

◊ Conteúdo: Tomou uma xícara *de* café.

◊ Quantidade: Era uma sala *de* dois ambientes.

114 **Língua Portuguesa:** desenvolvendo competências de leitura e escrita

As conjunções ligam segmentos de texto expressando diversas relações de sentido. Na relação a seguir, apresentamos alguns desses sentidos com exemplos de conjunções.

◇ Adição: *e*, *nem*, *mas também*, *mas ainda* etc.

◇ Alternância: *ou*, *ou...ou*, *ora...ora* etc.

◇ Causa: *porque*, *já que*, *visto que*, *uma vez que*, *como* (quando equivale a *porque*) etc.

◇ Comparação: *que* (precedido de mais ou menos), *como* etc.

◇ Concessão: *embora*, *se bem que*, *ainda que*, *mesmo que*, *conquanto* etc.

◇ Conclusão: *logo*, *portanto* etc.

◇ Condição: *se*, *caso*, *contanto que*, *desde que* etc.

◇ Conformidade: *conforme*, *segundo*, *como* etc.

◇ Explicação: *pois*, *porque* etc.

◇ Finalidade: *a fim de que*, *para que* etc.

◇ Oposição: *mas*, *porém*, *todavia*, *contudo* etc.

◇ Proporção: *à proporção que*, *à medida que*, *quanto mais*, *quanto menos* etc.

◇ Tempo: *quando*, *enquanto*, *logo que*, *assim que* etc.

Atenção: essa relação de conjunções não é para ser memorizada, por dois motivos:

1. Mesmo que você conseguisse memorizá-la, pouco adiantaria, pois lá não arrolamos TODAS as conjunções de cada tipo. Veja que em todos os casos a relação termina por um *etc.*

2. Uma mesma conjunção pode expressar relações de sentido diferentes.

Veja:

Ele não para de conversar *desde que* a aula começou. (*desde que* exprime tempo)

Você irá bem na prova *desde que* estude. (*desde que* exprime condição)

Agiu *como* eu agiria naquela circunstância. (*como* exprime comparação)

Capítulo 5. Textualização **115**

Agiu *como* era esperado. (*como* exprime conformidade)

Como estava doente, não pôde fazer a prova final. (*como* exprime causa)

APLICANDO O CONHECIMENTO

Para responder às questões 1 e 2, volte ao texto da seção *Texto comentado*.

1. Que termos são retomados pelas expressões destacadas?

   a) "Disse-lhes que poderiam comer o fruto de qualquer uma de suas árvores, com uma única exceção."

   b) "[...] no dia em que violassem essa única proibição, morreriam."

   c) "Falou-lhe que desobedecer à ordem divina não os levaria à morte [...]"

   d) "[...] descendentes desses primeiros seres humanos que habitaram o Jardim do Éden."

2. Você viu que conectores como preposições e conjunções relacionam segmentos textuais estabelecendo relações de sentido entre eles. Nos trechos abaixo, diga qual relação de sentido é estabelecida pelo conector destacado.

   a) "[...] juntaram folhas de figueira para se cobrir."

   b) "[...] adultos que sabem falar e agir sem a infância prolongada [...]"

   c) "[...] uma advertência misteriosa sobre morte que nenhum ser recém-criado, como aqueles, teria como compreender [...]"

   d) "E, não obstante a enorme massa de dados acumulada por ciências como a geologia, a paleontologia, a antropologia e a biologia evolutiva, um número incalculável de contemporâneos nossos continua a aceitar esse conto [...]"

3. As frases a seguir, extraídas do livro *Crise na linguagem: a redação no vestibular*, apresentam problemas de coerência. Identifique-os e comente-os.

   a) Ganhei também um disco, mas este não me confundiu... Este disco é realmente o presente mais confuso que ganhei hoje no meu aniversário.

   b) Pela tarde chegou uma carta a mim endereçada, abri-a correndo sem nem tomar fôlego. O envelope não tinha nada dentro, estava vazio. Dentro só tinha uma folha, em branco.

   c) Pela manhã, recebi uma carta repleta de conselhos. Era uma carta em branco e não liguei para os conselhos já que conselhos não interessam para mim, pois sei cuidar da minha vida.

116 **Língua Portuguesa:** desenvolvendo competências de leitura e escrita

4. As conjunções relacionam frases ou segmentos de frases estabelecendo entre as partes que relacionam um caráter lógico, daí serem importantes elementos gramaticais para conferir coesão e coerência aos textos.

    Na frase a seguir, a conjunção *porque* não foi bem empregada, resultando numa frase que não é correta do ponto de vista lógico. Justifique esse mau emprego da conjunção.

Não tenho tido tempo para ler porque o preço dos livros está caro.

5. O que segue é o último parágrafo do texto *Sob ataque*, artigo de opinião escrito por Fernando Haddad e publicado no jornal *Folha de S.Paulo*. Leia-o e responda ao que se pede.

A recente medida provisória sobre escolha de reitores é inconstitucional pela forma e pelo conteúdo. Esse novo ataque à autonomia universitária é só mais uma ação sórdida contra a democracia que deve ser combatida.

(*Folha de S.Paulo*, 28 dez. 2019, p. A2)

a) O pronome demonstrativo *esse*, que inicia o segundo período do texto, é um anafórico, funcionando como elemento de coesão textual. Identifique o antecedente desse pronome.
b) No segundo período, o mau emprego do pronome relativo cria um sentido diferente daquele que, muito provavelmente, o autor queria dar ao texto. Qual é o sentido que está expresso e qual o que o autor pretendia dar?
c) Reescreva o trecho a fim de deixar claro o sentido que o autor pretendia dar a ele.

RECAPITULANDO

Neste capítulo, chamamos a atenção para o fato de que textualizar é manifestar o discurso por uma expressão e destacamos sete fatores de textualização.

- ■ **Intencionalidade:** diz respeito àquele que fala. Com que objetivo o texto é construído?

- ■ **Aceitabilidade:** diz respeito ao leitor/ouvinte e sua aceitação do texto como relevante e coerente.

Capítulo 5. Textualização **117**

- **Situcionalidade:** refere-se à adequação do texto ao contexto, isto é, à situação comunicativa.

- **Informatividade:** diz respeito a informações novas e conhecidas que aparecem no texto. Um texto que só apresente informações novas dificilmente é processado (e aceito) pelo leitor/ouvinte. Se, por outro lado, apresentar apenas informações conhecidas, será totalmente previsível e pouquíssimo informativo. O ideal é que se mantenha um equilíbrio entre informação nova e informação conhecida.

- **Intertextualidade:** diz respeito à relação que o texto mantém com outros textos.

- **Coesão:** diz respeito à relação que os segmentos textuais do plano da expressão mantêm entre si. Há dois mecanismos básicos de coesão: a substituição (por item lexical, gramatical ou elipse [substituição por zero]) e a conexão, que é o estabelecimento de relações sintático-semânticas entre segmentos textuais por meio de conectores (preposições e conjunções). A coesão mantém a continuidade do texto e favorece a coerência.

- **Coerência:** diz respeito à continuidade de sentidos por meio da reiteração de temas e da recorrência de figuras. A coerência diz respeito também à ausência de contradições. É relativa ao plano do conteúdo.

CAPÍTULO 6

MODOS DE ORGANIZAÇÃO DOS TEXTOS

6.1 Introdução

Para adentrar no tema do Capítulo 6, é necessário retomar alguns conceitos já trabalhados, amarrando uns aos outros.

Como vimos, a língua é um sistema abstrato de natureza social, que se concretiza por meio da fala ou do discurso. A passagem do sistema (a língua) para o processo (o discurso, a fala) se dá pela enunciação.

Mostramos que o discurso se manifesta em textos, unidades de sentido de extensão variável, que estabelecem comunicação entre sujeitos. Os textos resultam da superposição de dois planos que se pressupõem: um conteúdo e uma expressão. No processo de leitura, partimos da expressão para o conteúdo; na produção de textos, percorremos o caminho inverso.

Por fim, vimos que os textos se manifestam em formas relativamente estáveis, os gêneros do discurso, de sorte que, ao produzir um texto, nos valemos de um modelo que temos à disposição (carta, bilhete, piada, requerimento, currículo, ata etc.). Do ponto de vista da recepção do texto, falado ou escrito, o conhecimento que temos do gênero orientará nossa leitura e, portanto, a construção do(s) sentidos(s).

6.2 Sequências textuais

Os gêneros discursivos se prestam a propósitos sociocomunicativos diversos e materializam-se em textos que apresentam uma organização formal mais ou menos padronizada em função de algumas ações discursivas, que são basicamente quatro: narrar, descrever, argumentar e expor. Essas ações discursivas são operações de linguagem constitutivas dos textos, por isso falaremos de gramática do texto descritivo, do texto narrativo, do texto argumentativo e do texto expositivo.

119

Com base nessas ações, fala-se em quatro tipos ou sequências textuais: narrativos, descritivos, argumentativos e expositivos. Os linguistas fazem referência a dois outros tipos textuais: o injuntivo e o dialogal, ou conversacional. O primeiro se caracteriza por apresentar uma sequência de injunções que têm por finalidade transmitir um saber de como algo deve ser realizado, é uma descrição de ações. É constitutivo dos chamados textos instrucionais, como manuais de instruções de aparelhos e de preenchimento de formulários, receitas culinárias, regras de jogo, bulas de remédio etc. O segundo, de que é exemplo típico a conversação, se caracteriza pelo diálogo em sentido estrito, no qual os participantes do ato comunicativo alternam os papéis de falante e ouvinte, no que se chama turno de fala. A regra básica do texto conversacional é: cada um fala na sua vez.

É muito importante que você tenha bem clara a distinção entre gênero e tipo textual porque:

a) um mesmo gênero pode apresentar tipos textuais diferentes: um romance, por exemplo, além de sequências narrativas, que são as dominantes, costuma apresentar sequências descritivas que podem ser observadas, por exemplo, quando o narrador "suspende" a narração para descrever um personagem ou um ambiente; e

b) um mesmo tipo de sequência pode se manifestar em gêneros diversos. Uma sequência narrativa, além de constituir gêneros predominantes narrativos, como um conto, pode ser observada em gêneros textuais que não são narrativos, como uma monografia.

Como um mesmo texto pode apresentar tipos textuais diferentes, sua classificação será feita com base na sequência textual que hierarquiza o texto, ou seja, aquela que é dominante, sendo as outras subordinadas a ela. Assim, diz-se que um texto é narrativo porque nele as sequências narrativas são dominantes, determinando sua organização e estrutura.

6.3 Texto descritivo

Se você consultar o verbete *descrever* no dicionário Houaiss, encontrará o seguinte:

Figura 6.1 – Verbete *descrever* no Dicionário Houaiss do portal UOL

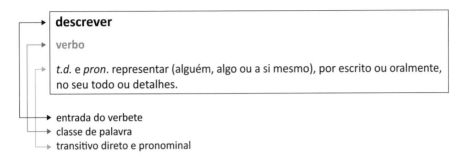

Fonte: elaborada pelo autor com base em HOUAISS, s/d.

Antes de entrar na definição da palavra propriamente dita, esclarecemos que transitivo direto é o verbo que pede complemento normalmente sem preposição. Portanto, quem esquece, esquece algo ou alguém. Pronominal é o verbo que se conjuga com auxílio de pronome pessoal oblíquo (me, te, se, nos, vos), como *arrepender-se, referir-se, queixar-se, descrever-se* etc.

O verbo que abre a definição (*representar*) diz respeito ao assunto de que trata este livro, pois faz referência a uma das funções da linguagem: a de representar algo, ou seja, o que o dicionário diz é que descrever é usar a linguagem para representar algo, alguém ou a si mesmo.

Quando, na definição, o dicionário diz "por escrito ou oralmente", está colocando a definição de descrever no campo da linguagem verbal, ou seja, da língua. Evidentemente, a representação de algo ou de alguém pode ser feita por uma linguagem diferente da verbal, como em desenhos e pinturas. Você certamente já viu em algum filme uma cena em que alguém faz a descrição de um suspeito de crime por meio da língua falada e um policial, com base nas informações prestadas, faz a descrição visual do suspeito por meio de linguagem não verbal, naquilo que se convencionou chamar de retrato falado. Veja que, no exemplo citado, a passagem do retrato verbal para o não verbal diz respeito à mudança do plano da expressão.

Usamos o exemplo do retrato porque essa palavra define muito bem o ato de descrever. Poderíamos, em palavras bem simples, dizer que descrever é fazer o retrato de alguém ou de algo. Devemos lembrar sempre que o retrato não é a coisa ou a pessoa, mas uma representação da coisa ou da pessoa.

O famoso quadro *A traição das imagens* do pintor belga René Magritte (1898-1967) explora justamente isso. Trata-se de um texto sincrético em que, no segmento não verbal, vê-se uma representação de um cachimbo e, no verbal, os dizeres: *Isto não é um cachimbo*.

Figura 6.2 – Obra de René Magritte

A Traição das Imagens (La trahison des images), René Magritte, 1929. Óleo sobre tela.

No exemplo da tela de Magritte, temos uma representação bastante fiel do objeto cachimbo, no entanto nem sempre as descrições serão representações fiéis. Muitas vezes, a descrição nos passa mais impressões e sensações do que uma representação fiel daquilo ou daquele(a) que se descreve, por isso podemos falar em descrições objetivas e descrições subjetivas, cada qual adequada a um propósito. Nas descrições objetivas não se manifestam as impressões que causam o que é descrito. Nas subjetivas, não se descreve apenas o que se vê, mas se procura transmitir as impressões e as sensações que aquilo que se descreve transmite. As descrições objetivas se prestam ao discurso científico, em que se busca a fidelidade, a exatidão, a precisão. As descrições subjetivas são adequadas ao discurso literário, na medida em que, transmitindo sensações, são capazes de criar um clima de mistério, de terror, de bucolismo etc.

Observe como, no trecho a seguir escrito pelo autor norte-americano Edgar Allan Poe (1809-1849), usa-se a descrição para criar um efeito de terror. Contribui para isso a reiteração de figuras que remetem ao tema da morte: *restos humanos empilhados, catacumbas, ossos*.

Nas suas paredes alinhavam-se restos humanos empilhados até o alto da abóbada, à maneira das grandes catacumbas de Paris. Três lados dessa cripta interior estavam assim ornamentados. Do quarto, haviam sido afastados os ossos, que jaziam misturados no chão, formando em certo ponto um montículo de avultado tamanho. Na parede assim desguarnecida dos ossos, percebemos outro nicho, com cerca de um metro e vinte de profundidade, noventa centímetros de largura e um metro e oitenta ou dois metros e dez de altura. Não parecia ter sido escavado para um uso especial, mas formado simplesmente pelo intervalo entre dois colossais pilares do teto das catacumbas, e tinha como fundo uma das paredes, de sólido granito, que os circunscreviam.

(POE, 2001, p. 368)

Como dissemos, as descrições não integram apenas textos da esfera literária. Elas estão presentes em textos de várias esferas discursivas: acadêmica, jurídica, comercial, publicitária, interpessoal etc.

Na esfera publicitária, está presente em anúncios em que se oferecem imóveis para venda ou locação. Na interpessoal, em cartazes e faixas que se afixam com descrições de animais perdidos, visando encontrá-los. Na acadêmica, é comum a descrição do objeto da pesquisa ou do *corpus*.

Como a finalidade da descrição é fornecer um retrato de algo ou de alguém, quem descreve se valerá de expressões sensoriais. Isso significa que os textos descritivos são predominantemente figurativos. Observe este exemplo, extraído do romance *O cortiço*, de Aluísio Azevedo.

Cercavam-na homens, mulheres e crianças; todos queriam novas dela. Não vinha em traje de domingo; trazia casaquinho branco, uma saia que lhe deixava ver o pé sem meia num chinelo de polimento com enfeites de marroquim de diversas cores. No seu farto cabelo, crespo e reluzente, puxado sobre a nuca, havia um molho de manjericão e um pedaço de baunilha espetado por um gancho. E toda ela respirava o asseio das brasileiras e um odor sensual de trevos e plantas aromáticas. Irrequieta, saracoteando o atrevido e rijo quadril baiano, respondia para a direita e para a esquerda, pondo à mostra um fio de dentes claros e brilhantes que enriqueciam a sua fisionomia com um realce fascinador.

(AZEVEDO, 2019)

Nessa passagem de *O cortiço*, um narrador em 3ª pessoa descreve a personagem Rita Baiana. Observe o predomínio de figuras que apelam a sensações visuais (*casaquinho branco; saia que lhe deixava ver o pé sem meia; chinelo de polimento com enfeites de marroquim; farto cabelo crespo e reluzente, saracoteando o atrevido e rijo quadril; fios de dentes claros e brilhantes*) e olfativas (*molho de manjericão, pedaço de baunilha, odor sensual de trevos e plantas aromáticas*).

Como vimos no Capítulo 1, as figuras revestem temas, dando concretude aos textos. No caso, o encadeamento das figuras usadas para caracterizar Rita Baiana encobre o tema da sensualidade.

Você deve ter observado que, na descrição, ao contrário do que ocorre em textos narrativos, não há temporalidade, ou seja, não há um antes nem um depois. Por se tratar de um retrato, a descrição congela uma imagem no tempo. Trata-se de um instantâneo fixado por meio das palavras.

Se você voltar ao verbete de dicionário que abre este tópico, verá que na definição afirma-se que a descrição pode ser de um todo ou de partes, destacando detalhes. Se você leu o romance *Dom Casmurro,* de Machado de Assis, deve ter observado que, na descrição da personagem Capitu, o narrador privilegia os olhos, mostrando que eles revelam o caráter dissimulado da personagem. Em outros tipos de descrição, um detalhe costuma ser exagerado e até mesmo deformado para caracterizar o personagem. É o que ocorre nas caricaturas. A focalização no detalhe para realçar o todo configura um procedimento retórico conhecido por metonímia.

A descrição, como dissemos, normalmente é empregada como parte de outros tipos de textos, especialmente os narrativos, a fim de caracterizar as personagens e o ambiente em que se desenrolam os acontecimentos.

6.3.1 Texto descritivo e gramática

As descrições verbais apresentam uma gramática própria, ou seja, certos recursos semânticos e sintáticos podem ser observados nesse tipo de texto.

No componente semântico, as descrições se caracterizam pela presença de figuras, ou seja, de palavras que remetem a referentes que existem no mundo natural, por isso o uso de substantivos concretos caracterizados por adjetivos: "restos humanos empilhados", "grandes catacumbas", "casaquinho branco", "farto cabelo, crespo e reluzente", "atrevido e rijo quadril baiano", "dentes claros e brilhantes".

No componente sintático, nas descrições estáticas, são frequentes os predicados nominais, aqueles que são formados por verbos de ligação e predicativo, o núcleo nominal do predicado, que expressa uma característica do sujeito. Nas dinâmicas, aquelas que descrevem seres ou acontecimentos em movimento, haverá evidentemente verbos que exprimem processos. Na estruturação dos períodos, é frequente o uso da coordenação, procedimento pelo qual se relacionam orações sintaticamente independentes, mas relacionadas pelo sentido, as chamadas orações coordenadas.

O tempo verbal predominante é o pretérito imperfeito. Observe a estrutura sintática de uma frase descritiva prototípica: *A casa era antiga, o teto estava esburacado, as paredes pareciam ruínas*.

6.4 Texto narrativo

Narrativo, narrativa, narração, narrador são palavras que se prendem a narrar, que significa contar algo, verdadeiro ou não, por meio de uma linguagem qualquer.

As narrativas se manifestam em textos de diversos gêneros, sejam verbais, como contos, romances, notícias, relatos, biografias etc., sejam não verbais ou sincréticos, como filmes, histórias em quadrinhos, canções etc.

Na definição que demos de narrar, ressaltamos que aquilo que é narrado pode ser verdadeiro (a notícia de um acidente nuclear na Ucrânia, por exemplo) ou não (um conto de fadas, por exemplo), por isso teremos dois grandes grupos de narrativas: as ficcionais e as não ficcionais. As primeiras se manifestam em gêneros da esfera literária como o romance, a novela e o conto; as segundas, em gêneros como a notícia, a reportagem, o diário, a biografia e constituem os chamados relatos.

6.4.1 Narrativa ficcional

Nos textos narrativos ficcionais, há uma situação inicial e uma situação final diferente da inicial. Entre esses dois estágios, há uma série de acontecimentos responsáveis por mudanças de estado de personagens. Observe que usamos o termo *personagem* e não *pessoa*, pois estamos no campo das narrativas ficcionais. Personagens são criações do autor da narrativa, são seres de papel, ou seja, não têm existência real, embora possam ser construídos com base em pessoas reais. Observe a Figura 6.3:

Figura 6.3 – Esquema de narrativa ficcional

Fonte: elaborada pelo autor.

O texto narrativo se caracteriza pela sucessão de acontecimentos no tempo. Há um começo e um fim, vale dizer, há um *antes* e um *depois*, ou seja, temporalidade. Como a linguagem verbal é linear, eles são dispostos um após o outro, embora possam ser narrados não na ordem em que ocorreram de fato, ou seja, pode haver subversões da ordem cronológica. Em algumas narrativas intimistas, o tempo psicológico prevalece sobre o cronológico. O linguista Jean-Michel Adam, no livro *A linguística textual: introdução à análise textual dos discursos*, afirma que o tipo textual narrativo apresenta:

    a) uma sucessão de eventos que ocorrem no tempo e que mantêm entre si relações de causa e efeito;

b) pelo menos um personagem;

c) uma intriga; e

d) uma avaliação.

Comentamos, a seguir, os itens apresentados por Adam:

a) Os eventos de que se compõe o texto narrativo encadeiam-se por relações temporais (há sempre um antes e um depois) e relações de causa e consequência. O encadeamento dos eventos confere unidade temática à narrativa.

b) Narrativas são criações humanas, feitas por humanos e que tratam de valores humanos. Lembre-se de que todos os povos, mesmo os iletrados, têm narrativas. Os eventos de que se constituem as narrativas referem-se a personagens humanos ou antropomorfizados, como nas fábulas. Em algumas narrativas, o personagem pode estar em sincretismo com o narrador, aquele que conta a história.

c) Damos o nome de intriga ao conjunto de acontecimentos encadeados entre si, de modo que haja um conflito que se intensifica chegando ao seu ponto mais elevado, denominado clímax. Ao clímax, segue-se a resolução do conflito. A intriga confere dramaticidade ao(s) personagem(ns). Para que haja narrativa, é obrigatório que haja uma intriga, pois é ela que estabelece a distinção entre narrativa e um simples relato de um fato.

d) A avaliação, que também é chamada de sanção, consiste na manifestação explícita ou implícita de um juízo de valor; por exemplo, se o personagem cumpriu o que era proposto (sanção cognitiva), podendo ser recompensado ou punido (sanção pragmática). A sanção é também o momento da narrativa em que os segredos são revelados.

6.4.2 Estrutura do texto narrativo ficcional

Um texto narrativo prototípico apresenta a seguinte estrutura: há uma situação inicial, marcada pelo equilíbrio, que é alterada por ação de alguém ou de algo, provocando mudanças de estado (complicação), segue-se uma série de ações decorrentes dessa transformação que atingirão um ponto mais alto (clímax), segue-se a resolução do conflito, terminando numa situação final, caracterizada por um novo estado de equilíbrio.

Podemos, então, reformular o esquema apresentado na Figura 6.3, a fim de que você possa visualizar as etapas do texto narrativo.

Figura 6.4 – Estrutura do texto narrativo ficcional

Fonte: elaborada pelo autor.

6.4.3 Estrutura do texto narrativo não ficcional

As narrativas não ficcionais apresentam uma estrutura bem mais simples do que as ficcionais, na medida em que se fixam no relato de um fato (o que ocorreu) sem organizá-lo numa intriga. Não há, pois, complicação nem clímax. Nas narrativas literárias, o narrador pode retardar o desfecho, criando um clima de suspense, por exemplo. As narrativas não literárias concentram-se na narração do fato e tendem à objetividade na medida em que procuram narrar o fato da forma como ocorreu, por isso não costuma haver ruptura da ordem cronológica, o que significa que há uma ordem temporal rígida, em geral do passado para o presente. Nas narrativas literárias, é comum a subversão da ordem cronológica. Um dos recursos usados para isso é interromper a sequência lógica dos fatos para esclarecer algo que ocorreu no passado ou para antecipar algo que ainda não aconteceu.

Nas narrativas não ficcionais também não há avaliação. Relata-se o fato, procurando não emitir juízos de valor sobre ele, ou tentando explicar por que se agiu da forma A e não da B. Uma notícia de jornal é um exemplo típico de narrativa não ficcional, pois aquele que a redige deve passar uma visão o mais objetiva possível dos fatos sem avaliações. Acrescentamos que a objetividade nos textos é apenas um efeito de sentido, pois todo texto reflete os valores e as crenças daquele que o produziu, bem como da sociedade de que faz parte.

As narrativas não ficcionais procuram responder às seguintes perguntas:

a) Quem? [o(s) participante(s) do acontecimento narrado];

b) Fez o quê? (o fato relatado, a ação, o acontecimento);

c) Quando? (indica o tempo);

d) Onde? (indica o lugar);

e) Por quê? [indica a causa, isto é, o motivo pelo qual o(s) participante(s) agiu(agiram) dessa forma]; e

f) Como? [indica o modo como o(s) participante(s) realizou(realizaram) a ação].

O fragmento que você vai ler a seguir faz parte de uma matéria publicada pela revista *IstoÉ*.

A família judaica de Alberto e Sarah, bisavós do senador Davi Alcolumbre (DEM-AP), presidente do Congresso, chegou ao Brasil em 1905, vinda do Marrocos e estabeleceu-se em Belém, no norte do país, para dedicar-se ao comércio. Seu pai, Samuel, ainda na década de 50, mudou-se para o Amapá, onde o senador nasceu, para explorar o comércio de látex.

(OLIVEIRA, 2019, p. 32)

Trata-se de narrativa não ficcional (um relato) pertencente a um texto que se enquadra no gênero reportagem, cuja esfera de circulação é a jornalística. O autor da matéria procura transmitir objetivamente ao leitor da revista uma espécie de minibiografia do senador Davi Alcolumbre. A narração começa pelas origens do senador, destacando que seus bisavós eram judeus e chegaram ao Brasil em 1905. Depois fala do pai do senador e, na continuidade do texto, falará da pessoa do político do Amapá.

Observe que o texto não se limita a narrar um fato, mas é organizado de tal forma que pareça ao leitor que se trata de um relato de fato verdadeiro, na medida em que textos da esfera jornalística, como as reportagens, para serem aceitos, precisam, ao menos, parecer verdadeiros ao leitor.

6.4.4 Texto narrativo e gramática

Do ponto de vista gramatical, no texto narrativo há o predomínio de verbos de ação, transitivos e intransitivos. A temporalidade é marcada pelos verbos e por advérbios e expressões adverbiais que são usadas não só para situar a ação no tempo, de modo vago com em *Era uma vez...*, *Era no tempo do rei...*, ou de modo preciso como em "No dia 26 de abril de 1986, à 1h23min58, uma série de explosões destruiu o reator e o prédio do quarto bloco da Central Elétrica Atômica (CEA) de Tchernóbil, situado bem próximo à fronteira da Belarús" (ALEKSIÉVITCH, 2016, p. 9). Expressões adverbiais são também usadas para indicar a passagem do tempo (*No dia seguinte...*, *Três meses depois...*, *Depois que ele voltou...*). O tempo verbal característico do texto narrativo é o pretérito (perfeito e imperfeito), já que o mais comum é a narração de fatos passados. Nos textos narrativos, também é comum a presença do discurso relatado, ou seja, discurso direto e discurso indireto.

O discurso direto consiste na reprodução textual de fala de outrem. Nos textos, aparece com alguma marca, como o travessão ou as aspas. No discurso indireto, o narrador incorpora a fala de outrem em sua própria fala. Nesse caso, não há qualquer indicação gráfica de que se trata de fala de outrem. Compare:

Chegando em casa, Cássia disse:

— *Tô muito cansada.*

Chegando em casa, Cássia disse que *estava muito cansada.*

No primeiro exemplo, "Tô muito cansada" está em discurso direto. No segundo, a fala de Cássia foi incorporada à fala do narrador, que apenas reproduziu o conteúdo do que Cássia disse. Trata-se de um discurso indireto.

6.5 Texto argumentativo

No Capítulo 5, quando tratamos dos fatores de textualidade, falamos que um deles é a intencionalidade. Naquela ocasião, dissemos que quem toma a palavra para dizer algo, oralmente ou por escrito, é movido por um propósito e deve organizar seu texto para atingi-lo.

Os textos caracterizam-se pelo dialogismo, um *eu* dirige-se a um *tu* e espera dele uma resposta. Argumentar é apresentar fatos, ideias, opiniões que comprovem ou neguem uma afirmação. A argumentação implica uma tomada de posição. Nos textos argumentativos, o propósito é convencer o leitor da posição tomada e a resposta que o enunciador espera é que o enunciatário aceite o ponto de vista como verdadeiro e adira a ele. Nesse tipo de texto, o enunciador exerce um *fazer-crer* (convencer), podendo ainda exercer um *fazer-fazer*, isto é, ele objetiva levar o enunciatário a realizar uma determinada ação. Isso é muito comum no discurso publicitário, em que o enunciador apresenta argumentos para que o enunciatário compre um produto ou serviço. Salvo casos patológicos, o *fazer-crer* precede ao *fazer-fazer*, pois a realização de uma determinada ação pressupõe que se acredite nela. A eficácia do texto argumentativo está relacionada à capacidade de convencer e persuadir.

Embora na linguagem comum convencer e persuadir sejam usados como sinônimos, nos estudos do texto e do discurso, costuma-se fazer a seguinte distinção: convencer está ligado ao *fazer-crer* e persuadir, ao *fazer-fazer*. O convencer é uma etapa que antecede ao persuadir.

Vimos, no Capítulo 3, que os textos podem ser temáticos ou figurativos. Os textos argumentativos são, por excelência, temáticos, na medida em que procuram explicar o mundo por meio de conceitos.

6.5.1 Texto argumentativo e gramática

Nos textos narrativos, a articulação de segmentos textuais se dá por relações de temporalidade (um acontecimento depois do outro) e por relações de implicação, ou seja, um acontecimento é causa de outro, que será a consequência, que, por sua vez, será causa de outro acontecimento, e assim por diante. Já nos textos argumentativos, as relações não são temporais, mas de causa e consequência, finalidade, condição, comparação, oposição, concessão, conclusão, conformidade, explicação.

As palavras que estabelecem nexos lógicos entre segmentos textuais são os conectores, assegurando a coesão sequencial e a progressão do texto, resultando num todo coerente. No Capítulo 5, falamos sobre esse tipo de palavra e apresentamos uma relação dos principais conectores e as relações que eles estabelecem.

Outro tipo de palavra que assegura a argumentatividade dos textos são os operadores argumentativos, que serão comentados com detalhes na seção *Revisão gramatical* deste capítulo.

Além dos conectores, os textos argumentativos costumam fazer uso de modalizadores, expressões e categorias linguísticas que exprimem a atitude do enunciador face àquilo que enuncia.

Funcionam como modalizadores:

- os modos verbais (indicativo, subjuntivo, imperativo);

- verbos que modificam outros verbos, como *querer, dever, poder* etc.; *quero* crer que..., *pode* ser que...;

- certas expressões adverbiais, como *talvez, possivelmente* (dúvida); *certamente, sem dúvida alguma* (certeza);

- orações do tipo *é possível que..., é provável que..., parece que...*

Leia, a seguir, um fragmento do livro *O ócio criativo*, do sociólogo italiano Domenico De Masi.

> A vida de um desempregado é horrível, porque na nossa sociedade tudo depende do trabalho: salário, contatos profissionais, prestígio e (quando se é católico) até o resgate do pecado original e o bilhete de ingresso para o paraíso. Portanto, se falta o trabalho, falta tudo.
>
> Mas corre-se o risco de que o problema do desemprego coloque em segundo plano o problema de quem tem um emprego.
>
> Com uma frequência sempre maior, a vida do trabalhador é transformada num inferno, porque as organizações das empresas se preocupam em multiplicar a quantidade de produtos, mas não dão a mínima para a felicidade de quem os produz.
>
> (DE MASI, 2000, p. 302-303)

Trata-se de texto argumentativo em que o autor procura demonstrar a tese de que a vida de um desempregado é horrível, valendo-se para isso de argumentos que se relacionam logicamente.

No primeiro período, o autor apresenta a tese. Nesse mesmo período, ele a justifica com um argumento introduzido pela conjunção *porque*, que expressa a causa ou a justificativa de sua afirmação, encerrando o parágrafo por uma sequência, introduzida pela conjunção *portanto*, em que apresenta a conclusão do que expressou anteriormente.

O segundo parágrafo muda o rumo da argumentação pela introdução de uma sequência que exprime oposição ao que foi dito anteriormente. Observe que esse parágrafo se inicia pela conjunção adversativa *mas*.

Perceba que, nesse segundo parágrafo, o autor continua articulando as ideias por meio de conectores que estabelecem relações de causa ("[...] *porque* as organizações das empresas se preocupam [...]") e oposição ("[...] *mas* não dão a mínima para a felicidade de quem os produz"). Os conectores, como vimos no Capítulo 5, são importantes elementos de coesão textual, garantindo sua progressão e, consequentemente, sua coerência.

Encerrando nossas considerações sobre o texto argumentativo, destacamos que esse tipo de texto aparece em gêneros como a dissertação, o artigo, o sermão, o editorial, alegações em um julgamento, recursos a autoridades etc.

Ressalvamos que as considerações apresentadas se referem ao texto argumentativo em sentido estrito, já que, em sentido amplo, todo texto é produzido para persuadir alguém. Uma fábula, por exemplo, é um texto narrativo, mas se conta uma história para convencer o leitor de que deve agir de uma maneira e não de outra. Uma propaganda que descreve um produto quer levar o leitor a querer ter para si o produto que se descreve.

6.6 Texto expositivo

Expor é explicar, tornar algo compreensível. O propósito do texto expositivo é transmitir um saber. O autor parte do pressuposto de que o destinatário, o leitor ou o ouvinte, não sabe X e, por meio do texto, visa levá-lo a saber X. Como se pode notar, o texto expositivo tem características didáticas. O exemplo típico desse tipo de texto é a chamada aula expositiva, em que o professor transmite um saber aos alunos.

Quando tratamos de informatividade no Capítulo 5, destacamos que, para que o texto seja inteligível, é preciso que haja equilíbrio entre informação

Capítulo 6. Modos de organização dos textos   **133**

nova e informação conhecida, por isso o saber transmitido no texto expositivo deve estar ancorado em conhecimentos compartilhados entre o destinador e o destinatário.

Nesse tipo de texto, os segmentos textuais costumam estar relacionados por causa e efeito, apresentando exemplificações, comparações, definições e enumerações. Como se trata de texto de transmissão de saberes, a linguagem deve ser clara. Em geral são textos enuncivos, ou seja, em 3ª pessoa, o que produz efeitos de sentidos de objetividade.

O texto expositivo costuma aparecer em textos de divulgação científica, verbetes de dicionários e enciclopédias, manuais didáticos, folhetos, conferências etc. A seguir, apresentamos um exemplo desse tipo de texto.

> *Vida e destino* é um épico moderno e uma análise profunda das forças que mergulharam o mundo na Segunda Guerra Mundial. Vassili Grossman, que esteve no campo de batalha e acompanhou os soldados russos em Stalingrado, compôs uma obra com a dimensão de Tolstói e de Dostoiévski, tocando, ao mesmo tempo, num dos momentos cruciais do século XX.
>
> (GROSSMAN, 2014, Texto de quarta capa)

Trata-se de texto pertencente ao gênero quarta capa, que é a capa traseira externa de um livro físico, também designada contracapa. Se a capa dianteira externa do livro traz informações como título da obra, nome do autor e da editora, a quarta capa é usada para apresentar alguma informação sobre a obra, a fim de que o leitor, caso não a conheça, saiba do que trata o livro. Em alguns casos, publicam-se ainda frases de jornais e revistas elogiando a obra.

Como você pode depreender da leitura do texto de quarta capa do livro, o propósito discursivo é apresentar ao leitor informações sobre o conteúdo da obra: "um épico moderno", "análise profunda das forças que mergulharam o mundo na Segunda Guerra Mundial", e de seu autor, "esteve no campo de batalha", "acompanhou os soldados russos em Stalingrado".

Em sentido amplo, todo texto apresenta argumentatividade, pois visa conseguir a adesão do leitor. Comparar o livro do autor à obra de dois dos maiores escritores da literatura, Tolstói e Dostoiévski, tem finalidades persuasivas, pois pretende convencer o leitor do texto de quarta capa de que o livro é muito bom e, por isso, deve ser adquirido para leitura ou para presentear alguém.

TEXTO COMENTADO

O delírio

Que me conste, ainda ninguém relatou o seu próprio delírio; faço-o eu, e a ciência mo agradecerá. Se o leitor não é dado à contemplação destes fenômenos mentais, pode saltar o capítulo; vá direito à narração. Mas, por menos curioso que seja, sempre lhe digo que é interessante saber o que se passou na minha cabeça durante uns vinte a trinta minutos.

Primeiramente, tomei a figura de um barbeiro chinês, bojudo, destro, escanhoando um mandarim, que me pagava o trabalho com beliscões e confeitos: caprichos de mandarim.

Logo depois, senti-me transformado na Suma Teológica de São Tomás, impressa num volume, e encadernada em marroquim, com fechos de prata e estampas; ideia esta que me deu ao corpo a mais completa imobilidade; e ainda agora me lembra que, sendo as minhas mãos os fechos do livro, e cruzando-as eu sobre o ventre, alguém as descruzava (Virgília decerto), porque a atitude lhe dava a imagem de um defunto.

Ultimamente, restituído à forma humana, vi chegar um hipopótamo, que me arrebatou. Deixei-me ir, calado, não sei se por medo ou confiança; mas, dentro em pouco, a carreira de tal modo se tornou vertiginosa, que me atrevi a interrogá-lo, e com alguma arte lhe disse que a viagem me parecia sem destino.

— Engana-se, replicou o animal, nós vamos à origem dos séculos.

Insinuei que deveria ser muitíssimo longe; mas o hipopótamo não me entendeu ou não me ouviu, se é que não fingiu uma dessas coisas; e, perguntando-lhe, visto que ele falava, se era descendente do cavalo de Aquiles ou da asna de Balaão, retorquiu-me com um gesto peculiar a estes dois quadrúpedes: abanou as orelhas. Pela minha parte fechei os olhos e deixei-me ir à ventura. Já agora não se me dá de confessar que sentia umas tais ou quais cócegas de curiosidade, por saber onde ficava a origem dos séculos, se era tão misteriosa como a origem do Nilo, e sobretudo se valia alguma coisa mais ou menos do que a consumação dos mesmos séculos: reflexões de cérebro enfermo. Como ia de olhos fechados, não via o caminho; lembra-me só que a sensação de frio aumentava com a jornada, e que chegou uma ocasião em que me pareceu entrar na região dos gelos eternos. Com efeito, abri os olhos e vi que o meu animal galopava numa planície branca de neve, com uma ou outra montanha de neve, vegetação de neve, e vários animais grandes e de neve. Tudo neve; chegava a gelar-nos um sol de neve. Tentei falar, mas apenas pude grunhir esta pergunta ansiosa:

— Onde estamos?

— Já passamos o Éden.

— Bem; paremos na tenda de Abraão.

— Mas se nós caminhamos para trás! Redarguiu motejando a minha cavalgadura.

Fiquei vexado e aturdido. A jornada entrou a parecer-me enfadonha e extra-
vagante, o frio incômodo, a condução violenta, e o resultado impalpável. E depois
– cogitações de enfermo – dado que chegássemos ao fim indicado, não era impossível que os séculos, irritados com lhes devassarem a origem, me esmagassem entre
as unhas que deviam ser tão seculares como eles. Enquanto assim pensava, íamos
devorando caminho, e a planície voava debaixo dos nossos pés, até que o animal
estacou, e pude olhar mais tranquilamente em torno de mim. Olhar somente; nada
vi, além da imensa brancura da neve, que desta vez invadira o próprio céu, até
ali azul. Talvez, a espaços, me aparecia uma ou outra planta, enorme, brutesca,
meneando ao vento as suas largas folhas. O silêncio daquela região era igual ao
do sepulcro: dissera-se que a vida das coisas ficara estúpida diante do homem.

(ASSIS, 1979b, p. 520-521)

O que você acabou de ler é o início do Capítulo 7, "O delírio", do romance
Memórias póstumas de Brás Cubas, de Machado de Assis. Trata-se de texto
cujo tema é, como adianta o título, o delírio, entendido como confusão men-
tal, caracterizada por alucinações visuais, auditivas etc.

Um mesmo tema pode ser abordado de formas diferentes, por diferentes
gêneros e tipos de texto. O fragmento pertence a um texto do gênero romance
e, quanto ao tipo textual, é narrativo. Trata-se de texto figurativo. Observe o
predomínio de palavras concretas, com predominância daquelas que remetem a sensações visuais: "[...] *barbeiro chinês, bojudo, destro, escanhoando um
mandarim* [...]"; "[...] *Suma Teológica de São Tomás, impressa num volume*
[...]", e "[...] *encadernada em marroquim*, com *fechos de prata e estampas*
[...]"; "[...] vi chegar um *hipopótamo*, que me *arrebatou* [...]". As figuras são
invólucros que revestem os temas. Isso significa que, no processo de leitura,
o leitor tem de descobrir o que as figuras "escondem" para chegar aos temas.

Esse mesmo tema, na esfera científica, poderia se manifestar por meio do
gênero artigo científico, num texto temático, tendo por suporte um periódico
impresso ou digital. Quanto ao tipo poderia ser expositivo, argumentativo

ou descritivo, redigido em linguagem objetiva e técnica. O leitor presumido seria a comunidade médica.

A esfera do texto machadiano é a literária. Seu propósito comunicativo não é transmitir um saber (não é um texto expositivo), nem defender uma tese sobre as causas do delírio (não é um texto argumentativo), mas narrar um acontecimento, relatar o próprio delírio.

Trata-se de texto enunciativo, ou seja, um texto em 1ª pessoa, como se pode observar desde a frase de abertura: "Que *me* conste, ainda ninguém relatou o seu próprio delírio; *faço-o eu*, e a ciência *mo* agradecerá". Nos textos enunciativos, como vimos, o efeito de sentido é o de subjetividade: o narrador não fala do delírio como uma categoria objetiva, mas de seu próprio delírio.

Como você pode notar, há no texto temporalidade. Trata-se de narração de um fato passado, como mostram os verbos no pretérito perfeito (*tomei, senti, vi, deixei, atrevi, abri* etc.), que exprimem ações concluídas, e no pretérito imperfeito (*pagava, falava, sentia, ia, via, aumentava, galopava* etc.), que exprimem ações em seu desenvolvimento. Essas ações têm aspecto durativo, ou seja, os processos expressos pelas formas verbais do pretérito imperfeito ressaltam os acontecimentos não como concluídos, mas em sua extensão.

O delírio do narrador é um acontecimento concluído situado num tempo anterior ao momento da enunciação. O momento da enunciação é presente ("*faço-o eu*"). O verbo *fazer*, nessa passagem, tem aspecto incoativo, isto é, concebe a ação em seu início: eu começo agora a fazer o relato do meu próprio delírio. Em "faço-o eu", o pronome oblíquo é um anafórico que retoma a ideia anteriormente expressa, ou seja, nesse primeiro parágrafo, o narrador se dirige ao leitor, estabelecendo com ele um diálogo, informando-o, desde o início, do propósito do texto: o relato do seu próprio delírio. Observe que o uso do verbo *relatar* adianta ao leitor que ele terá pela frente um texto narrativo.

A partir do segundo parágrafo, temos a narração do delírio propriamente dita, um acontecimento passado em relação ao momento da enunciação (passado do presente). Observe os verbos no pretérito: *tomei, pagava, senti, deu, dava, vi chegar, arrebatou, deixei-me ir, tornou, atrevi, disse* etc. Além disso, há indicadores temporais representados por advérbios que marcam a passagem do tempo: *primeiramente, logo depois, ultimamente.*

Se os textos podem ser narrados em 1ª ou em 3ª pessoa, como se justifica a escolha do narrador por fazê-lo em 1ª pessoa? A resposta está ligada à estratégia discursiva e aos efeitos de sentidos que se pretendem produzir. Como vimos, nos textos em 3ª pessoa, os efeitos de sentidos são os de objetividade e de afastamento da instância da enunciação; nos textos em 1ª pessoa, os efeitos de sentidos são os de subjetividade e de aproximação da instância da enunciação. Num artigo científico, certamente o autor evitaria a 1ª pessoa, porque o ideal de ciência é o de objetividade.

O delírio é um texto narrativo porque conta um fato. No caso, uma narrativa ficcional, pertencente à esfera literária. Como dissemos, em sentido amplo, todo texto é também argumentativo porque, no contato que se estabelece entre autor e leitor, nos textos escritos, e entre falante e ouvinte, nos textos falados, quem produz o texto sempre visa conseguir a adesão do destinatário, o leitor ou ouvinte. Observe que, no início do texto, o narrador chama a atenção do leitor para o fato de que o que vai narrar é relevante. Observe que ele diz que a matéria da narração não só é interessante, como também possui também valor científico ("a ciência mo agradecerá") e insiste que o leitor deva ler o que vai narrar, mesmo que não tenha interesse no assunto. Como se pode ver, já no primeiro parágrafo o autor age no sentido de "fisgar" o leitor para que leia seu texto.

REVISÃO GRAMATICAL

Ao tratarmos do texto argumentativo, falamos que há um tipo de palavra responsável pela argumentatividade dos enunciados, os chamados operadores argumentativos. Como se trata de elementos gramaticais, optamos por tratar deles nesta seção.

Falar desse assunto sob a rubrica da revisão tem sentido porque discorrer sobre operadores argumentativos é relembrar um assunto estudado no ensino fundamental e médio: as chamadas categorias gramaticais invariáveis (advérbios, preposições e conjun-ções). Comecemos pela definição:

> **Operadores argumentativos** são palavras utilizadas para introdu-zir vários tipos de argumentos que apontam para determinadas conclusões.

Do ponto de vista gramatical, funcionam como operadores argu-mentativos os conectivos (notadamente as conjunções), os advérbios e outras palavras que, dependendo do contexto, não se enquadram em nenhuma das dez categorias gramaticais (nas gramáticas tradicionais são classificadas como palavras denotativas: *até*, *inclusive*, *também*, *afinal*, *então*, *é que*, *aliás* etc.).

Pela exemplificação fica mais fácil para você entender como fun-cionam os operadores argumentativos. Vamos a eles.

No Brasil, ainda há crianças fora da escola.

Nessa frase, o advérbio *ainda* orienta o interlocutor para inferir algo que está pressuposto: que antes do momento da enunciação já havia crianças fora da escola.

Embora muitos adolescentes que trabalham frequentem a escola, poucos conseguem concluir os oito anos de escolaridade básica.

Nessa, a conjunção *embora* introduz argumento que se contrapõe ao exposto na oração seguinte.

Tipos de operadores argumentativos

Os operadores argumentativos são utilizados para introduzir varia-dos tipos de argumentos. Veja os mais comuns:

◊ Operadores que introduzem argumentos que se somam a outro tendo em vista uma mesma conclusão: *e*, *nem*, *também*, *não só... mas também*, *não só... mas ainda*, *além disso* etc.

Os efeitos danosos do trabalho infantil sobre a escolarização são sentidos *não só* nas crianças menores, *mas também* nos adolescentes.

◊ Operadores que introduzem enunciados que exprimem conclusão em relação ao que foi expresso anteriormente: *logo, portanto, então, em decorrência, consequentemente* etc.

O trabalho infantil prejudica o desenvolvimento físico, emocional e intelectual da criança, *portanto* deve ser combatido.

◊ Operadores que introduzem argumento que se contrapõe a outro visando a uma conclusão contrária: *mas, porém, todavia, embora, ainda que, mesmo que, apesar de* etc.

Muitas pessoas são contra a exploração de crianças e adolescentes, *mas* poucas fazem alguma coisa para evitar que isso aconteça.

Esses operadores são geralmente representados pelas conjunções adversativas (*mas, porém, todavia, contudo* etc.) e concessivas (*embora, se bem que, ainda que* etc.). A opção por determinado tipo de conjunção tem implicações na estratégia argumentativa.

Por meio das adversativas, introduz-se um argumento que leva o interlocutor a uma conclusão contrária a que chegaria se prevalecesse o argumento usado no enunciado anterior. Com as concessivas, o enunciador dá a conhecer previamente o argumento que será invalidado.

Observe:

Milhões de crianças e adolescentes trabalham no Brasil, *mas* isso é proibido pela Constituição.

Embora a Constituição proíba, milhões de crianças e adolescentes trabalham no Brasil.

◊ Operadores que introduzem argumentos alternativos: *ou, ou... ou, quer... quer, seja... seja* etc.

Ou sensibilizamos a sociedade sobre os efeitos danosos do trabalho infantil, *ou* o problema persistirá.

◊ Operadores que estabelecem relações de comparação: *mais que, menos que, tão... quanto, tão... como* etc.

O problema do trabalho infantil é *tão* grave *quanto* o do desemprego.

◊ Operadores que estabelecem relação de justificativa, explicação em relação a enunciado anterior: *pois, porque, que* etc.

Devemos tomar uma decisão urgente, *pois* o problema tende a se agravar.

◊ Operadores cuja função é introduzir enunciados pressupostos: *agora, ainda, já, até* etc.

Até o papa manifestou sua indignação.

Nesse enunciado, pressupõe-se que outras pessoas, além do papa, tenham manifestado indignação. Compare a força argumentativa do enunciado contrapondo-o a outros:

O padre manifestou sua indignação. O bispo manifestou sua indignação. *Até* o papa manifestou sua indignação.

Nesse caso, temos uma escala argumentativa ascendente (orientada do argumento mais fraco para o mais forte: o papa).

Em uma escala argumentativa negativa, os termos estariam em ordem descendente e o argumento mais forte viria introduzido por *nem mesmo*.

O acontecimento não teve nenhuma repercussão: o papa não se manifestou, o bispo também não, *nem mesmo* o padre da paróquia fez qualquer referência ao assunto.

A função de introduzir o argumento mais forte de uma escala argumentativa também pode ser exercida pelos operadores *inclusive, até mesmo, ao menos, no mínimo* etc.

◊ Operadores cuja função é introduzir enunciados que visem a ratificar, esclarecer um enunciado anterior: *isto é, em outras palavras, vale dizer, ou seja* etc.

Duas em cada 10 crianças trabalhadoras, *ou seja*, 20%, não frequentam a escola.

◊ Operadores cuja função é orientar a conclusão para uma afirmação ou negação: *quase, apenas, só, somente* etc.

Dentre os adolescentes que trabalham, poucos conseguiram concluir os oito anos de escolaridade básica: *apenas* 25,5%.

O número de crianças e adolescentes que trabalham é muito grande: *quase* quatro milhões.

O operador argumentativo *quase* aponta para a afirmação da totalidade e, geralmente, encadeia-se com *muitos* e *a maioria*. Já *apenas* (e seus equivalentes *só* e *somente*) aponta para a negação da totalidade e, geralmente, encadeia-se com *poucos* e *a minoria*.

APLICANDO O CONHECIMENTO

1. Leia o texto e, a seguir, responda ao que se pede.

O drama do treinador, a meu ver, é que todo mundo, em todo o mundo, diz que o Brasil tem hoje o melhor elenco de craques do planeta. Com esse material nas mãos, se a seleção for campeã, todos vão dizer: "Também, com um time desses, até eu."

(COUTO, 2005, p. D9)

a) Há uma oração no texto que exprime condição. Indique que oração é essa e qual palavra é responsável por essa ideia de condição.
b) Na última frase do texto, explique o valor argumentativo da preposição *até*.

2. Nas frases a seguir temos a ocorrência de uma mesma conjunção, que estabelece relação de oposição. No entanto, a ordem em que as orações são apresentadas orientam o leitor para conclusões diferentes. Comente, do ponto de vista da argumentação, a diferença entre elas. Num julgamento, por quem seria proferida cada uma dessas frases?

a) Luciano matou, mas foi em legítima defesa.
b) Foi em legítima defesa, mas Luciano matou.

3. A seguir, apresentamos trechos colhidos de textos de gêneros e autores diversos. Leia-os e, a seguir, diga qual o tipo textual dominante.

a) Salão agradável, decorado com bom gosto, mas sem luxo. Uma porta no fundo, à direita, conduz ao vestíbulo; uma outra porta no fundo, à esquerda, conduz ao escritório de Helmer; entre as duas portas um piano. No centro da parede da esquerda, uma porta, e uma janela mais afastada. Perto da janela uma mesa redonda, cadeiras de braço e um sofá. Na parede da direita, no fundo, outra porta; na mesma parede, mais próximo à ribalta, uma estufa de faiança e diante dela duas poltronas e uma cadeira de balanço. Uma mesinha entre a estufa e a porta lateral. Gravuras nas paredes; uma *étagère*[1] com objetos de porcelana e outros objetos de arte, uma pequena estante com livros bem encadernados. O chão é atapetado e a estufa está acesa. Dia de inverno. (IBSEN, 2003, p. 8)

b) Numa sociedade líquido-moderna, as realizações individuais não podem solidificar-se em posses permanentes porque, em um piscar de olhos, os ativos se transformam em passivos, e as capacidades, em incapacidades. As condições de ação e as estratégias de reação envelhecem rapidamente e se tornam obsoletas antes de os atores terem uma chance de aprendê-las efetivamente. Por essa razão, aprender com a experiência a fim de se basear em estratégias e movimentos táticos empregados com sucesso no passado é pouco recomendável: testes anteriores não podem dar conta das rápidas e quase imprevistas (talvez imprevisíveis) mudanças das circunstâncias. (BAUMAN, 2009, p. 7-8)

c) Os textos são produto da enunciação. Neles, as marcas linguísticas do enunciador podem estar presentes ou apagadas. Isso significa que, ao produzir textos, tem-se de escolher entre um texto enunciativo (haverá a projeção de um *eu* no enunciado) ou enuncivo (o *eu* que fala será camuflado). A opção por uma forma ou outra não é arbitrária, mas determinada pelos efeitos de sentido que se pretendem produzir, bem como do gênero e tipo textual. (TERRA, 2018, p. 129-130)

d) O homem era alto e tão magro que parecia sempre de perfil. Sua pele era escura, seus ossos proeminentes e seus olhos ardiam como fogo perpétuo. Calçava sandálias de pastor e a túnica azulão que lhe caía sobre o corpo lembrava o hábito desses missionários que, de quando em quando, visitavam os povoados do sertão batizando multidões de crianças e casando os amancebados. Era impossível saber sua idade, sua procedência, sua história, mas algo havia em seu aspecto tranquilo, em seus costumes frugais, em sua imperturbável seriedade que, mesmo antes de dar conselhos, atraía pessoas. (LLOSA, 1982, p. 15)

e) A noite da morte de minha madrinha é a cortina preta que separa do resto de minha vida a cena de minha velha infância. Eu não imaginava nada, dormia no meu quarto com a minha velha ama, quando ladainhas entrecortadas de soluços me acordaram e me comunicaram o terror de toda a casa. No

---

1. Do francês, prateleira.

corredor, moradores, libertos, os escravos, ajoelhados, rezavam. Choravam, lastimavam-se em gritos; era a consternação mais sincera que se pudesse ver, numa cena de naufrágio; todo esse pequeno mundo, tal qual se havia formado durante duas ou três gerações em torno daquele centro, não existia mais depois dela: seu último suspiro o tinha feito quebrar-se em pedaços. (NABUCO, 2012, p. 194)

f) Um nevoeiro pairava sobre a terra. Os fios de alta tensão que se estendiam ao longo da rodovia refletiam o brilho dos faróis dos automóveis.
Não havia chovido, mas a terra estava úmida ao amanhecer, e, quando o semáforo acendia, surgia o asfalto molhado numa indistinta mancha avermelhada. A respiração do campo se fazia sentir em um raio de muitos quilômetros; convergiam para ele cabos, rodovias e estradas de ferro. Era um espaço cheio de linhas retas, um espaço de retângulos e paralelogramos fendidos na terra, no céu de outono, no nevoeiro. (GROSSMAN, 2014, p. 25)

g) LÍPITOR (atorvastatina cálcica) comprimidos revestidos é indicado para o tratamento da hipercolesterolemia (aumento da quantidade de colesterol no sangue) isolada ou associada à hipertrigliceridemia (aumento dos níveis sanguíneos de outro tipo de gordura – triglicérides) e/ou a redução dos níveis sanguíneos de HDL (tipo de colesterol benéfico); inclusive aquelas de transmissão genética/familiar (hipercolesterolemia familiar homozigótica, disbetalipoproteinemia, etc.), quando a resposta à dieta e outras medidas não-farmacológicas forem inadequadas. (Bula do medicamento LÍPITOR – atorvastatina cálcica).

h) O planalto central do Brasil desce, nos litorais do Sul, em escarpas inteiriças, altas e abruptas. Assoberba os mares; e desata-se em chapadões nivelados pelos visos das cordilheiras marítimas, distendidas do Rio Grande a Minas. Mas ao derivar para as terras setentrionais diminui gradualmente de atitude, ao mesmo tempo que descamba para a costa oriental em andares, ou repetidos socalcos, que a despem da primitiva grandeza afastando-o consideravelmente para o interior. (CUNHA, 2000, p. 7)

A questão que segue fez parte de concurso vestibular da Universidade Federal de Alagoas. Leia o texto e responda ao que se pede.

A importância da Literatura... para a Engenharia
A motivação deste texto adveio da frequência com a qual tenho me deparado, ao longo dos quase dez anos como docente da Escola de Engenharia da Universidade Federal de

Minas Gerais (UFMG), com a velha frase: "O último livro que li foi para o vestibular." O desalento da frase é agravado (salvo exceções) nos trabalhos, pelos textos incompreensíveis, nos quais sujeitos, predicados, objetos diretos e vírgulas digladiam-se em batalhas cruentas, que nem os corretores ortográficos conseguem minimizar.

O contato com a Literatura não é apenas benfazejo como forma de aprimoramento da expressão oral e escrita. Também fomenta o desenvolvimento do raciocínio abstrato, imprescindível para os estudos de matemática e física, dois pilares das Ciências Exatas e das Engenharias. Todavia, o usufruir da Literatura requer inevitavelmente uma dose de solidão que, parece, os nossos alunos não conseguem se dar. Diferentemente da minha geração, há hoje permanente possibilidade e perspectiva de contato a qualquer tempo (celular), em qualquer lugar (Internet). Desfrutar do prazer da Literatura é essencialmente um momento do exercício da individualidade. Da escolha do livro ao tempo gasto para a leitura.

Em outro contexto, talvez o mais importante, a Literatura influencia a forma de ver o mundo, suscita reflexões, sedimenta valores. Pelo muito que desvela e pelo muito que vela. Lembro-me do impacto de uma obra-prima da escritora belgo-francesa Marguerite Yourcenar, *Alexis ou O tratado do vão combate*, que li na juventude e venho relendo pela vida afora, sempre com renovado prazer. Na Literatura nacional, não se passa incólume pelas páginas de *Vidas secas*, *O tempo e o vento*, *Tereza Batista cansada de guerra* ou *Capitães de areia*, sem refletir sobre a nossa realidade, apresentada a cada dia com disfarces imperfeitos. [...]

Recentemente, reli um daqueles exemplares – *Werther* –, cujas folhas já traziam as manchas indeléveis do tempo. O romance marcante da minha adolescência (a)pareceu-me pueril na idade madura. Com a decepção desta releitura, pude redescobrir (em verdade confirmar) velha assertiva.

Há livros adequados para cada fase da nossa existência. Por fim, muito do meu apreço pela Literatura advém do saber o quão árdua é a produção de um texto. Mesmo científico. Levamos, por vezes, dias para finalizar um parágrafo, na renovada frustração da busca da palavra mais adequada, da frase mais elegante, enfim, na construção do texto mais envolvente. Como na elaboração deste artigo. Situação paradoxal em relação ao tempo despendido por você, leitor, se porventura conseguiu chegar até aqui.

(Adaptado de LIBÂNIO, 2003)

4. No que se refere às características tipológicas do texto, é correto afirmar que ele:

a) é um texto prioritariamente descritivo, o que se revela principalmente pela forte adjetivação, a qual lhe dá um "colorido" especial.

b) apresenta de maneira bastante explícita as características de uma narração, com personagens, tempo e cenário bem marcados.

c) apesar de ser escrito na primeira pessoa do singular, configura-se como uma dissertação, na qual se defende um ponto de vista.

d) embora seja narrativo, apresenta diversos trechos descritivos, que contribuem para alcançar os sentidos pretendidos pelo autor.

e) é um texto impossível de ser classificado, porque as características da descrição, da narração e da dissertação estão presentes na mesma proporção.

5. Há tempos um jornal de grande circulação trouxe uma matéria em que constava o seguinte:

38% dos produtos omitem informação sobre gordura trans

Pesquisa feita pelo Idec com 370 alimentos industrializados mostra que só 62% cumprem a lei, em vigor há dois meses.

No texto, há um operador argumentativo que leva a um argumento pressuposto. Identifique o operador e diga qual é o argumento pressuposto.

RECAPITULANDO

Neste capítulo, tratamos de quatro de tipos de textos – o descritivo, o narrativo, o argumentativo e o expositivo –, que correspondem, respectivamente, às ações de descrever, narrar, argumentar e expor, lembrando que a classificação de um texto num desses tipos textuais se dá pela dominância e não pela exclusividade.

■ **Descrever**: é fazer um retrato de algo, seja ser animado, seja inanimado. Nas descrições, ao contrário das narrações, não há temporalidade. Enquanto a narração pode ser comparada a um filme, por haver sucessão de acontecimentos, a descrição pode ser comparada a uma fotografia, na medida em que congela aquilo que se descreve no tempo.

■ **Narrar**: é contar algo, verdadeiro ou não. O que caracteriza a narração é a sucessão de acontecimentos encadeados. Toda narrativa se desenvolve no tempo, isto é, há um antes e depois. Os acontecimentos também se relacionam por causa e consequência.

■ **Argumentar**: é levar o enunciatário a aderir a um ponto de vista por meio de argumentos logicamente encadeados. Na argumentação o enunciador exerce um *fazer-crer*, na medida em que visa convencer o enunciatário. Em muitos textos argumentativos, além de exercer um *fazer-crer*, o enunciador exerce um *fazer-fazer*, isto é, ele visa persuadir o leitor a realizar algo, como é comum nos textos da esfera publicitária.

■ **Expor**: é transmitir saberes. No texto expositivo, o enunciador pressupõe que o enunciatário não sabe X e, pelo texto, visa fazer com que o enunciatário saiba X.

Todo texto é marcado pela intencionalidade (revisite o Capítulo 5 e leia o que dissemos sobre isso). De forma ampla, a distinção que se faz entre texto descritivo, narrativo, argumentativo e expositivo está relacionada à intencionalidade. Evidentemente, as diferenças entre esses quatro tipos de textos se manifestam também no componente gramatical.

CAPÍTULO 7

CONCISÃO, CLAREZA E CORREÇÃO

7.1 Introdução

Como temos insistido, a comunicação humana se dá por meio de textos e não por frases isoladas. Neste capítulo, trataremos de alguns fatores que favorecem a produção de textos bem formados.

Os textos, como vimos, resultam da superposição de dois planos, um conteúdo e uma expressão que o manifesta. A expressão, nos textos verbais, se dá pela língua. Tratamos, neste Capítulo 7, de recursos que contribuem para uma melhor expressão, lembrando que pelo plano da expressão se chega ao conteúdo dos textos.

Estudaremos alguns procedimentos que podem ser rotulados de "qualidades do texto", na medida em que favorecem a legibilidade. Paralelamente, trataremos de alguns problemas que interferem na legibilidade, que chamaremos de "defeitos do texto".

Os procedimentos que favorecem a legibilidade são a concisão, a clareza e a correção, e são considerados qualidades dos textos. Os que interferem na legibilidade são a prolixidade, a ambiguidade, a obscuridade, considerados defeitos dos textos, devendo, portanto, ser evitados.

7.2 Qualidades dos textos

São qualidades dos textos a concisão, a clareza e a correção. Veremos cada uma delas a seguir.

7.2.1 Concisão

O dicionário Houaiss define concisão como a qualidade ou característica do que é conciso (obra ou autor). Conciso é assim definido no Houaiss: "reduzido ao essencial; em poucas palavras (diz-se de escritos, ideias, discurso etc.); preciso, resumido".

Ao exprimir um dado conteúdo, pode ocorrer que se usem mais palavras do que o necessário; menos palavras do que o necessário; ou o número necessário de palavras. No primeiro caso, falou-se demais, ficou-se dando voltas, não se foi objetivo. No segundo, falou-se de menos. Nesse caso, quem lê fica com a sensação de que está faltando algo e, dessa forma, a legibilidade do texto fica comprometida.

Um texto que se vale de mais palavras que o necessário para exprimir uma ideia é um texto prolixo. Um que use menos palavras que o necessário é um texto obscuro. Um que usa um número de palavras estritamente necessário para exprimir uma ideia é um texto conciso.

A prolixidade e a obscuridade são consideradas defeitos dos textos; a concisão (e também a clareza), ao contrário, uma qualidade. Isso significa que, de modo geral, a prolixidade e a obscuridade devem ser evitadas e a concisão (e também a clareza) deve ser buscada. Concisão e prolixidade, assim como clareza e obscuridade, estão em polos opostos, sendo a concisão e a clareza positivas e a prolixidade e a obscuridade, negativas. Mas vamos nos ater, por ora, à concisão.

O escritor brasileiro Graciliano Ramos, que é um exemplo de autor que se vale de uma prosa enxuta e direta, mesmo em textos da esfera interpessoal, dá-nos a seguinte lição de como escrever:

> Deve-se escrever da mesma maneira como as lavadeiras lá de Alagoas fazem seu ofício. Elas começam com uma primeira lavada, molham a roupa suja na beira da lagoa ou do riacho, torcem o pano, molham-no novamente, voltam a torcer. Colocam o anil, ensaboam e torcem uma, duas vezes. Depois enxáguam, dão mais uma molhada, agora jogando a água com a mão. Batem o pano na laje ou na pedra limpa, e dão mais uma torcida e mais outra, torcem até não pingar do pano uma só gota.
>
> Somente depois de feito tudo isso é que elas dependuram a roupa lavada na corda ou no varal, para secar. Pois quem se mete a escrever devia fazer a mesma coisa. A palavra não foi feita para enfeitar, brilhar como ouro falso; a palavra foi feita para dizer.
>
> (Graciliano Ramos, em declaração a uma entrevista em 1948.)

Como bem destaca o autor alagoano, ao escrever devemos atentar sempre para o fato de que as palavras devem ser usadas para dizer algo e não para enfeitar o texto ou para mostrar erudição. Veja a seguir um exemplo de linguagem concisa.

O trecho é o início do conto *Lisetta*, de António de Alcântara Machado. Observe como o autor vai direto ao assunto, sem rodeios, com economia de palavras e frases curtas e diretas, obtendo com isso um texto conciso.

> Quando Lisetta subiu no bonde (o condutor ajudou) viu logo o urso. Felpudo, felpudo. E amarelo. Tão engraçadinho.
> Dona Mariana sentou-se, colocou a filha em pé diante dela.
> Lisetta começou a namorar o bicho. Pôs o pirulito de abacaxi na boca. Pôs, mas não chupou. Olhava o urso. O urso não ligava. Seus olhinhos de vidro não diziam absolutamente nada. No colo da menina de pulseira de ouro e meias de seda parecia um urso importante e feliz.
>
> (MACHADO, 2001, p. 48)

Não se deve confundir, no entanto, concisão com superficialidade. Veja a propósito o que diz William Strunk Jr., em seu livro *The Elements of Style*:

> Uma frase não deve conter palavras desnecessárias assim como um parágrafo não deve conter frases desnecessárias, pela mesma razão que uma pintura não deve ter linhas desnecessárias e uma máquina não deve ter peças desnecessárias.
> Isso não significa que o escritor deva apenas criar frases curtas, evitar todos os detalhes ou tratar dos assuntos superficialmente, mas significa que cada palavra deve dizer algo.
>
> (STRUNK JR., 2000, p. 32)

7.2.1.1 Concisão e gramática

Alguns procedimentos linguísticos ajudam a tornar os textos mais concisos. Comentamos a seguir alguns deles:

- **Uso de orações reduzidas:** no período composto por subordinação, a oração subordinada pode aparecer na forma desenvolvida, isto é, introduzida por um conectivo, ou na forma reduzida. Nesse caso, não será introduzida por conectivo e apresentará verbo em uma das formas nominais: infinitivo, gerúndio e particípio. Substituir uma oração desenvolvida por uma reduzida é uma forma de "economizar" palavras, tornando assim o enunciado mais conciso.

- **Uso de elipses:** elipse é a omissão de um termo facilmente recuperado na frase, ou porque está implícito na desinência do verbo, ou porque foi mencionado anteriormente. A omissão de palavras que podem ser subentendidas, desde que não interfira na clareza, é uma forma de obter concisão. Veja como o Padre Vieira torna o enunciado enxuto. O termo *o tempo*, que aparece na primeira oração, é omitido nas demais: "Tudo cura o tempo, tudo faz esquecer, tudo gasta, tudo digere, tudo acaba" (*Sermão da Quinta Dominga da Quaresma*). Note ainda que a repetição do pronome *tudo* tem valor expressivo, contribuindo para a força argumentativa do enunciado.

- **Uso de construções simples no lugar das perifrásticas:** em vez de usar uma expressão formada de verbo (*fazer, tecer, dar, registrar* etc.) seguido de substantivo que funciona como complemento do verbo, é mais econômico usar um verbo do mesmo radical do substantivo, por exemplo, pode-se trocar *registrar uma observação* e *fazer uma pergunta* por *observar, perguntar*, respectivamente. Em vez de *dar uma opinião*, pode-se dizer *opinar*; em vez de *tecer um comentário*, pode-se dizer *comentar*.

- **Evitar redundâncias:** redundância tem a ver com o que é excessivo, com o que está a mais. O uso de redundâncias implica, portanto, prolixidade.

São exemplos de redundâncias os pleonasmos e as tautologias. Pleonasmo é a repetição desnecessária de uma ideia. Em expressões "como foi dito anteriormente", "há dois anos atrás", "projetos para o futuro", "protagonista principal", "exportar para fora" e "panturrilha da perna", os termos *anteriormente, atrás, para o futuro, principal, para fora* e *da perna* estão constituindo pleonasmos e podem, portanto, ser eliminados sem prejuízo algum ao sentido. É preciso observar, no entanto, que certas expressões que, levando em conta sua origem, poderiam ser consideradas pleonasmos deixaram de sê-lo na medida em que houve alterações de sentido, de sorte que os falantes não mais identificam a redundância. É o caso de expressões como "jornal diário", "pequeno detalhe" e "bela caligrafia".

A tautologia consiste em se dizer uma mesma coisa por meio de outras palavras. Costuma aparecer com alguma frequência em textos argumentativos. Na verdade, trata-se de um falso argumento. Algumas pessoas fazem uso de tautologias para sustentar um ponto de vista quando não têm argumentos consistentes.

Quando alguém diz, por exemplo, "fumar é prejudicial à saúde, porque prejudica o organismo", tem-se uma tautologia. Nesse caso, não se está apresentando nenhum argumento que justifique a afirmativa de que fumar é prejudicial à saúde. Na verdade, aquilo que seria a justificativa ("porque prejudica o organismo") repete com outras palavras o ponto de vista que se quer demonstrar.

Veja outros exemplos de tautologia:

Ele morreu porque deixou de viver.
O atleta foi o primeiro colocado porque chegou em primeiro lugar.
O Brasil é pentacampeão mundial de futebol porque ganhou a Copa do Mundo cinco vezes.
O ouro é valioso porque tem muito valor.

Lembramos que nem toda repetição deve ser considerada um problema de redação. Em muitos casos repete-se intencionalmente, enfatizando uma ideia, quase sempre com finalidades argumentativas. Quando alguém diz, argumentando, "guerra é guerra", o que, em princípio, se configuraria num argumento circular (definir uma coisa por ela mesma) tem grande força expressiva (e argumentativa) na medida em que num enunciado extremamente conciso traduz uma ideia que obrigaria o uso de mais palavras para ser expressa, qual seja a de que na guerra certos valores, regras e condutas costumam ser ignorados ou não respeitados, ou ainda, em situações de guerra (e por extensão de conflitos), as pessoas não se sujeitam às normas de situações não conflitantes. Exemplo semelhante ao "guerra é guerra" foi o *slogan* "não é não", usado por mulheres brasileiras durante o carnaval numa campanha de combate ao assédio sexual.

Capítulo 7. Concisão, clareza e correção **153**

Encerrando nossas considerações sobre concisão, exemplificamos como se pode "enxugar" um enunciado, observando os procedimentos apontados.

Assim que encerrou a aula, o professor disse que ele tinha planejado para a próxima aula responder a todas as perguntas que os alunos tinham feito antes, porque as perguntas dos alunos eram muitas.

Eliminando o desnecessário, teríamos:

Encerrada a aula, o professor disse que planejara para a próxima responder a todas as perguntas, porque eram muitas.

Das 34 palavras (na verdade 33, pois *assim que* é uma locução conjuntiva e deve ser contada como uma palavra e não duas), na reescrita ficaram 19. Uma bela enxugada. O que fizemos?

Transformamos a oração desenvolvida "Assim que encerrou a aula" em uma reduzida "Encerrada a aula". Substituiu-se o tempo composto "tinha planejado" pelo tempo simples "planejara", além de se omitir o sujeito "ele". Omitiu-se ainda o substantivo "aula" depois de "próxima", porque foi mencionado anteriormente e por isso pôde ficar implícito. Eliminou-se a oração "que os alunos tinham feito antes" por ser redundante. Na última oração, a expressão "as perguntas dos alunos" nada acrescenta, é redundante, por isso pôde ser suprimida sem prejuízo algum ao sentido.

7.2.2 Clareza

Clareza diz respeito à inteligibilidade do texto. Inteligível é o mesmo que compreensível. Um texto é claro quando o leitor ou ouvinte consegue entendê-lo sem grandes dificuldades.

Clareza se opõe a obscuridade, que, como vimos, é um defeito dos textos. A ausência de clareza só se justifica quando não se quer que o texto seja de fato entendido pelo leitor comum. Textos esotéricos são intencionalmente pouco claros, na medida que se objetiva que a mensagem seja inteligível apenas para alguns iniciados.

Se um dos objetivos do texto é permitir a comunicação entre pessoas, a clareza é essencial para que esse objetivo seja alcançado. Você deve lembrar que, no Capítulo 5, falamos que um dos fatores de textualidade é a aceitabilidade. Para que um texto seja aceito pelo destinatário, é preciso que ele seja claro.

Lembre-se ainda de que, quando definimos texto, destacamos que ele resulta da superposição de uma expressão (linguística, nos textos verbais) a um conteúdo. Para se produzir um texto inteligível, não basta, portanto, que se tenham ideias claras; é preciso expressá-las com clareza para que o leitor ou o ouvinte possa construir o sentido pretendido.

A clareza não decorre de um único fator (por exemplo, pontuar adequadamente ou usar um vocabulário apropriado); pelo contrário, resulta da convergência de diversos fatores. Um texto é claro quando suas partes estão bem amarradas, portanto a coesão é fator que contribui para clareza.

Um texto em que o autor fica dando voltas, fugindo do assunto, ou, para usar expressão popular, "fica enchendo linguiça", atenta contra a clareza; portanto, a falta de concisão também prejudica a clareza.

Se no início do texto se diz uma coisa e, no parágrafo seguinte, se diz o contrário sem que haja justificativa alguma, tem-se uma incoerência, o que prejudica a inteligibilidade. O leitor certamente perguntará: mas o que ele quis de fato dizer? Portanto, a falta de coerência interfere na clareza.

Em síntese: concisão, coerência e coesão são fatores que contribuem para a clareza dos textos. Ao contrário, a ausência delas pode tornar o texto obscuro.

7.2.2.1 Clareza e gramática

Do ponto de vista gramatical, interferem na clareza:

- problemas de construção de frases;
- pontuação problemática;
- ambiguidades;
- mau emprego de palavras;
- vocabulário rebuscado.

Observe que a falta de clareza pode resultar de aspectos sintáticos (problemas de construção de frases e pontuação problemática) ou semânticos (mau emprego de palavras; vocabulário rebuscado). Ambiguidades podem resultar da forma como a frase está construída (ambiguidade sintática) ou do emprego de palavras que possibilitam dupla leitura (ambiguidade lexical ou semântica). A ambiguidade será tratada adiante, no tópico 7.3.2.

Os problemas mais comuns na construção de frases ocorrem ao iniciar uma frase e não concluí-la, deixando, por exemplo, o verbo sem complemento. Isso acontece, sobretudo, quando se opta por períodos muito longos. Começa-se uma frase, normalmente por uma oração principal, acrescenta-se a ela uma oração subordinada, depois uma subordinada para a subordinada e se acaba esquecendo de concluir a principal. Por isso, deve-se tomar cuidado redobrado quando se opta por períodos muito extensos, encaixando uma oração dentro da outra. Períodos muito longos, mesmo que não apresentem problemas relativos à construção sintática, exigem por parte do leitor maior esforço cognitivo para processá-lo, interferindo na clareza. É comum o leitor chegar ao final deles e não ter mais retido na memória o que foi dito no início, como se pode observar no exemplo que segue.

> Aos primeiros sorrisos longínquos da minha terra na curva azul de sua enseada o vapor me aproximava rapidamente destas doces plagas, onde minha mãe me embalou o primeiro e meus filhos me velarão, talvez, o último sono, vendo perdurar-se do céu e estremecer para mim o ninho onde cantou Castro Alves, verde ninho murmuroso de eterna poesia debruçado entre as ondas e os astros, parecia-me que a saudade, amado fantasma evocado pelo coração, me estendia os braços de toda a parte no longo amplexo do horizonte.
>
> (BARBOSA, *apud* LEITE, 2006, p. 188)

Opte, portanto, por períodos curtos, preferentemente em ordem direta, ou seja, primeiro enuncie o sujeito, depois o verbo e, por fim, os complementos.

O uso adequado de sinais de pontuação, particularmente a vírgula, ajuda muito a tornar os textos claros, na medida em que esses sinais orientam a leitura, indicando, entre outras coisas, termos fora da ordem normal, bem como termos que se intercalam entre outros, quebrando a sequência lógica da frase.

Dissemos que pontuação se relaciona à sintaxe, ou seja, ela permite a quem escreve mostrar ao leitor como a frase se estrutura. Do ponto de vista do leitor, a pontuação facilita a construção do sentido.

O mau emprego de palavras e vocabulário rebuscado dizem respeito a aspectos lexicais. No primeiro caso, a clareza pode ser comprometida quando se emprega uma palavra no lugar da outra, muitas vezes, com sentidos opostos. Por isso, deve-se ter toda a atenção com os parônimos.

◇ **Parônimos** são palavras parecidas na grafia ou na pronúncia, mas de significados diferentes, como retificar (= corrigir) e ratificar (= confirmar).

A troca de uma locução por outra também é um fator que prejudica a clareza do texto, pois pode levar o leitor à construção de um sentido não pretendido por aquele que escreveu. Um exemplo, sempre observado, consiste no uso da expressão "de encontro" no lugar de "ao encontro". Veja a diferença.

Ao encontro (rege a preposição de) significa "a favor de", "na direção de".
Essas atitudes vão ao encontro do que eles pregam.
Ao desembarcar, Gabriela foi ao encontro do marido.

De encontro (rege a preposição a) significa "contra", "em choque com".
Sua atitude veio de encontro ao que eu esperava.
As ideias dela vêm de encontro às minhas.

Observe essa notícia publicada na imprensa:

O Cesar Sampaio vem de encontro a minha personalidade como pessoa, meu estilo de vida. É um homem honesto, bem intencionado, e que gosta do Palmeiras. Ele veio de encontro com [o] que nós estávamos precisando. Foi uma tacada muito boa nossa.

(PADEIRO, PRATES, 2021.)

A fala do dirigente palmeirense apresenta um problema sério de redação, decorrente do mau uso de uma expressão. Ao usar *de encontro* no lugar de *ao encontro*, o dirigente disse o contrário do que pretendia dizer.

A intenção era dizer que Cesar Sampaio é, como o dirigente, uma pessoa honesta, bem-intencionada e que gosta do Palmeiras, mas o que efetivamente disse é que Cesar Sampaio não é como ele, uma pessoa honesta, bem-intencionada e que gosta do Palmeiras, mas o contrário disso. O que era para ser um elogio acabou sendo uma crítica.

Sobre o rebuscamento, chamamos a atenção para o fato de que, embora ele possa também se manifestar no componente sintático, quando se abusa de uma sintaxe marcada por inversões bruscas, é mais comum que se manifeste na escolha das palavras, por isso falamos em vocabulário rebuscado e não em sintaxe rebuscada.

Vocabulário rebuscado relaciona-se quase sempre ao emprego de palavras pouco usadas, muitas delas já em desuso, e, portanto, desconhecidas ao leitor, prejudicando a inteligibilidade. A não compreensão do sentido de uma palavra, em muitos casos, pode levar o leitor a não entender a frase toda.

Há pessoas que gostam de colocar nos textos palavras "difíceis" já sabendo que o leitor não vai saber o significado delas. Por que fazem isso? Quase sempre é para impressionar, para mostrar erudição. Esse tipo de estratégia acaba, frequentemente, produzindo efeito contrário, pois passa a imagem de pessoa arrogante, que quer se mostrar superior. Ademais, agindo assim, acaba não cumprindo a finalidade essencial de todo texto, que é dizer algo a alguém de forma clara e objetiva.

Quando, neste capítulo, tratamos de concisão, chamamos a atenção para o fato de que as palavras devem ser usadas para dizer algo e não para enfeitar o texto ou para mostrar erudição.

7.2.3 Correção

O termo "correção" aplicado à qualidade dos textos normalmente remete a aspectos gramaticais. Por isso, nos critérios de avaliação de redações de exames vestibulares e de concursos em geral, sempre se menciona como um dos quesitos de avaliação a correção gramatical, entendida como ausência de erros de gramática, como os de concordância, regência, flexão de palavras, ortografia etc.

Como vimos no Capítulo 2, o conceito de linguagem correta não é absoluto, ou seja, não há uma linguagem correta, de sorte que qualquer outra que não siga uma norma preestabelecida será considerada errada. Naquela ocasião, destacamos que a língua se caracteriza pela variação, por isso é melhor dizer linguagem adequada do que linguagem correta.

Quando o manual de algum exame ou concurso fala em correção gramatical, devemos entender que está se referindo à adequação da linguagem à chamada norma culta. Os textos que circulam no mundo acadêmico, como já assinalamos, devem ser redigidos na norma culta, o que significa que, em sua produção, deverão ser respeitadas as convenções dessa norma no que se refere à concordância, à regência, à flexão, à grafia das palavras etc. Remetemos o leitor para o Capítulo 2, em que fizemos a distinção entre norma culta e norma-padrão.

Há desvios da norma culta que interferem na clareza do texto. Suponha a seguinte situação: Patrícia, que é casada com Ivan, envia uma mensagem a uma amiga, para comentar que Ivan passou, no período da noite, na casa de Luciana para devolver o livro que esta lhe havia emprestado. Numa mensagem curta, como aquelas enviadas via WhatsApp, escreve: "Meu marido passou a noite na casa da Luciana".

Da forma como está redigida a mensagem, a amiga de Patrícia poderá concluir que Ivan tem um caso extraconjugal com Luciana, que Ivan é infiel, que Ivan é adúltero.

Patrícia não se exprimiu com clareza, quis dizer uma coisa e acabou dizendo outra. Isso aconteceu por um problema de correção gramatical, pois as gramáticas estabelecem que, em expressões adverbiais formadas por palavras femininas (*à noite*, *à tarde*, *à vista*, *à procura* etc.), deve-se usar o acento grave (`). Para dizer o que pretendia, Patrícia deveria assim redigir sua mensagem: "Meu marido passou à noite na casa da Luciana" ou "Meu marido passou no período da noite na casa da Luciana".

Chamamos a atenção para o fato de que não são todos os problemas relativos à correção gramatical que comprometem a clareza. Se alguém escreve pesquiZa (com Z) em vez de pesquiSa (com S) comete um erro gramatical, no entanto, o leitor não terá problemas para construir o sentido por causa desse erro. Nesse caso, o desvio, embora não interfira no sentido da mensagem, passa uma imagem de pessoa desleixada (não revisou o texto, por exemplo) ou com problemas de letramento. Há casos, no entanto, em que o erro na grafia é proposital, muitas vezes cometido com valor irônico, como

Capítulo 7. Concisão, clareza e correção **159**

o caso de um jornalista que, quando se referia a um político que vivia tropeçando na gramática, escrevia "çábio" (assim mesmo, com ç). Nesse caso, não há que se falar em erro.

7.3 Defeitos de um texto

Apontamos como defeitos dos textos e que, portanto, devem ser evitados, a prolixidade, a ambiguidade e a obscuridade. Esta última já foi comentada quando tratamos da clareza. Nos itens que seguem, trataremos da prolixidade e da ambiguidade. Falaremos ainda da cacofonia que, embora não interfira na legibilidade, provoca estranhamento no destinatário do texto, na medida em que produz sons nada agradáveis.

7.3.1 Prolixidade

Prolixidade é o contrário de concisão. Ser prolixo é usar palavras demais para exprimir uma ideia, é ser incapaz de sintetizar, o que configura falta de objetividade. Veja que a ideia de prolixidade como um defeito fica patente quando constatamos que se usam as palavras *verborragia* e *verborreia* como sinônimas de prolixidade.

A principal causa da prolixidade é a redundância. Othon Moacyr Garcia, em seu livro *Comunicação em prosa moderna*, referindo-se à redundância (e, por extensão, à prolixidade), diz que ela "consiste não apenas em explicitar em demasia, em detalhar superfluamente, em acrescentar ideias já claramente expressas (pleonasmo propriamente dito), ou implicitamente subentendidas, logicamente dedutíveis, mas também em sobrecarregar a frase com adjetivos e advérbios, com acumulação de sinônimos e repetição de palavras sem qualquer efeito enfático" (GARCIA, 1989, p. 286 e 287).

O exemplo que segue se caracteriza pela prolixidade.

Quando terminou a palestra, o orador, ou seja, aquele que estava falando, comentou que tinha respondido com clareza, isto é, de modo claro, a todas as perguntas e indagações que os ouvintes presentes na palestra tinham feito a ele, orador, porque ele tinha se preparado extremamente muito bem para o evento que todos os presentes na palestra estavam aguardando.

Observe o que torna esse texto prolixo:

- Explicações desnecessárias como "aquele que estava falando" e "de modo claro".

- Repetições como "de modo claro" (já foi dito que respondeu com clareza) e "indagações", que é o mesmo que "perguntas", que aparece antes.

- O advérbio "extremamente" também é redundante, assim como "que todos os presentes na palestra estavam aguardando".

Pode-se enxugar o texto, tornando-o conciso com a seguinte redação:

Terminada a palestra, o orador comentou que respondera com clareza a todas as perguntas, porque se preparara muito bem para o evento.

7.3.2 Ambiguidade

Ocorre ambiguidade sempre que um enunciado comportar mais de um sentido e, portanto, mais de uma leitura. Ressaltamos que, assim como a repetição de palavras, nem toda ambiguidade é um problema do texto; pelo contrário, em muitos casos, o enunciador intencionalmente constrói o texto para que ele possa ter mais de uma leitura. É o que ocorre, por exemplo, em textos poéticos, humorísticos e publicitários. No Capítulo 3, apresentamos, na atividade 5, um pequeno texto que dizia "Meu terapeuta disse: 'Escreva carta para as pessoas que odeia e as queime.' Fiz isso e agora não sei o que fazer com as cartas". Nesse caso, a ambiguidade não é um defeito do texto. Ela é intencional. O duplo sentido cria um efeito de sentido de humor.

Nos casos em que a pluralidade interfere na clareza, a ambiguidade passa a ser um problema. Veja esse enunciado que apareceu numa postagem no Facebook:

ESTOU INDIGNADO!
O FACEBOOK REMOVEU DUAS PÁGINAS COM FOTOS QUE EU PUBLIQUEI PARA QUE NINGUÉM VISSE.

Há algo estranho no *post*. Da forma como está redigido, admite dupla leitura:

a) a pessoa postou fotos, mas não queria que os usuários da rede social vissem o que foi publicado; e

b) o Facebook removeu duas páginas que a pessoa publicou para que os usuários não vissem as páginas e, por extensão, as fotos nelas publicadas.

Nesse caso temos um exemplo de ambiguidade sintática, já que "para que ninguém visse" pode estar se referindo a "publiquei" [(eu) publiquei as fotos para que ninguém visse] ou a "removeu" [(o Facebook) removeu para que ninguém visse].

É quase certo que quem postou pretendeu expressar o sentido apontado em *b*, já que o exposto em *a* apresentaria uma contradição: se a pessoa não queria que vissem as fotos, por que as publicaria no Facebook?

Eliminar a oração "para que ninguém visse" não só resolveria o problema da ambiguidade, tornando claro que o sentido é o expresso na letra *b*, como ainda tornaria o texto mais conciso, já que essa oração é desnecessária.

Veja outro exemplo, também colhido numa rede social (desta vez, o Twitter):

Hoje peguei um motorista de aplicativo evangélico que o tempo todo quis me doutrinar.

Também aí há um problema que interfere na clareza do tuíte, pois a posição que o adjetivo *evangélico* ocupa na frase possibilita que seja lido como uma característica do aplicativo e não do motorista.

Evangélico é um atributo do motorista e não do aplicativo, mas da forma como o tuíte está redigido gera um ruído. O melhor seria colocar o adjetivo *evangélico* junto a *motorista* para deixar claro que este é evangélico e não o aplicativo. Deveria ser redigido assim:

Hoje peguei um motorista evangélico de aplicativo que o tempo todo quis me doutrinar.

7.3.3 Cacofonia

A palavra *cacofonia* resulta da composição de dois elementos de origem grega: *caco* (= mau) e *fono* (= som, voz). Dizemos que ocorre cacofonia (ou cacófato) quando, da junção de uma palavra com a que segue, ou da sílaba final de uma palavra com a inicial da seguinte, resulta uma palavra obscena, imprópria ou ridícula, como se pode observar nos exemplos a seguir:

"Que sentes ao ouvir o *nosso hino*? *Nosso hino*? Cacófato! Serei eu um cacófato vicioso nesse concerto público?"

(Erico Verissimo)

Essa atitude, *como a concebo*, carece de fundamento.

Não se esqueça de colo*car alho* no arroz.

···········

TEXTO COMENTADO

Viu-o descer do trem que chega da capital às dez da manhã. Deteve-se nas escadarias da estação, um pouco desorientado; perguntou para que lado ficava o rio. Às seis nos encontramos. Combinamos por telefone. Sou Emilio Renzi, diz-me. Viajou para Concordia especialmente. Senhor Tardowski. Tardewski, digo-lhe. Pronuncia-se Tardewski, com acento na segunda vogal. Explico-lhe como chegar ao clube, como me encontrar, e me despeço. Muito prazer etc. Quem estava falando com você?, pergunta Elvira. Um sobrinho do professor. Veio buscar uns papéis que ficaram aqui, digo-lhe. Ela não acredita em mim. É difícil dizer a verdade quando se abandonou a língua materna. Tenha cuidado, por favor, não se meta, diz ela. Seus olhos de uma claridade líquida, são realmente extraordinários. Claridade líquida? Uma das primeiras coisas que se perde ao mudar de idioma é a capacidade de descrever. Que não me meta? O que ele veio fazer aqui?, pergunta ela. Quem?, digo. Esse rapaz, o que ele veio fazer aqui, pergunta ela. É simples; o professor resolveu fazer uma viagem. Falou com o sobrinho, disse-lhe que viesse. É possível, digo-lhe, que o professor volte hoje. Então, Elvira pediu-me que não mentisse. Não minta, disse. Por favor, não minta para mim.

(PIGLIA, 2010, p. 92)

Trata-se de uma sequência narrativa em 1ª pessoa, como atestam as formas verbais e pronominais: *nos encontramos, combinamos, explico, me encontrar, me despeço* etc., cuja característica marcante é a concisão: nada de rodeios. O narrador vai direto ao ponto, economizando palavras, num estilo seco, minimalista, na medida em que reduz ao mínimo a linguagem. Nada de enfeites. Chama a atenção o fato de não narrar certas coisas porque estão pressupostas e narrá-las seria desperdiçar palavras, portanto.

Chega ao máximo de enxugamento quando, ao narrar a despedida após o encontro, dizer apenas "Muito prazer etc.". Este *etc.* está aí substituindo palavras que são simplesmente convencionais nesse tipo de situação e cuja carga informativa é baixíssima. Se essas palavras não dizem praticamente nada, se são apenas formas protocolares, o narrador preferiu abrir mão delas em favor de um estilo mais seco.

Observe que a concisão não se restringe à economia de palavras. Há também um enxugamento sintático: períodos curtos, muitos formados por uma única oração: "Às seis nos encontramos", "Combinamos por telefone", por exemplo. Até a fala de personagens em discurso direto não são inseridas em novo parágrafo, como é comum. Veja: *Quem estava falando com você?, pergunta Elvira. Um sobrinho do professor. Veio buscar uns papéis que ficaram aqui, digo-lhe.*

Esse estilo enxuto, conciso tem como consequência trazer ao leitor o essencial do acontecimento que está sendo narrado, na medida em que se despreza o circunstancial. Observe que não há circunlóquios: o trecho tem duas cenas que sucedem como se desenvolvessem aos olhos do leitor, sem que o narrador precisasse explicitar a passagem de uma a outra.

As duas cenas são: a) chegada de Emilio Renzi à estação e sua recepção pelo narrador. Essa cena termina com a despedida de ambos (*me despeço*); e b) diálogo do narrador com Elvira, que começa em *Quem está falando com você?* e se estende até o final. Entre as falas do narrador e de Elvira, intercalam-se reflexões do narrador, o diálogo cede lugar ao monólogo interior: *Seus olhos de uma claridade líquida, são realmente extraordinários. Claridade líquida? Uma das primeiras coisas que se perde ao mudar de idioma é a capacidade de descrever.* Observe que o narrador não usa nenhuma palavra para indicar ao leitor que se não se trata mais de diálogo, e sim monólogo. Não precisou dizer por exemplo: "Fiquei pensando...". O próprio conteúdo do enunciado é suficiente por si só para que o leitor perceba que não se trata de diálogo.

Por fim, observe que essa economia de palavras não prejudicou a clareza, pelo contrário, por ser direto e por ater-se ao essencial o texto é como os olhos de Elvira: de uma claridade líquida.

REVISÃO GRAMATICAL

No Capítulo 1, destacamos que, na utilização da língua, os falantes realizam duas operações:

1. **Seleção:** escolha, dentro de um inventário bastante amplo (o léxico), das palavras que vamos usar; e
2. **Combinação:** arranjo dessas palavras segundo algumas regras (a gramática) e segundo o sentido que pretendemos produzir.

Voltamos a esse assunto para mostrar que as palavras que escolhemos estão agrupadas em classes. Em português, são dez as classes de palavras: *artigo, substantivo, adjetivo, pronome, numeral, verbo, advérbio, preposição, conjunção* e *interjeição*.

Destacamos que o critério adotado para se colocar uma palavra numa determinada classe não é único, havendo mescla de critérios. Por exemplo: quando se diz que o substantivo é a palavra que dá nome aos seres, o critério adotado é o semântico, isto é, classifica-se a palavra a partir de seu sentido. Quando se diz que a preposição é a palavra que relaciona dois termos da oração, o critério adotado é o sintático, isto é, classifica-se a palavra com base na função que ela exerce na oração. Quando se afirma que o verbo é uma palavra variável em tempo, modo, pessoa, número e voz, estamos levando em conta as flexões que a palavra pode apresentar; nesse caso, o critério adotado é o morfológico.

Em razão disso, ao classificar uma palavra, deve-se estar atento a mais de um critério, sempre observando o contexto em que a palavra aparece, uma vez que ela poderá mudar de classificação dependendo do contexto. Leia as frases a seguir:

Os portugueses chegaram ao Brasil em 1500.

Os azeites portugueses são reconhecidos pela sua excelente qualidade.

Capítulo 7. Concisão, clareza e correção **165**

Na primeira, *portugueses* é substantivo, pois dá nome a um ser: pessoas nascidas em Portugal ou que adotaram a cidadania portuguesa. Na segunda, *portugueses* é adjetivo, pois se refere ao substantivo *azeites*, caracterizando-o. No caso, indicando procedência ou origem.

Veja outro exemplo:

Cidade muda não muda.

Essa frase apareceu num cartaz durante uma manifestação de rua. Uma mesma sequência de letras (m-u-d-a) remete a classe gramaticais diferentes e, o que é mais significativo, a sentidos diferentes. O primeiro *muda* é um adjetivo e caracteriza o substantivo cidade; o segundo é uma forma verbal (3ª pessoa do singular do presente do indicativo do verbo *mudar*). Enfim, com o cartaz se pretendeu justificar a manifestação ao afirmar que, se a população não se manifesta (fica muda), as coisas ficarão como estão (a cidade não mudará).

A língua é bastante complexa, por isso seu estudo não deve se restringir a um único aspecto. Estudar gramática implica aprender como a língua se organiza em níveis diferentes (fonológico, morfológico, sintático e semântico). Esse conhecimento é fundamental para que você possa usá-la com proficiência.

A seguir, apresentamos um quadro-resumo com as dez classes de palavras existentes em português e os critérios semânticos, morfológicos e sintáticos que baseiam essa classificação.

A **semântica** trata do sentido das formas linguísticas; a **morfologia** trata das palavras quanto a sua estrutura e flexão; a **sintaxe** é a parte da gramática que estuda as relações que as palavras mantêm entre si nas frases.

Quadro 7.1 – Classes de palavras em português

Critério / Classe	Semântico	Morfológico	Sintático
Substantivo	Nomeia os seres (pessoas ou coisas) reais ou imaginários.	Flexiona-se em gênero e número.	Funciona como núcleo nominal de um termo da oração.
Adjetivo	Exprime qualidade e estado.	Flexiona-se em gênero e número.	Especifica o núcleo nominal.
Artigo	Define ou indefine o substantivo.	Flexiona-se em gênero e número.	Determina o núcleo nominal.
Numeral	Indica a quantidade ou a ordem dos seres numa série.	Flexiona-se em gênero e número.	Especifica o núcleo nominal ou o substitui.
Pronome	Designa pessoas ou coisas, relacionando-as às pessoas do discurso.	Flexiona-se em gênero, número e pessoa.	Determina um núcleo nominal ou o substitui.
Verbo	Exprime ação, processo ou estado.	Flexiona-se em tempo, modo, número e pessoa.	Palavra que constitui o predicado, podendo ser seu núcleo.
Advérbio	Exprime uma circunstância (tempo, modo, lugar etc.).	Não se flexiona, portanto não aceita morfemas gramaticais.	Modifica um verbo e pode também modificar um adjetivo ou outro advérbio.
Preposição	Estabelece sentido entre palavras (posse, finalidade, origem etc.).	Não se flexiona, portanto não aceita morfemas gramaticais.	Realiza a conexão entre dois termos de uma oração, estabelecendo entre eles relação de dependência.
Conjunção	Estabelece sentido entre orações (adversidade, causa, condição, tempo etc.).	Não se flexiona, portanto não aceita morfemas gramaticais.	Realiza a conexão entre duas orações de um período ou entre partes de um texto.
Interjeição	Exprime emoções e sentimentos súbitos.	Não se flexiona, portanto não aceita morfemas gramaticais.	Não é propriamente uma classe de palavra, uma vez que se trata de uma palavra que equivale a uma frase.

Fonte: TERRA, 2017, p. 70.

Como você deve ter notado, do ponto de vista morfológico, há palavras que têm a mesma propriedade (substantivos e adjetivos, por exemplo, flexionam-se em gênero e número), por isso, para distinguir umas das outras, recorremos a outros critérios. Substantivos diferem--se de adjetivos pelos critérios semântico e sintático.

Quanto à flexão, é importante assinalar que ela pode não ocorrer em todas as palavras de uma classe. Há, por exemplo, adjetivos, substantivos, numerais e pronomes que não se flexionam e existem verbos que não podem ser flexionados em determinada pessoa, tempo ou modo.

Há também classes de palavras que admitem morfemas gramaticais e outras não. Esse é o critério que se adotou para classificar as palavras em variáveis, aquelas que admitem morfemas gramaticais, e invariáveis, as que não admitem.

No quadro colocamos a interjeição como classe de palavra, seguindo o que postula a Nomenclatura Gramatical Brasileira (NGB). No entanto, há gramáticos e linguistas que não a consideram uma classe de palavra, mas um rudimento de frase, sem estrutura sintática. É pela entoação com que é proferida que a interjeição se eleva à categoria de frase.

Certas classes de palavras constituem um inventário aberto, ou seja, o conjunto de palavras dessa classe pode ser ampliado pela criação de novas palavras. São exemplos de classes abertas: o substantivo, o adjetivo, o verbo, o advérbio e a interjeição. Há classes de palavras que constituem um inventário fechado, isto é, o conjunto de palavras pertencentes a essa classe é finito (em geral poucas palavras). Por serem classes fechadas, não são ampliadas por palavras novas, por exemplo, o artigo, o pronome, a preposição e a conjunção.

No Quadro 7.1, destacamos que, do ponto de vista semântico, substantivos são palavras que nomeiam os seres (pessoas e coisas). Os pronomes também podem fazer referência a pessoas e coisas; mas, diferentemente dos substantivos, não as nomeiam, apenas as designam, indicando-as. Os substantivos têm sentido fora de uma frase, o que não ocorre com os pronomes, cujo sentido só é dado pelo contexto.

APLICANDO O CONHECIMENTO

1. O período a seguir foi extraído do livro *Comunicação em prosa moderna*, de Othon Moacyr Garcia. Sua tarefa consistirá em reescrevê-lo a fim de torná-lo conciso.

> Conforme a última deliberação unânime de toda a Diretoria, a entrada, a frequência e a permanência nas dependências deste Clube, tanto quanto a participação nas suas atividades esportivas, recreativas, sociais e culturais, são exclusivamente privativas dos seus sócios, sendo terminantemente proibida, seja qual for o pretexto, a entrada de estranhos nas referidas dependências do mesmo.
>
> (GARCIA, 1989, p. 287)

2. Uma das formas de se obter concisão é trocar uma oração por uma única palavra que expresse a mesma ideia. Por exemplo, trocar uma oração adjetiva por um adjetivo.

   Torne os períodos a seguir mais concisos, substituindo a oração em destaque por uma única palavra.

   a) Formavam-se gotículas *que não se podiam perceber*.
   b) O saber é um bem *que não se pode destruir*.
   c) Tem uma letra *que não se consegue ler*.
   d) Foi uma cena *que não se podia imaginar*.
   e) É uma atitude *que não pode ser compreendida*.

3. Reescreva o enunciado a seguir, tornando-o mais conciso.

> A árvore, oca por dentro, era muito elevada, tinha vinte metros de altura total, do chão ao topo: estava, por essa razão, prestes a cair, daí a instantes, para baixo.

4. No texto a seguir, a palavra *fita* aparece quatro vezes. Nos dois primeiros versos, exerce um papel diferente dos dois últimos. Levando isso em conta, classifique as ocorrências da palavra *fita* nessa trova, indicando a qual classe de palavras pertencem.

> "[...] Não sei se é fato ou se é fita,
> Não sei se é fita ou se é fato,
> O fato é que ela me fita,
> Me fita mesmo de fato. [...]"
>
> (Trova acadêmica cantada pelos estudantes da
> Faculdade de Direito da Universidade de São Paulo)

Capítulo 7. Concisão, clareza e correção **169**

Texto para as atividades 5 e 6.

O calculista das arábias

Um admirador do calculista Beremiz já tinha aprendido quase todas as suas lições matemáticas, só faltava o reconhecimento. Procurou um mercador conhecido e ofereceu seus serviços, mas o homem respondeu que não precisava de calculistas.

(*Almanaque Brasil de cultura popular*. São Paulo, Andreato Comunicação e Cultura, n. 158, jun. 2012).

5. Vimos que um dos procedimentos que conferem coesão aos textos é a anáfora, isto é, a retomada de um termo por outro. Levando isso em conta, que termo é retomado por "o homem"?

6. No texto, o sujeito do verbo *procurar* não vem expresso, mas é possível identificá-lo pelo contexto. Reescreva o texto, expressando por meio de um substantivo quem procurou um mercador e ofereceu seus serviços.

Para a questão 7, leia o trecho a seguir.

Um garoto da redondeza vem sentar-se nos degraus da escada, como aconteceu em outras noites. Não gosta de conversar, mas fica ali, ouvindo prosa alheia. As roupas dele são ordinárias, porém limpas. O garoto tem altivez no olhar, uma espécie de confiança de estar no mundo.

(AQUINO, 2005, p. 12)

7. O substantivo *garoto* aparece duas vezes neste trecho. Em ambas as ocorrências, está precedido de artigo. Explique o uso do artigo nas duas ocorrências.

8. No trecho a seguir, extraído do livro *O filho de mil homens*, de Valter Hugo Mãe, há palavras em que se acrescentou o sufixo –inho(a). Nessas palavras, o sufixo indica diminuição? Justifique.

Quando chovia de mais, sempre alguém acudia à anã. Você tem as telhas no sítio, tem lume, tem arroz que chegue, tem cobertores, a cama não lhe está dura, perguntavam. Você tome um chazinho, faça uma canjinha, cubra o pescocinho, ponha umas botinhas, tranque as janelinhas, tranque as portinhas, durma cedinho, deite-se tapadinha, não se canse.

(MÃE, 2011, p. 22)

9. Hoje é cada vez mais frequente o uso da internet e dos aplicativos disponíveis para interagirmos com pessoas, estabelecimentos comerciais e bancários, instituições, órgãos públicos etc.

Com a crescente expansão da interação via internet, surgiram muitas palavras que antes não existiam. Há também palavras que já existiam, mas que passaram a ter outro significado na internet. Cite algumas.

RECAPITULANDO

Neste capítulo apresentamos alguns procedimentos que podem ser rotulados de "qualidades do texto", na medida em que favorecem a legibilidade, e alguns problemas que interferem na legibilidade, que chamamos de "defeitos do texto".

■ **Concisão:** é uma qualidade dos textos em geral, portanto algo a ser buscado. Concisão se opõe a prolixidade. Ser conciso é ser objetivo, ir direto ao assunto, não fugir do tema. Como se diz na linguagem popular, é não ficar enrolando, é não encher linguiça.

■ **Clareza:** é também uma qualidade dos textos. Clareza está ligada à legibilidade. Um texto é claro quando pode ser compreendido sem que se despenda esforços desnecessários. A clareza é uma qualidade que resulta de outros fatores, tais como a concisão, a coerência e a coesão.

■ **Correção:** é também uma qualidade dos textos. Significa que a linguagem do texto deve ser adequada à situação comunicativa. Nos textos redigidos na norma culta, correção deve ser entendida como correção gramatical, ou seja, deve-se observar as convenções ortográficas, assim como as normas relativas à concordância, à regência, à flexão de verbos e nomes etc.

■ **Prolixidade:** é um defeito dos textos, portanto deve ser evitada. Prolixidade se opõe a concisão, na medida em que decorre de um excesso de linguagem, ou seja, de se usarem mais palavras que o necessário para transmitir uma ideia. As redundâncias, os pleonasmos e as tautologias são fatores que acarretam prolixidade.

Capítulo 7. Concisão, clareza e correção **171**

■ **Ambiguidade:** deve ser entendida como um defeito do texto quando interfere na clareza. Um texto ou uma frase apresentarão ambiguidade quando possibilitarem mais de uma leitura. Há textos em que o uso da ambiguidade é intencional; é o que ocorre, por exemplo, em textos poéticos e humorísticos. Nesse caso, a ambiguidade não constitui defeito.

CAPÍTULO 8

LÉXICO, PALAVRA E SENTIDO

8.1 Introdução

Até esse momento, vimos que a língua apresenta dois componentes:

a) uma gramática, entendida como um conjunto de regras que permite aos falantes combinar as palavras para formar frases, que, por sua vez, formam textos; e

b) um léxico, o conjunto de todas as palavras de uma língua à disposição dos falantes num dado momento.

Quando tratamos dos textos verbais, destacamos que o plano do conteúdo apresenta uma sintaxe e uma semântica. Quanto à semântica do discurso, chamamos sua atenção para os temas e para as figuras, que são expressos por palavras.

Neste Capítulo 8, trataremos especificamente do léxico, ou seja, das palavras a que recorremos para manifestar tanto os temas quanto as figuras que, como vimos, formam cadeias que garantem a continuidade de sentido e, em razão disso, sua coerência. Consequentemente, o estudo do léxico assume papel relevante, razão pela qual dedicamos um capítulo inteiro a isso.

É impossível a qualquer falante ter o conhecimento completo do léxico, porque, além de se tratar de um conjunto muito extenso, está em constante renovação. Palavras novas surgem para designar coisas e conceitos igualmente novos, como *cibercriminoso*, *tecnobrega*, *ciclofaixa*, *uberização*, *motociata*, *instagramável* etc. Por outro lado, há palavras que deixam de ser usadas, como *chofer*, *reclame*, *desquite*, *mata-borrão*, *mimeógrafo* etc. Há, ainda, palavras que acabam adquirindo significados novos, como *laranja*, quando usada para designar pessoa que se presta a acobertar transação financeira ilícita.

173

Outras têm seu sentido alargado, como *quarentena*, cujo sentido primeiro estava ligado ao numeral *quarenta*. Antes, usava-se a palavra *quarentena* para se referir ao período de 42 dias de isolamento de pessoas ou mercadorias provenientes de regiões e lugares onde havia epidemias de doenças contagiosas. Hoje, a palavra *quarentena* é empregada para designar qualquer período de isolamento como na frase: "Pessoas provenientes de países afetados pelo vírus deverão ficar de quarentena por sete dias".

Algumas palavras são criadas dentro da própria língua, como *terceirização*; outras são importadas de outras línguas e acabam se incorporando ao nosso idioma, na forma original, como *hashtag, spoiler, mouse, shopping center, hacker, startup, delivery, selfie, fake news* etc. ou aportuguesadas, de que são exemplos, *escâner, literacia, sanduíche, chique* etc. Em outros casos, há uma hibridização em que o componente estrangeiro se junta a um elemento já usado em português para formar palavras, como é o caso da palavra *gamificação*, utilização de elementos de jogos (*games*) para melhorar o aprendizado, e *cybercafé*, estabelecimento que serve café e dispõe de aparelhos para que os usuários acessem a internet.

Como o léxico é o conjunto de palavras de uma língua, temos de iniciar o estudo do léxico pela definição de palavra. É o que faremos no tópico a seguir.

8.2 Palavra

Vimos que, ao produzir enunciados, selecionamos palavras do léxico e as combinamos segundo algumas regras, a gramática da língua. Como o léxico é o conjunto de palavras de uma língua, temos de definir o que é palavra. Não é tarefa fácil, por isso recorremos a uma analogia.

Santo Agostinho, referindo-se ao tempo, diz: "O que é o tempo, então? Se ninguém me perguntar, eu sei; mas, se quiser explicar a alguém que me pergunta, não sei". (AGOSTINHO, 2017, p. 319)

Fato semelhante ocorre com o conceito de palavra. Todos sabemos o que é; mas, quando temos de explicar a alguém, as coisas parecem se complicar. Se isso ocorre com você, bem-vindo ao clube.

A maioria das pessoas tem um conceito intuitivo de palavra, sobretudo quando ela aparece na língua escrita. Consideram palavra uma sequência de letras delimitada por dois espaços em branco. Embora esse critério funcione para a maioria das palavras, podemos ficar em dúvida se, em *cartão de crédito*, temos uma única palavra ou três.

Se levarmos em conta os espaços em branco na escrita, somos forçados a reconhecer em *cartão de crédito* três palavras (*cartão, de, crédito*). Se, no entanto, considerarmos que há uma única unidade semântica, isto é, de sentido, somos forçados a dizer que *cartão de crédito* é uma única palavra, pois, ao ouvir a sequência sonora *cartão de crédito*, ou vê-la grafada, de pronto a associamos pelo sentido a um cartão de plástico com *chip* que possibilita que se façam compras para pagamento posterior.

Pense em outra situação: *aluno, aluna, alunos* e *alunas* são quatro palavras, ou quatro formas diferentes (flexões) de uma mesma palavra? Em *cantei, cantávamos, cantarei, cantasse*, temos quatro palavras ou uma só?

Nos pares: *manga* (fruta)/*manga* (de camisa) e *banco* (lugar onde se senta)/*banco* (instituição financeira), temos duas palavras ou uma palavra só com sentidos diferentes?

Não é propósito deste livro fazer um estudo exaustivo do conceito de palavra. Para simplificar as coisas, vamos chamar de palavra as unidades linguísticas que combinam uma forma (gráfica ou sonora) a um conceito. Como a palavra é uma unidade do léxico, ela também é chamada de lexema.

Os lexemas costumam estar registrados nos dicionários por uma entrada própria. É bom lembrar, no entanto, que os dicionários não registram palavras criadas há pouco tempo. A propósito, embora largamente usada no português atual, a palavra *uberização* não consta dos dicionários que consultamos no momento em que escrevemos este texto (setembro de 2022).

8.2.1 Palavra lexical e palavra gramatical

No Capítulo 7, apresentamos o Quadro 7.1 com a classificação das palavras em português. Mostramos que elas se agrupam em dez classes, que seguem a classificação adotada pela Nomenclatura Gramatical Brasileira (NGB). Essa organização é seguida pela maioria das gramáticas e é adotada na escola e em muitas provas e concursos.

As palavras da língua poderiam ser classificadas com base em outro critério: palavras que são plenas de sentido e palavras que se prestam a estabelecer relações de sentido. As primeiras são chamadas de palavras (ou itens) lexicais; as segundas são chamadas de palavras (ou itens) gramaticais.

A diferença entre uma e outra fica muito clara quando se faz uma analogia com os morfemas, que são elementos constitutivos das palavras providos de significação. Os morfemas podem ser:

a) **lexicais:** aqueles cuja significação remete a noções presentes no mundo objetivo e subjetivo (ações, estados, qualidades, seres reais ou criados pela imaginação etc.). O radical, elemento base da palavra, é um morfema lexical. Em palavras como *cantar*, *menino* e *bonita*, os radicais são, respectivamente, *cant-*, *menin-*, e *bonit-*.

b) **gramaticais:** aqueles que só possuem significação no universo da língua. As desinências são exemplos de morfemas gramaticais, pois servem para indicar gênero e número nos nomes e pessoa, número, tempo e modo nos verbos.

Exemplificando.

Em *gatos*, temos três morfemas:

- **gat–:** morfema lexical (radical), remete a uma noção presente no mundo, animal felino.

- **–o:** morfema lexical (desinência), não faz referência a uma noção presente no mundo. Sua significação se dá somente no universo da língua. Indica o gênero gramatical; no caso, masculino.

- **–s:** morfema lexical (desinência), não faz referência a uma noção presente no mundo. Sua significação se dá somente no universo da língua. Indica o número, plural.

Exemplificando agora com palavras: *A gata de Gabriela morreu.*

Temos cinco palavras. Três delas, *gata*, *Gabriela* e *morreu*, são palavras (ou itens) lexicais, pois remetem a noções do mundo. *A* e *de* são palavras (ou itens) gramaticais. A significação delas se dá apenas no universo da língua. *A* (um artigo) determina *gata* indicando que se trata de um animal conhecido dos interlocutores; *de* relaciona *Gabriela* a *gata* para indicar ideia de posse (uma gata que pertence à Gabriela). Veja que *a* e *de* não remetem a conceitos existentes no mundo natural.

São exemplos de palavras lexicais os substantivos, os adjetivos, os verbos e os advérbios. Como exemplos de palavras gramaticais, apontamos os artigos, os pronomes, as preposições e as conjunções. As palavras lexicais constituem a maioria das palavras da língua e formam um conjunto aberto; as gramaticais são em número bem menor e constituem uma série fechada. Os artigos são apenas dois: *o* e *um*; as preposições e as conjunções são poucas. Veja ainda que não surgem novos artigos, novas preposições e conjunções, ao passo que constantemente se observa a criação de palavras lexicais novas.

Embora, quanto à totalidade do léxico, o número de palavras gramaticais seja muito menor do que o de palavras lexicais, nos textos a ocorrência das primeiras é muito grande, chegando a ser equivalente ao das segundas. Veja que é muito difícil produzir um texto sem que se usem artigos, pronomes, preposições e conjunções e, como vimos no Capítulo 5, as palavras gramaticais são importantes elementos de coesão, um dos fatores responsáveis pela textualização.

8.2.2 Palavra e contexto

Estamos falando em palavra e sentido, mas é fundamental que se observe que o sentido das palavras emerge nas frases, e o sentido das frases emerge do texto como um todo. No Capítulo 1, falamos da distinção entre língua e fala (ou discurso). Na ocasião, assinalamos que a língua é o sistema abstrato e que a fala (ou discurso) é a realização desse sistema. A fala, por ser o uso concreto que os indivíduos fazem da língua, é responsável pelas transformações da língua. O sentido das palavras não é imutável. Quando se quer buscar o sentido de uma palavra, temos de buscar o uso que se faz dela.

Não há como negar que grande parte das palavras tem um significado estabilizado, independentemente do contexto de uso, sobretudo quando se pensa em palavras lexicais. Somos capazes de atribuir significado a palavras como *árvore, branco, cadeira, café* e *nadar*, mesmo que apareçam isoladas, já que elas têm significados mais ou menos estabilizados.

Também não há como negar que, dependendo do contexto, o significado mais ou menos estabilizado que certas palavras possuem pode se alterar. *Árvore* na expressão árvore genealógica já não designa um vegetal lenhoso. *Branco* pode referir-se a uma determinada etnia. *Cadeira* pode significar uma disciplina ou os quadris.

A palavra *branco* pode ser empregada para designar algo que na verdade não é de cor branca, como na expressão *vinho branco*. Nela, *branco* designa uma cor que oscila entre o amarelado e o âmbar. Uma pessoa branca não tem evidentemente a cor da neve ou do leite. A palavra *café* pode designar uma bebida aromática, o fruto do cafeeiro, um estabelecimento comercial ou um momento da refeição em que se toma essa bebida.

Em outros casos, o uso de determinadas palavras em lugar de outras revela a posição ideológica e as crenças do falante. Veja, por exemplo, o uso que se faz das palavras *ocupação* e *invasão* para se referir à atividade de grupos de pessoas que se estabelecem em terras das quais não têm título de propriedade. A palavra *pivete* empregada por alguém para designar pessoa menor de idade não é neutra, pois deixa transparecer a visão que aquele que fala tem do menor. A palavra *viciado*, usada para designar o usuário de droga, estigmatiza a pessoa, passando a imagem de que se trata de indivíduo sem vontade própria, sem moral ou caráter. É por isso que se recomenda que seja substituída pela palavra *dependente*, que é menos discriminatória.

Em decorrência disso, devemos buscar a significação de uma palavra em relação tanto ao contexto em que ela é empregada quanto em relação aos usuários da língua, lembrando ainda que um falante pode dizer algo com a intenção de significar exatamente o contrário do que a palavra exprime em seu sentido usual, como ocorre nas ironias. Em outras situações, é o contexto que permite saber se a palavra *banco* designa um lugar em que as pessoas se sentam ou uma instituição financeira.

Empregamos aqui a palavra contexto em sentido amplo. Para nós, contexto não designa apenas o co-texto, ou seja, o conjunto das sequências de frases e períodos (contexto linguístico ou ambiente verbal) presente nos textos, mas também o contexto situacional, vale dizer, as condições gerais em que a língua é falada, o contexto não linguístico: condições sociais, psicológicas, culturais, históricas etc.

Dessa forma, o significado das palavras não deve ser buscado somente no contexto linguístico (o co-texto) em que ocorrem, mas também na relação com o contexto situacional. Em nosso contexto cultural, *bárbaro* tem conotação positiva. No contexto cultural da antiga Grécia, significava *estrangeiro*. Em outros contextos culturais, significa *cruel*, *desumano*.

8.2.3 Criação de palavras

Como dissemos, o léxico é constantemente renovado e isso ocorre em todas as variedades da língua. Não só se criam palavras, como também outras deixam de ser usadas. Você já notou como certas gírias são efêmeras? Antigamente, era novidade usar a palavra *gamado* para se dizer encantado ou apaixonado por alguém, hoje se diz *vidrado*. Para uma coisa que fosse excepcional, dizia-se que era do *balacobaco*. Hoje se diz que é *massa* ou *joia*.

Não são apenas as gírias que desaparecem. Como exemplificamos na introdução a este capítulo, as palavras *chofer* e *reclame* praticamente desapareceram da língua, ao passo que o léxico ganhou palavras como *instagramável*, *cibercriminoso*, *tecnobrega* e *uberização*.

8.2.4 De onde vêm as palavras?

Há muito tempo uma questão inquieta filósofos e linguistas: de onde vêm as palavras? Grande parte delas provém de outras, seja da mesma língua ou de línguas estrangeiras.

A criação de palavras novas é restrita às palavras lexicais. Palavras gramaticais, como vimos, constituem um inventário fechado e a criação de novas palavras desse tipo só pode ser observada caso se estude a língua do ponto de vista de sua transformação na história.

Os processos pelos quais se criam palavras são, basicamente, os seguintes:

a) **onomatopeias:** palavras cuja forma fônica procura reproduzir aproximadamente sons ou ruídos, como *hehehehe* ou *hahaha* usados em mensagens via WhatsApp para indicar riso e *blá-blá-blá* numa frase como "Chega de blá-blá-blá".

b) **abreviação ou encurtamento:** uma parte da palavra passa a designar o todo, por exemplo: *moto* (por motocicleta); *foto* (por fotografia); *lipo* (por lipoaspiração); *ex* (por ex-marido ou ex-mulher); *reaça* (por reacionário); *refri* (por refrigerante); *zoo* (por zoológico); *parça* (por parceiro); *bora* (por vamos embora); *níver* (por aniversário). A abreviação é frequente com nomes próprios de pessoas: *Gabi* (Gabriela); *Lu* (Lúcia, Luciana, Ludmila); *Pati* (Patrícia); *Cris* (Cristina, Cristiane, Cristiano) etc.

Um caso interessante de abreviação é aquele em que a redução se dá por omissão de um termo. É o caso de *fritas* (no lugar de batatas fritas); *celular* (no lugar de telefone celular); *paralelo* (no lugar de mercado paralelo); *bolsa* (no lugar de bolsa de valores).

c) **empréstimos:** não havendo uma palavra na língua, toma-se por empréstimo palavra de outra língua: *zipar* (do inglês, *to zip*); *mídia* (do inglês, *media*); *informática* (do francês, *informatique*); *espaguete* (do italiano, *spaghetti*); *gueixa* (do japonês, *geixa*).

Você já deve ter notado que, na linguagem publicitária, é comum o uso de palavras emprestadas do inglês e grafadas na forma original para indicar modernidade ou inovação tecnológica e o uso de palavras importadas do francês e grafadas na forma original para indicar sofisticação e bom gosto. A opção por usar os estrangeirismos não é isenta de intenção, portanto.

Caso digno de nota de empréstimo linguístico é o decalque, que é a tradução de uma palavra ou expressão estrangeira para o português. A palavra *cachorro-quente* (nome de um sanduíche de pão com salsicha) não é formada pela junção das palavras portuguesas *cachorro* e *quente*, ou seja, não é formada por composição (ver seção *Revisão gramatical* adiante), mas resulta da tradução literal da palavra inglesa *hot dog*. Como outros exemplos de palavras formadas por decalque, podemos citar:

- lua de mel (do inglês, *honeymoon*);
- supermercado (do inglês, *supermarket*);
- bola-ao-cesto (do inglês, *basketball*);
- alta fidelidade (do inglês, *high fidelity*);
- cartão de crédito (do inglês, *credit card*);
- centroavante (do inglês, *center-foward*);

- fibra de vidro (do inglês, *fiberglass*);
- controle remoto (do inglês, *remote control*);
- novo-rico (do francês, *nouveau riche*);
- pequeno-burguês (do francês, *petit bourgeois*).

8.3 Léxico e associações de sentido

Você já notou que as palavras lexicais guardam entre si associações. Uma palavra do léxico costuma evocar outras porque há entre elas algo comum. A palavra *computador* evoca, por exemplo, palavras como *internet, programa, planilha, vírus, software, notebook, download, mouse, link, teclado* etc. A palavra *escola* evoca *professor, aluno, livro, prova, exame, nota, aprovação, carteira, lousa, formatura* etc.

Para chamar alguém de tolo, o falante pode escolher, entre tantas outras, as palavras: *estulto, néscio, inepto, boçal, abestalhado, atoleimado, tacanho, bronco, bocó, babaca, parvo, palerma, obtuso, papalvo, pateta, sandeu, cavalgadura, ignorante, beócio...* Claro que o significado não é exatamente o mesmo, há nuanças de sentido, umas são mais ofensivas, outras menos. Há diferenças também com relação à variedade linguística em que ocorrem. *Abestalhado* e *atoleimado* ocorrem numa variedade linguística distinta da que ocorrem as palavras *estulto, néscio* e *inepto*.

Uma palavra como *alegre* evoca outras de sentidos contrários, como *acabrunhado, descontente, infeliz, jururu, macambúzio, pesaroso, sisudo, sorumbático, taciturno, triste, tristonho*.

Em outros casos, a associação entre palavras se mostra na sua própria estrutura. É o caso das famílias etimológicas, ou cognatos, palavras que têm um mesmo radical como *agricultura, agrícola, agricultor; atrofia, distrofia, hipertrofia*.

Merecem referência, ainda, os chamados campos lexicais, subconjuntos do léxico formados por palavras pertencentes a uma mesma área do conhecimento ou interesse. Como exemplos, citamos:

a) **campo lexical do direito:** mandado, arrolamento, agravo, custas, alçada, ementa, acórdão, embargo etc.;

Capítulo 8. Léxico, palavra e sentido **181**

b) **campo lexical do futebol:** gol, escanteio, pênalti, impedimento, zagueiro etc.;

c) **campo lexical da medicina:** ultrassonografia, dispneia, cateter, hemodiálise, arritmia, endoscopia, sarcopenia etc.;

d) **campo lexical da economia:** déficit, superávit, dividendos, deflação etc.;

e) **campo lexical da informática:** deletar, escanear, inicializar, acessar, formatar etc.

Em outros casos, uma palavra pode evocar outras por razões bastante subjetivas. Observe no fragmento que segue o que a palavra *bancarrota* evoca:

> Somente nesse instante deu-se de fato conta de tudo quanto encerrava a palavra "bancarrota", de tudo quanto, já como criança, provara de sentimentos vagos e pavorosos a tal respeito... "Bancarrota"... era coisa mais horripilante do que a morte, significava tumulto, derrocada, ruína, ignomínia, vergonha, despeito e miséria... — Ele está na bancarrota! Repetiu. Estava tão abatida e deprimida por essa palavra fatal que não pensava em socorro, nem naquele que podia vir por parte do pai.

> (MANN, 2000, p. 243)

Nessa passagem, a palavra *bancarrota*, que significa *falência*, traz à lembrança da personagem sentimentos desconfortáveis que tivera na infância. As palavras *tumulto*, *derrocada*, *ruína*, *ignomínia*, *vergonha*, *despeito* e *miséria* nomeiam as consequências da bancarrota. Note que são figuras que se encadeiam remetendo ao tema da perda. A recorrência de figuras garante a coerência do texto.

A metáfora, uma figura de linguagem que consiste em usar uma palavra no lugar de outra, é um tipo de associação subjetiva. Falaremos da metáfora e da metonímia ainda neste capítulo.

8.3.1 Sinonímia

Sinonímia é identidade de significados. Normalmente, numa perspectiva referencial, aquela em que o sentido é dado por uma relação entre linguagem e mundo, duas palavras são sinônimas quando têm o mesmo conteúdo referencial, ou seja, a mesma realidade extralinguística. As palavras *abóbora* e *jerimum* são usadas para designar um mesmo referente: o fruto da aboboreira. *Jerimum* e *abóbora* são, portanto, sinônimos perfeitos. O mesmo ocorre com as palavras *tangerina*, *mexerica* e *bergamota*, que designam um mesmo referente: o fruto da tangerineira.

Os sinônimos perfeitos só existem em função de comunidades de falantes diferentes ou de registros diferentes. Em determinadas regiões, o fruto da aboboreira é chamado de *abóbora*; em outras, de *jerimum*. No sul do país, o fruto da tangerineira é denominado *bergamota*; em outras regiões, é chamado de *mexerica* ou *tangerina*. As palavras *xixi* e *urina* ocorrem em registros diferentes: dizemos que a criança fez xixi na cama, mas que iremos fazer exame de urina.

Mas não basta que as palavras remetam a um mesmo referente para serem sinônimas. Analisemos as sentenças a seguir:

Biden confirmou que será candidato à reeleição.
O presidente americano confirmou que será candidato à reeleição.

Embora *Biden* e *o presidente americano* tenham (pelo menos no momento em que escrevemos este livro) o mesmo referente, não podemos dizer que sejam palavras sinônimas. Por isso, além de terem um mesmo referente, é necessário que as palavras tenham o mesmo sentido.

Haverá identidade de sentido entre duas palavras quando em seus empregos trouxerem a mesma contribuição de sentido ao enunciado. Uma forma para você saber se as palavras trazem a mesma contribuição de sentindo é verificar se, trocando uma palavra pela outra, a frase passe de verdadeira a falsa, ou vice-versa. Exemplificando:

O médico recomendou-lhe uma dieta porque estava *gordo*.
O médico recomendou-lhe uma dieta porque estava *obeso*.

No exemplo, podemos permutar a palavra *gordo* por *obeso* sem que o valor de verdade da frase se altere. *Gordo* e *obeso* são, portanto, palavras sinônimas.

Capítulo 8. Léxico, palavra e sentido **183**

No entanto, numa frase como "Não gostava de comer carne *gorda*", *gorda* evidentemente não é sinônimo de *obesa*, pois, se fizermos a permuta, obteremos uma frase estranha: "Não gostava de comer carne *obesa*".

Chamamos atenção ainda para o fato de que certas palavras usadas como sinônimas na variedade popular e na culta não designam a mesma coisa no jargão de algumas áreas do conhecimento, como a medicina e o direto. Para muita gente, os verbos *furtar* e *roubar* designam o mesmo fato, ou seja, as frases "Roubaram meu celular" e "Furtaram meu celular" fazem referência ao mesmo acontecimento. Na linguagem jurídica, no entanto, as palavras *furtar* e *roubar* são empregadas para designar crimes diferentes. Roubar é usado para qualificar o crime de subtração de coisa alheia móvel quando há emprego de violência ou grave ameaça. Furtar é empregado quando a subtração se consumou sem uso de violência, por isso a pena aplicada aos crimes de furto é menor do que a aplicada ao crime de roubo.

Já tomamos conhecimento de pessoas que, ao adquirirem um telefone celular, optaram por adquirir também um seguro contra roubo. Depois de terem o celular furtado dentro de um ônibus, foram tentar receber o seguro e não foram ressarcidas porque foram alertadas para a cláusula que estabelece que o seguro contratado cobria apenas roubo e não furto.

8.3.2 Paráfrase

Definimos sinonímia como uma relação de identidade de sentido entre palavras. Ocorre paráfrase quando a identidade de sentido se estabelece entre enunciados e textos. Parafrasear é, pois, exprimir um pensamento contido numa sentença, num parágrafo, num texto com outras palavras.

A paráfrase é muito empregada quando não pretendemos fazer uma citação literal. Nesse caso, há uma apropriação da fala do autor que seria citado, em que se reproduz seu conteúdo, mas com outras palavras, configurando uma relação de intertextualidade implícita.

Na esfera acadêmica, a paráfrase é largamente usada na produção de textos como a monografia, a dissertação, a tese e os artigos científicos. Junto das citações textuais, são formas de intertextualidade.

8.3.3 Antonímia

Em princípio, usamos o termo *antonímia* para designar oposição de sentido, e as palavras que se opõem são denominadas *antônimas*, como nos pares a seguir:

- quente/frio;
- morto/vivo;
- comprar/vender;
- honesto/desonesto;
- ir/vir;
- perguntar/responder;
- nascer/morrer.

Se você observar os pares de palavras apresentados, poderá concluir que as oposições de sentido não se realizam da mesma forma.

O par *quente/frio* pode ser considerado em termos graduais: *mais quente, pouco quente, muito quente, menos frio, muito frio, pouco frio*. Além disso, há o termo intermediário. Entre o quente e o frio, temos o morno. Gramaticalmente falando, são palavras que admitem a flexão de grau (comparativo ou superlativo).

Isso não ocorre no par *morto/*vivo, em que um exclui o outro: se uma pessoa está viva não pode estar morta e vice-versa. Esse tipo de antônimo costuma ser designado por antônimos complementares.

No par *comprar/vender* há uma relação de inversão: se A compra de B, então B vende a A. No par *honesto/desonesto*, a relação de antonímia é marcada por morfema, o prefixo *des–*. No par *ir/vir*, a oposição de sentido está ligada ao referente espacial: vou a Recife se estou em lugar diferente de Recife; venho de Recife se de lá parti. No par *perguntar/responder,* não há propriamente oposição de sentido, mas relação temporal: se pergunto, espero que respondam. Finalmente, no par *nascer/morrer* não há também relação de oposição de sentido: nascer não é o contrário de morrer. Tais verbos indicam momentos extremos e diferentes de um processo mais amplo, que é o ato de viver.

Capítulo 8. Léxico, palavra e sentido **185**

Como você pode notar, as relações de oposição de sentido entre palavras é variada e há casos nos quais nem há propriamente oposição de sentido. Neste livro, adotamos uma classificação bastante simples e didática, lembrando que o importante não é a nomenclatura, mas perceber as diferentes relações de oposição que os antônimos estabelecem entre si. A classificação que propomos é a seguinte:

a) **antônimos dicotômicos:** *macho/fêmea, casado/solteiro, vivo/ morto, verdade/mentira;*

b) **antônimos graduais:** *quente/frio, alto/baixo, longe/perto.*

O que diferencia uns dos outros é o fato de os antônimos graduais admitirem variação de grau e termos médios. Nos antônimos dicotômicos, isso não ocorre: ou se está morto, ou se está vivo; não há um termo médio nem variação de grau.

Ressaltamos que uma sentença como "Estou mais morto que vivo" deve ser entendida em sentido figurado. Quanto ao par *verdade/mentira*, é comum, sobretudo na esfera do discurso político, ouvir-se a expressão "Isso é uma meia verdade". Trata-se, evidentemente, de um recurso retórico para dizer eufemisticamente que se trata de uma mentira.

A aproximação de palavras que se opõem pelo sentido constitui uma figura de linguagem denominada antítese. Veja como Charles Dickens inicia seu romance *Um conto de duas cidades*. Como você poderá perceber, ele é construído a partir de uma oposição manifestada por palavras e frases que se opõem pelo sentido. No texto, a aproximação não é apenas de contrários, mas de contraditórios. Quando termos opostos pelo sentido se fundem numa expressão pelo menos aparentemente contraditória, temos uma figura de linguagem denominada paradoxo ou oxímoro.

A época

Aquele foi o melhor dos tempos, foi o pior dos tempos, foi a idade da razão, a idade da insensatez, a época da crença, a época da incredulidade, a estação da Luz, a estação das Trevas, a primavera da esperança, o inverno do desespero, tínhamos tudo diante de nós, não tínhamos nada diante de nós, todos iríamos direto ao Paraíso, todos iríamos direto ao sentido oposto – em suma, a época era tão parecida com o presente que algumas autoridades mais ruidosas insistiram que ela fosse recebida, para o bem ou para o mal, apenas no grau superlativo de comparação.

(DICKENS, 2010, p. 11)

8.3.4 Homonímia

Ocorre homonímia quando um mesmo significante, isto é, uma mesma sequência de fonemas apresenta significados diversos. É o caso de palavras como *manga* e *grama*, por exemplo. O significante /m/ /ã/ /g/ /a/ pode nos remeter a uma fruta ("Minha avó adora suco de manga") ou a uma parte de peças do vestuário que podem cobrir os ombros e braços ("Ele limpou a boca suja de chocolate na manga de sua camisa"). O significante /g/ /r/ /a/ /m/ /a/ pode nos remeter a relva ("O jardineiro aparou a grama do jardim") ou a uma unidade de medida de massa ("Comprou duzentos gramas de queijo").

Homônimos como *manga* e *grama* apresentam não só a mesma pronúncia, mas também a mesma grafia, por isso são chamados de homônimos perfeitos. Há casos em que as palavras homônimas diferem ou na grafia, ou na pronúncia. Para exemplificar, observe os Quadros 8.1 e 8.2, a seguir:

Quadro 8.1 – Exemplos de homônimos homógrafos

Mesma grafia e pronúncias diferentes	
Célebre: adjetivo	Celebre (é): forma verbal
Almoço (ô): substantivo	Almoço (ó): forma verbal
Governo (ê): substantivo	Governo (é): forma verbal

Fonte: elaborado pelo autor.

Quadro 8.2 – Exemplos de homônimos homófonos

Mesma pronúncia e grafias diferentes	
Acento	Assento
Concerto	Conserto
Cela	Sela

Fonte: elaborado pelo autor.

Em geral, o fato de haver palavras homônimas não é causa de equívocos, por duas razões:

a) excetuando os homônimos perfeitos, as palavras homônimas diferenciam-se ou pela pronúncia, ou pela grafia; e

b) muitos homônimos pertencem a classes gramaticais diferentes.

Num enunciado como "Patrícia costuma colher flores no jardim todos os dias", não há como confundir *colher*, que funciona como verbo e tem o som da letra "e" fechado (ê) com o seu homônimo, o substantivo *colher* (é), pois, além de terem pronúncias diferentes, pertencem a categorias gramaticais distintas. Colher (ê) é verbo; colher (é) é substantivo.

Em alguns casos, pode-se valer da homonímia com a intenção de provocar efeitos de humor, como nessa piada relatada por Sírio Possenti em seu livro *Os humores da língua*:

A um coronel que se queixava da vida de quartel, um jornalista disse:
— E o senhor não sabe como é chato militar na imprensa.

(POSSENTI, 1998, p. 86)

O caráter humorístico dessa anedota decorre do emprego de um homônimo (militar), que torna o texto ambíguo, na medida em que essa palavra pode ser lida como substantivo (*soldado* ou *oficial das Forças Armadas*) ou como verbo (*seguir carreira* ou *profissão*).

8.3.5 Polissemia

Há polissemia quando uma mesma palavra apresenta vários significados. A fala – o uso que os falantes fazem do sistema abstrato que é a língua – faz com que palavras sejam empregadas em sentidos diferentes, sem que o sentido original desapareça.

Polissemia opõe-se a monossemia. Uma palavra será monossêmica quando apresentar um único significado. A palavra *polissemia*, por exemplo, é monossêmica. Na linguagem de algumas áreas do saber em que se busca a precisão, podemos encontrar inúmeras palavras monossêmicas, como *bactéria, logaritmo, elétron, oxítono* e *decassílabo*. Lembrando que uma palavra monossêmica numa determinada variedade (em geral no jargão técnico ou científico) quando usada em outra variedade perde o caráter monossêmico, de que são exemplos palavras como *roubar* (*roubou* meu sossego, *roubou* minha ideia) e *vírus* (*vírus* de computador). Nesse caso, a alteração de sentido se dá por uma metáfora (ver adiante).

Um exemplo de palavra polissêmica é o substantivo *fruto*, que comporta vários sentidos, dos quais arrolamos apenas alguns.

O figo é o fruto da figueira. (o mesmo que fruta)

Ivan é fruto do meu primeiro casamento. (filho)

Essa dissertação é fruto de longo trabalho de pesquisa. (resultado)

A essa altura, você poderá estar perguntando: por que *manga* (fruta) e *manga* (de camisa) são homônimas, enquanto *fruto* (fruta) e *fruto* (resultado) é um caso de polissemia, já que em ambos os casos temos o mesmo significante, mas significados distintos?

Na homonímia, temos palavras distintas e, portanto, entradas distintas nos dicionários. São duas palavras diferentes, muitas vezes, de origens diversas. *Grama*, substantivo que nomeia uma erva da família das gramíneas, é uma palavra feminina (*a grama*) que proveio do latim. *Grama*, unidade de massa, é uma palavra masculina (*duzentos gramas*) que proveio do grego. Em resumo: uma não tem nada a ver com a outra. Houve apenas uma coincidência de significante.

Na polissemia, tem-se uma mesma palavra que apresenta acepções diversas, por isso há para elas uma única entrada no dicionário em que se arrolam seus vários sentidos. Ao contrário do que ocorre com a homonímia, há um sentido comum que permeia as diversas acepções da palavra. Nos exemplos que demos com a palavra *fruto*, embora o sentido mude de exemplo para exemplo, há um sentido comum: aquilo que nasceu de algo. Veja que não há nenhum sentido comum entre os homônimos *manga* (fruta) e *manga* (de camisa); há apenas uma coincidência fônica ou gráfica de significantes (a parte material da palavra).

Capítulo 8. Léxico, palavra e sentido **189**

8.3.6 Expressões idiomáticas

Dizemos que há expressão idiomática quando uma unidade de sentido é constituída de mais de uma palavra cujo significado não pode ser inferido a partir do significado individual das partes que a compõem. Em outros termos, o sentido das expressões idiomáticas é mais amplo do que as palavras que as constituem. Você, certamente, tem contato com inúmeras delas, seja como falante ou ouvinte, seja como escritor ou leitor.

Uma conhecida canção popular cantada por Rita Lee começa assim: "Meu bem você me dá água na boca". *Dar água na boca* é uma expressão idiomática que usamos para exprimir vontade ou desejo de algo. O sentido dessa expressão não decorre do sentido individual das partes que a formam (dar + água + na + boca). Se você se lembra da letra da canção, verá que nela *dar água na boca* tem um sentido equivalente a excitar.

Na variedade popular, há quem use a expressão idiomática "tirar água do joelho" para designar o ato de urinar. Quando alguém diz "fazer água", não interpretamos essa expressão literalmente, ou seja, que uma pessoa resolveu juntar moléculas de hidrogênio com moléculas de oxigênio para fabricar água. O sentido de *fazer água* é gorar, não dar certo.

Veja, a seguir, mais exemplos de expressões idiomáticas. Certamente você conhece o sentido delas.

Abotoar o paletó, abrir o bico, acabar em pizza, andar na linha, bater as botas, botar pra quebrar, botar a boca no trombone, caçar sapo, cair a ficha, cair do cavalo, comer bola, correr atrás do prejuízo, cozinhar o galo, dar com os burros n'água, dar uma colher de chá, descascar o abacaxi, estar com dor de cotovelo, empurrar com a barriga, engolir sapo, falar pelos cotovelos, fazer tempestade em copo d'água, ir desta para a melhor, quebrar a cabeça, quebrar o galho etc.

Pelos exemplos apresentados, você pôde concluir que as expressões idiomáticas têm sua ocorrência sobretudo no registro informal.

8.3.7 Metáfora

Como dissemos, as palavras se associam pelo sentido. Em muitos casos, a associação é objetiva como ocorre nas famílias de palavras, aquelas que têm em comum um mesmo radical, como *agrícola, agricultura, agricultor* e *agronegócio*. Há associação objetiva também entre palavras de um mesmo campo lexical, entre sinônimos e antônimos.

Há também associações de ordem subjetiva. Um falante vê algo comum entre um conceito e outro e faz a transferência de sentido de uma palavra para outra. É o que ocorre na metáfora.

A metáfora consiste numa alteração de sentido baseada em traços de similaridade entre dois conceitos. Geralmente, uma palavra que designa uma coisa passa a designar outra, por haver entre elas traços de similaridade, que a metáfora vem ressaltar. A metáfora é uma espécie de comparação, sem a presença de conectivo comparativo, como podemos observar no exemplo a seguir:

"Meu pensamento é um rio subterrâneo."

(Fernando Pessoa)

Nessa sentença, "um rio subterrâneo" passa a designar "pensamento", por haver entre esses dois conceitos alguma semelhança. A metáfora vem, pois, evidenciar tal semelhança. Se a sentença fosse "Meu pensamento é como um rio subterrâneo", não teríamos metáfora, e sim comparação, já que o nexo comparativo está explícito por meio do conector *como*.

Veja, na passagem a seguir, como o escritor moçambicano Mia Couto se vale de metáforas para caracterizar a guerra:

"A guerra é *uma cobra* que usa nossos próprios dentes para nos morder. Seu veneno circulava agora em *todos os rios de nossa alma*. De dia já não saímos, de noite não sonhávamos. O sonho é *o olho da vida*. Nós estávamos cegos."

(COUTO, 2007, p. 17)

Há casos de metáfora em que só aparece o termo metafórico, como em *O outono do patriarca*, título de uma conhecida obra do escritor colombiano Gabriel García Márquez (1927-2014). A palavra *outono*, no caso, não está usada em sentido literal, ou seja, como nome de uma das estações do ano, mas para designar período da vida que se aproxima da velhice.

Não é raro o emprego dos nomes de estações do ano em sentido metafórico para designar etapas da vida, como se pode ver no poema de Ricardo Reis, um dos heterônimos de Fernando Pessoa, que reproduzimos a seguir:

Quando, Lídia, vier o nosso outono
Com o inverno que há nele, reservemos
Um pensamento, não para a futura
Primavera, que é de outrem,
Nem para o estio, de quem somos mortos,
Senão para o que fica do que passa —
O amarelo atual que as folhas vivem
E as torna diferentes.

(PESSOA, 1972, p. 283)

Perceber que um termo está empregado metaforicamente é essencial para a construção do sentido do texto em que ele ocorre. Se o autor optou por usar uma metáfora, ele espera que o leitor não leia a palavra ou a expressão em seu sentido próprio.

No conhecido poema de Drummond, *No meio do caminho*, a construção do sentido pressupõe que o leitor perceba que a palavra *pedra* ("No meio do caminho tinha uma pedra") está empregada em sentido metafórico. *Pedra*, no poema, não significa matéria mineral sólida, dura, constituída da natureza das rochas, mas obstáculo, dificuldade.

A metáfora, ao contrário do que muita gente pensa, não está presente apenas na esfera literária. Ela se manifesta em praticamente todas as esferas discursivas, desde a científica à interpessoal. Outra coisa: as metáforas não devem ser vistas como ornamentos do discurso; elas têm função argumentativa, na medida em que apresentam uma forma nova e original de se dizer algo.

A metáfora (e outras figuras de linguagem) pode ser observada na publicidade, nas letras de canções populares, nos provérbios, nos trava-línguas, nos jargões de determinadas profissões; enfim, em qualquer situação em que se use a linguagem, as metáforas (e outras figuras de linguagem) poderão estar presentes. Volte aos exemplos de expressões idiomáticas que apresentamos e você constatará que grande parte delas decorre de um procedimento metafórico.

Claro que o uso reiterado de uma metáfora faz com que sua força expressiva se esvazie e aquilo que, num determinado momento, foi original pode virar lugar-comum. Quando isso ocorre, temos o que se denomina chavão ou clichê. Veja exemplos a seguir:

O futebol é *uma caixinha de surpresas.*
Encerrei o ano com *chave de ouro.*
Você é *um colírio para meus olhos.*
Vou aproveitar o feriadão para *recarregar as baterias.*
Se você não *andar na linha* vai se dar mal.

Perceba que os chavões constituem expressões idiomáticas.

Há um tipo de metáfora que, na falta de um termo específico para designar algo, cria-se um termo por metáfora que se impõe de tal forma que os falantes nem percebem mais o sentido figurado. A esse tipo de metáfora, dá-se o nome de catacrese, de que são exemplos: *dente de alho, pé da mesa, braço da cadeira, folha de papel, embarcar no avião.*

8.3.8 Metonímia

A metonímia, como a metáfora, consiste também numa transposição de sentido, isto é, uma palavra que usualmente designa uma coisa passa a designar outra. Todavia, a transposição não é feita com base em traços de semelhança, e sim por uma relação lógica de proximidade entre os termos (*a parte pelo todo, o autor pela obra, o efeito pela causa, o continente pelo conteúdo, o instrumento pela pessoa que o utiliza, o concreto pelo abstrato, o lugar pelo produto, o gênero pela espécie, o singular pelo plural, o particular pelo geral* etc.).

Na metáfora, uma coisa lembra outra porque guarda com ela traços de similaridade. Na metonímia, um conceito não lembra outro, não há transposição de domínio, não há comparação. Nela, um conceito acarreta outro porque guarda com ele uma relação direta e real de contiguidade. Por isso a interpretação de uma metonímia requer menos esforço cognitivo do que a de uma metáfora, já que nesta a transposição de significado é subjetiva e naquela, objetiva.

Observe estes versos do *Poema de sete faces*, de Carlos Drummond de Andrade:

O bonde passa cheio de pernas:
pernas brancas pretas amarelas.
Para que tanta perna, meu Deus, pergunta meu coração.

(ANDRADE, 1973, p. 53)

A palavra *pernas* no poema está no lugar de *pessoas*, numa relação de parte pelo todo.

Observe agora como, neste trecho do romance *Dom Casmurro*, Machado de Assis usa as palavras *sedas* e *chitas* metonimicamente para indicar pessoas de classes sociais diferentes (a roupa no lugar da pessoa que a usa). Em "olhos feios e belos", também temos uma expressão de valor metonímico, já que a parte substitui o todo.

Havia homens e mulheres, velhos e moços, sedas e chitas, e provavelmente olhos feios e belos, mas eu não vi uns nem outros.

(ASSIS, 1979c, p. 881)

Da mesma forma como ocorre com a metáfora, muitas metonímias se popularizam, de sorte que os falantes nem mais percebem seu sentido conotativo.

Evitava tomar Aspirina ou Novalgina, porque era alérgico a esses medicamentos. (A marca pelo produto: *Aspirina* por *ácido acetilsalicílico*; *Novalgina* por *dipirona sódica*.)

Procurou no *Houaiss* o significado daquela palavra. (O autor pela obra: *Houaiss* em lugar de *dicionário*.)

TEXTO COMENTADO

A amizade

Os amigos sempre precisam um do outro, mas nem sempre recebem a amizade na mesma proporção. Nem sempre os amigos querem a mesma coisa da amizade. Um amigo dá experiência, o outro se enriquece com essa experiência. Um, ajudando o amigo débil, inexperiente e jovem, reconhece sua força e maturidade, e o outro, débil, reconhece no amigo seu ideal de força, experiência e maturidade. Assim, em uma amizade, um dá e o outro fica feliz com o que recebe.

Às vezes o amigo é uma instância silenciosa, com a ajuda da qual a pessoa se comunica consigo mesma, encontra alegria em si, em suas ideias, que soam nítidas e visíveis graças a se verem espelhadas no reflexo da alma do amigo.

A amizade de intelecto, contemplativa, filosófica, normalmente exige unidade de pontos de vista, mas essa semelhança pode não ser universal. Às vezes a amizade se manifesta na discussão, na dessemelhança dos amigos.

Se os amigos são semelhantes em tudo, se um é o reflexo do outro, então a discussão com o amigo vira uma discussão consigo mesmo.

O amigo é aquele que justifica as fraquezas, os defeitos e até os vícios que você tem, e que confirma a sua razão, seu talento e seu mérito.

O amigo é aquele que, por amor, revela suas próprias fraquezas, defeitos e vícios.

Assim, a amizade tem fundamento na semelhança, mas se manifesta nas diferenças, contradições, dessemelhanças. Uma pessoa na amizade tenta, de forma egoísta, receber aquilo que não tem. Outra pessoa tenta generosamente dar aquilo que possui.

A aspiração à amizade é inerente à natureza humana, e quem não consegue fazer amizade com gente faz amizade com bichos: cães, cavalos, gatos, ratos, aranhas.

Só uma criatura de força absoluta não precisa de amizade, e só Deus, pelo visto, pode ser essa criatura.

(GROSSMAN, 2014, p. 382-383)

Trata-se de texto argumentativo em 3ª pessoa cujo tema é a amizade. Como o tema deste capítulo são as palavras e seus sentidos, vamos começar nossa leitura chamando a atenção para as palavras do texto, lembrando que elas exprimem os temas e as figuras que revestem esses temas.

De pronto, duas palavras nos chamam a atenção pela grande ocorrência delas no texto, *amizade* e *amigo(s)*. Trata-se de palavras de um mesmo campo semântico, mas com uma diferença básica entre elas: enquanto a primeira é abstrata, a segunda é concreta. Pertencem ao campo semântico de *amizade* palavras como *afeição*, *altruísmo*, *amor*, *apreço*, *companheirismo*, *desapego*, *empatia*, *generosidade* e *simpatia*.

Como vimos, usamos as palavras abstratas para nomear os temas, enquanto as palavras concretas são usadas para revesti-los. São as chamadas figuras. Note que dissemos que o tema do texto é a amizade e não o amigo.

Capítulo 8. Léxico, palavra e sentido **195**

Se você tiver a paciência de contar quantas vezes essas palavras aparecem no texto, verá que, das 300 palavras de que se compõe o texto, *amizade* e *amigo* ocorrem nada menos do que 22 vezes, num perfeito equilíbrio, 11 vezes cada uma delas.

Como temos insistido, a repetição de palavras nem sempre deve ser considerada um defeito dos textos; pelo contrário, muitas vezes, como é o caso do texto de Grossman, repetem-se intencionalmente os itens lexicais *amizade* e *amigo* com finalidades expressivas. No fragmento que você acabou de ler, a repetição dessas palavras contribui para a manutenção do tema. A recorrência à palavra *amigo* e a reiteração do tema amizade funcionam ainda como importante elemento de coesão textual, na medida em que garantem a continuidade do discurso, configurando um texto coerente.

Você deve ter observado, ainda, que o autor recorre com frequência a palavras e expressões que se opõem pelo sentido. Observe:

"ajudando o amigo débil, inexperiente e jovem" × "força, experiência e maturidade"

"um dá" × "o outro fica feliz com o que recebe"

"semelhança" × "dessemelhança"

"receber aquilo que não tem" × "dar aquilo que possui"

"tenta de forma egoísta" × "tenta generosamente"

Se o uso de sinônimos permite exprimir a mesma ideia por outras palavras, contribuindo dessa forma para a clareza; o uso de antônimos e de contradições permite que se mostrem os dois lados de um mesmo fato ou de um mesmo tema. Lembre-se de que, na base do sentido, estão as oposições: a noção de cozido decorre da noção de cru. Conceituamos homossexualidade por oposição a heterossexualidade. Da mesma forma, riqueza e pobreza.

Ao tratar do tema da amizade, o autor chama a atenção para as oposições que subjazem ao tema e as explicita por palavras e expressões que se opõem pelo sentido, como destacamos e exemplificamos anteriormente. Veja que, por meio desse recurso, o autor mostra que a amizade não é apenas uma relação entre semelhantes, mas também entre dessemelhantes.

Como um bom texto argumentativo, ele parte de uma ideia (tese) e pretende demonstrá-la. No caso, a tese é que a amizade sempre se estabelece em relação a um outro ("os amigos sempre precisam um do outro [...]").

Num nível mais profundo de abstração, poderíamos dizer que o texto se constrói a partir da oposição semântica subjetividade × alteridade, em que a alteridade é o termo positivo e a subjetividade, o negativo. Trata-se de um texto que nega a subjetividade e afirma a alteridade, ou seja, a relação com o outro, a amizade.

O autor demonstra sua tese destacando que, na amizade, as trocas nem sempre se dão na mesma proporção e que, como humanos, somos sempre incompletos. O outro nos dá a parte que nos falta, assim como damos ao outro aquilo que temos e falta ao outro. A relação de amizade é uma relação de troca; amizade, portanto, se opõe a egoísmo.

Como a amizade tem por base a alteridade, ela sempre se estabelece com o diferente, por isso ela comporta não apenas a semelhança e a afinidade, mas também a dessemelhança e a divergência. Por ser uma relação entre diferentes, ela pode se manifestar na discussão, na divergência. Atente para esta passagem: "[...] a amizade tem fundamento na semelhança, mas se manifesta nas diferenças, contradições, dessemelhanças". Muito revelador que a amizade se estabeleça no visível, naquilo que é mais superficial, mas pode se manifestar naquilo que não é visível, naquilo que está mais escondido, por isso amizade não significa necessariamente concordância com o outro ("Se os amigos são semelhantes em tudo, se um é reflexo do outro, então a discussão vira uma discussão consigo mesmo"). Outra vez a ideia de que amizade é alteridade.

Ao final, o autor fecha sua argumentação mostrando que o ponto que tomou como partida é, com base nos argumentos expostos, verdadeiro e está comprovado. Todos aspiramos à amizade porque o outro nos dá o que nos falta e, como somos incompletos, sempre precisaremos de amigos. Só Deus, portanto, pode prescindir da amizade.

REVISÃO GRAMATICAL

Nesta seção, faremos uma revisão de um conteúdo estudado durante a Educação Básica, a formação das palavras.

Como pré-requisito a esse assunto, convém lembrar que, em português, há:

a) **palavras primitivas:** aquelas que, na Língua Portuguesa, não provêm de outra: *casa*, *pedra*, *flor*.

b) **palavras derivadas:** aquelas que, na Língua Portuguesa, provêm de outra: *casebre*, *pedreiro*, *florzinha*.

c) **palavras simples:** aquelas que possuem um só radical, sejam elas primitivas, sejam derivadas: *flor*, *florista*, *tempo*, *cavalo*, *cavalgada*, *mar*, *alto*.

d) **palavras compostas:** aquelas que possuem mais de um radical: *couve-flor*, *passatempo*, *cavalo-marinho*, *planalto*.

Os principais processos de formação de palavras são a **composição** e a **derivação**.

Na composição, juntam-se dois ou mais radicais para formar uma nova palavra. Podem-se juntar palavras que possuem significado autônomo na língua, como em: amor + perfeito = *amor-perfeito*; passa + tempo = *passatempo*; gira + sol = *girassol,* ou radicais que não possuem vida autônoma na língua. Nesse caso, temos os chamados compostos eruditos: demo + cracia = *democracia*; filo + sofia = *filosofia*; cardio + logia = *cardiologia*.

Pelo processo de composição, formam-se substantivos e adjetivos, que, por isso mesmo, serão chamados de substantivos e adjetivos compostos. Diversas classes gramaticais (substantivos, adjetivos, numerais, verbos, pronomes, advérbios, preposições, conjunções) participam da formação de substantivos compostos, como se pode observar nos substantivos compostos a seguir:

◊ *sofá-cama* (substantivo + substantivo);

◊ *amor-perfeito* (substantivo + adjetivo);

◊ *puro-sangue* (adjetivo + substantivo);

◊ *primeira-dama* (numeral + substantivo);

◊ *pé de moleque* (substantivo + preposição + substantivo);

◊ *porta-luvas* (verbo + substantivo);

◊ *vale-tudo* (verbo + pronome);

◊ *leva e traz* (verbo + conjunção + verbo).

De acordo com a forma que a palavra composta assume, temos dois tipos de composição:

1. **composição por justaposição:** os radicais se juntam sem que haja alteração fonética: *couve-flor, salário-família, passatempo, girassol*; e

2. **composição por aglutinação:** na junção dos radicais, ocorre alguma alteração fonética: *aguardente, planalto, pernalta, doravante, destarte, outrora*.

Observe que o que distingue a justaposição da aglutinação é o fato de haver ou não alteração fonética. Em *girassol* ocorreu justaposição, já que as palavras *gira* e *sol* mantêm a mesma pronúncia que tinham quando separadas.

O outro processo de formação de palavras é a derivação, que pode ocorrer pelo acréscimo de afixos.

Afixos são elementos mórficos que se agregam a um radical para formar uma palavra nova. O afixo colocado antes do radical é denominado prefixo; o colocado depois é chamado de sufixo.

A derivação por acréscimo de afixos pode ser:

a) **prefixal:** a palavra nova é obtida por acréscimo de prefixo: *pré-nupcial, subsolo, desleal, anti-higiênico*.

As palavras formadas por derivação prefixal normalmente pertencem à mesma classe gramatical das palavras primitivas:

◊ *chefe* (substantivo) → *subchefe* (substantivo)

◊ *natural* (adjetivo) → *sobrenatural* (adjetivo)

◊ *distribuir* (verbo) → *redistribuir* (verbo)

◊ *ontem* (advérbio) → *anteontem* (advérbio)

b) **sufixal:** a palavra nova é obtida por acréscimo de sufixo: *felizmente, lealdade, livraria, digitalizar*.

Pelo processo da derivação sufixal, podem-se formar palavras que não pertencem à mesma classe gramatical da palavra primitiva:

◊ *atual* (adjetivo) → *atualizar* (verbo)

◊ *atual* (adjetivo) → *atualidade* (substantivo)

◊ *atual* (adjetivo) → *atualmente* (advérbio)

◊ *atualizar* (verbo) → *atualização* (substantivo)

c) **parassintética:** a palavra nova é obtida pelo acréscimo simultâneo de prefixo e sufixo. Por parassíntese formam-se principalmente verbos: *entristecer, entardecer, aterrorizar, embarcar*.

Para que haja parassíntese, é necessário que o prefixo e o sufixo tenham-se agregado simultaneamente ao radical. Em *deslealdade* e *desrespeitoso* não há parassíntese, uma vez que os prefixos e os sufixos não se agregaram ao mesmo tempo ao radical. Observe que as palavras *desleal* e *lealdade*, assim como *desrespeito* e *respeitoso*, têm existência autônoma. Nesse caso, dizemos que a palavra foi formada por derivação prefixal e sufixal.

Em palavras como *entristecer* e *aterrorizar* ocorreu parassíntese, uma vez que prefixo e sufixo agregaram-se ao mesmo tempo ao radical, porque não existem, em português, as palavras *entriste, tristecer, aterror* e *terrorizar*.

Pelo acréscimo de afixos, podemos derivar palavras com base não apenas em palavras primitivas, mas também em palavras já derivadas ou em palavras compostas, que nesse caso passam a ser primitivas em relação às que dela derivarem.

emprego	**plano**
↓	↓
empregado	planejar
empregável	planejador
desempregado	planejamento
subemprego	replanejamento

APLICANDO O CONHECIMENTO

A escolha de uma palavra ou expressão para servir de metáfora não é aleatória, na medida em que revela os valores, as crenças e as ideologias de quem a emprega. Logo, não é suficiente identificar as metáforas. A leitura competente se faz pelo desvelamento da metáfora, uma vez que o sentido que ela constrói relaciona-se a aspectos ideológicos de quem a emprega, como você pode observar no trecho a seguir, extraído do romance *Niketche: uma história de poligamia*, da escritora moçambicana Paulina Chiziane.

Leia o trecho e, a seguir, responda ao que se pede.

— Rami, a minha vida era boa. Fazia tudo o que queria. Visitava as mulheres quando me apetecia. Tirava o dinheiro do meu bolso, pagava-as quando mereciam. Agora que têm esses vossos negócios julgam-se senhoras, mas não passam de rameiras. Julgam que têm espaço, mas não passam de um buraco. Julgam que têm direito e voz, mas não passam de patos mudos.

— Estamos a ganhar dinheiro para melhorar a vida, Tony.

— Por isso me afrontam, porque têm dinheiro. Por isso me abusam, porque têm negócios. Por isso me faltam ao respeito, porque se sentem senhoras. Mas eu sou um galo, tenho a cabeça no alto, eu canto, eu tenho dotes para grandes cantos. Pois saibam que o vosso destino é cacarejar, desovar, chocar, olhar para a terra e esgaravatar para ganhar uma minhoca e farelo de grão. Por mais poder que venham a ter, não passarão de uma raça cacarejante mendigando eternamente o abraço supremo de um galo como eu, para se afirmarem na vida. Vocês são morcegos na noite piando tristezas, e as vossas vozes eternos gemidos.

(CHIZIANE, 2004, p. 166-167)

1. O fragmento reproduz um diálogo entre o marido (Tony) e sua mulher (Rami). Trata-se de texto figurativo em que há muitas metáforas. Na última fala de Tony, há uma série de metáforas que têm por base animais. Identifique algumas delas e comente a visão de mundo que elas revelam.

Texto para as questões 2 a 5.

Carnaval

O Carnaval nos seus folguedos tem muito de pagão, mas seu nome não desmente as origens cristãs, associado que está à lei de abstinência da carne. Que Carnaval está ligado à carne, qualquer leigo pode ouvir ou ver na palavra. Mas, e abstinência? Vamos à história.

Por muito tempo interpretou-se a palavra como "Carne, vale!", ou seja, "Carne, adeus!" ou "Adeus, carne!". Seria a definição da festa como a despedida da carne às vésperas da quaresma, tempo em que se impunha a abstinência da carne... Interpretação visivelmente fantasiosa, em que carne é impossível como vocativo.

Hoje, os etimologistas mais acreditados concordam em apontar a origem italiana do vocábulo. Carnevale, de carne-levale, alteração de carnelevare: carne levare. Levare significando "deixar, pôr de lado, suspender, suprimir". Referência clara à abstinência quaresmal que se seguia aos festejos carnavalescos.

(LUFT, 1996, p. 43)

2. "Hoje, os etimologistas mais acreditados concordam em apontar a origem italiana do vocábulo." Sabendo que a palavra *etimologista* deriva de *etimologia*, que por sua vez provém de *étimo*, analise a frase e responda:

    a) O que a etimologia estuda?
    b) O que significa a terminação *-ista* na palavra *etimologista*?

3. A terminação *-al* pode indicar "relação, pertinência"; "coleção", "quantidade"; "cultura de vegetais". O que indica a terminação *-al* na palavra *quaresmal*?

4. O adjetivo *carnavalesco* vem do latim e significa "pertencente ou relativo ao Carnaval, ou próprio dele". No Brasil, essa palavra passou a ser usada também como substantivo. Quais são os possíveis sentidos do substantivo *carnavalesco*?

5. Após a leitura atenta do texto, responda: qual a origem mais remota da palavra *Carnaval*? Qual seu significado literal?

6. O Projeto de Lei n. 6.299/2002, entre outras coisas, propõe que a palavra "agrotóxico" seja retirada das embalagens de produtos e seja substituída por outras, entre elas pela expressão "defensivo fitossanitário". Qual é a sua opinião sobre essa substituição? Muda alguma coisa? Em caso afirmativo, o quê?

7. O uso inadequado de uma palavra pode dar à frase um sentido diferente do pretendido. Em outros casos pode deixar a frase incoerente, até mesmo absurda, provocando efeitos de sentido de humor.

Nas frases que seguem, identifique a palavra que foi empregada de maneira inadequada e reescreva a frase de forma a evitar o problema.

a) Prefeito de cidade do interior de Goiás vai dormir bem e acorda morto.
b) O cadáver foi encontrado morto pela polícia dentro do próprio carro.
c) Pedimos desculpas a nossos leitores por esse erro indesculpável.
d) A vítima foi estrangulada por golpes de facão.
e) O novo presidente do conselho é um septuagenário de 82 anos.

RECAPITULANDO

Neste Capítulo 8, tratamos das palavras e dos sentidos que elas traduzem. Conceituamos palavra como uma unidade linguística que apresenta uma forma (sonora ou gráfica) e um conceito. As palavras são também chamadas de lexemas e o conjunto delas é denominado léxico.

As palavras podem ser:

- **lexicais:** quando remetem a referentes do mundo natural (ou criado pela imaginação); e

- **gramaticais:** quando estabelecem relações de sentido entre outras palavras.

As palavras são formadas dentro da própria língua a partir de morfemas (radicais e afixos) à disposição dos falantes, ou tomadas por empréstimo de outras línguas.

Os dois principais processos para a formação de palavras são:

- **composição:** junção de dois ou mais radicais; e

- **derivação:** acréscimo de afixos a um radical.

As palavras se associam pela forma (palavras de mesmo radical, por exemplo) e pelo sentido. Entre as associações por sentido merecem destaque: a sinonímia, a antonímia, a polissemia, a metáfora e a metonímia.

CAPÍTULO 9

A FRASE

9.1 Introdução

No Capítulo 8, tratamos das palavras, que são unidades de sentido. As palavras combinam-se segundo algumas regras que constituem a gramática da língua, formando unidades maiores de sentido, a frase, assunto que trataremos neste Capítulo 9.

9.2 Frase

No ato de comunicação, dirigimo-nos a alguém, o(s) leitor(es) ou o(s) ouvinte(s), movidos pelos mais variados propósitos. Fazemos uso da língua para perguntar, responder, informar, cumprimentar, agradecer, pedir, reclamar, elogiar, acusar, criticar, desculpar-se... Cada vez que nos valemos da língua com um propósito comunicativo, temos um ato de fala.

Certos atos de fala vão além do simples dizer, já que podem também realizar algo. Quando um juiz, por exemplo, diz "Eu condeno o réu a dez anos de reclusão", ele não está apenas dizendo que condena, está de fato condenando. O mesmo ocorre quando, na abertura de uma reunião, a pessoa encarregada de conduzir os trabalhos diz "Declaro aberta a sessão". Ao proferir essa frase, a sessão está aberta. O dizer se transforma num fazer.

Do ponto de vista linguístico, as unidades linguísticas dos atos de fala são as frases. Um ato de fala pode se constituir de uma ou mais de uma frase.

Chamamos de frase toda sequência linguística capaz de estabelecer comunicação entre sujeitos. A frase se manifesta tanto na língua falada quanto na língua escrita. Na escrita, o início da frase é indicado pela letra inicial maiúscula e o final por algum ponto ou pelas reticências.

Na fala, a frase é marcada pela entoação, que indica se o conteúdo da frase é uma declaração, uma pergunta, uma ordem etc. A entoação decorre da modulação da voz, ou seja, por movimentos de ascendência, estabilização e descendência do tom da voz. Na língua escrita, usamos alguns sinais gráficos (sinais de pontuação) para indicar a entoação.

Observe as sequências linguísticas a seguir. Se possível, pronuncie-as em voz alta.

Você veio ontem.
Você veio ontem?
Você veio ontem!

As palavras e a sequência delas é a mesma; no entanto, devido à entoação, os sentidos são diferentes. Com base nisso, podemos concluir que a entoação é portadora de sentido. Um simples "Bom dia", dependendo da forma como é entoado e combinado com a expressão facial e gestual, pode demonstrar sentimentos bem distintos, como cordialidade, alegria, afeto, raiva, desprezo etc.

Na língua falada, é comum que atos de fala, em vez de serem expressos por frases, sejam manifestados por uma interjeição. Suponha a seguinte situação: numa sala de cinema, você está se sentindo incomodado porque o casal da fileira da frente não para de conversar. Seu propósito comunicativo é adverti-los para que parem de falar. Você poderia dizer:

— Parem de conversar, por favor.

Nesse caso, você se valeu de uma frase para atingir seu propósito comunicativo. No entanto, naquele contexto, seria mais eficaz economizar palavras e dizer simplesmente:

— Psiu.

O propósito comunicativo é o mesmo, mas naquela situação, dizer simplesmente *psiu* parece ser mais adequado. A interjeição funcionou como uma frase.

Na língua falada, sobretudo na conversação face a face, as frases costumam se apresentar fragmentadas, já que os falantes "economizam" referências, deixando-as incompletas. Isso, no entanto, não causa problema algum em termos comunicacionais, já que os termos omitidos são facilmente recuperados pelo contexto.

Voltemos à situação do cinema em que o casal da frente não parava de conversar, o que fez com que você se dirigisse a ele para pedir silêncio.

Antes de entrar na sala, você teve de adquirir o ingresso. Vamos supor que você fez isso presencialmente na bilheteria e não antecipadamente pela internet. O diálogo para a aquisição das entradas deve ter sido algo como:

— Duas.
— Meia ou inteira?
— Meia.
— Débito ou crédito?
— Débito.

Temos aí cinco frases, todas elas com elementos subentendidos e facilmente recuperáveis pelo contexto. Nada, portanto, impediu que o propósito comunicativo fosse alcançado. Podemos afirmar que o diálogo com todas as palavras explicitadas não ocorreria. Se ocorresse, soaria absurdo. Veja:

— Eu quero comprar dois ingressos para a próxima sessão.
— Você quer meia entrada ou inteira?
— Eu quero duas meias entradas porque somos estudantes.
— Você vai pagar com cartão de débito ou com cartão de crédito?
— Irei pagar com cartão de débito.

Na língua falada, estamos sempre fazendo uso de frases de situação, aquelas cujo sentido está muito dependente do contexto situacional, de que são exemplos as frases do primeiro diálogo que apresentamos para a compra de ingressos. As frases de situação são normalmente elípticas e, fora do contexto, têm seu sentido esvaziado.

Na escrita, no entanto, nos valemos de outro tipo de frase, já que, muitas vezes, não se tem o contexto situacional. Como os interlocutores não estão presentes na situação comunicativa, não há como sanar possíveis ruídos na comunicação, esclarecendo, por exemplo, algo que não foi entendido. Em decorrência disso, as frases da língua escrita apresentam uma organização mais rígida do ponto de vista gramatical. Feitas essas considerações, propomos uma definição de frase.

Capítulo 9. A frase **207**

◇ **Frase** é todo enunciado linguístico oral ou escrito com sentido completo, capaz de estabelecer comunicação, de acordo com a situação em que se acham os interlocutores.

Observe os exemplos a seguir:

a) Pênalti!

b) Silêncio!

c) Abaixo a censura.

d) Cada macaco no seu galho.

e) Muito obrigado pela sua presença e pela escuta atenta e amigável.

f) O silêncio das sereias é perigoso.

g) "A gratidão não é somente a maior das virtudes, é também mãe de todas as outras." (Cícero)

h) "A adulação nunca brota das grandes almas, é apanágio das pequenas, que conseguem apequenar-se ainda mais para caber na esfera social da pessoa em torno da qual gravitam." (Balzac)

Temos frases em todos esses exemplos, mas você deve ter notado que há diferenças entre eles:

a) As frases têm extensão variável. Há frases curtas, às vezes de uma única palavra, como nos exemplos *a* e *b*, e frases que têm uma certa extensão, como a frase *h*.

b) Há frases que não apresentam verbo, como nos exemplos *a*, *b* e *c*.

c) Há frases em que não há verbo explícito, mas subentendido, como em *d* [Cada macaco (deve ficar) no seu galho] e *e* ["(Fico ou me sinto) muito obrigado pela sua presença e pela escuta atenta e amigável"].

d) Há frases que se organizam em torno de uma única forma verbal, como no exemplo *f*.

e) Há frases que se organizam em torno de mais de uma forma verbal, como as dos exemplos *g* e *h*.

208 **Língua Portuguesa:** desenvolvendo competências de leitura e escrita

Veja que, do ponto de vista estritamente gramatical, não conseguimos definir frase, por exemplo, frase é o enunciado que apresenta verbo, ou frase é um enunciado que tem sujeito e predicado. Isso porque frase é uma unidade do discurso, que se manifesta em textos, podendo haver textos formados de uma única frase.

Quando adotamos um ponto de vista gramatical, falamos em período, que assim definimos:

◇ **Período** é frase que apresenta verbo.

Nem toda frase, portanto, é um período; mas a recíproca é verdadeira: todo período é uma frase.

Compare agora as frases *f* e *g*:

O silêncio das sereias é perigoso.
A gratidão não é somente a maior das virtudes, é também mãe de todas as outras.

Ambas constituem períodos, porque apresentam verbo. Há uma diferença entre eles: o primeiro apresenta um único verbo; o segundo, dois. O primeiro é chamado de período simples; o segundo, de composto.

Você já deve ter ouvido nas aulas de língua portuguesa a palavra *oração* e deve estar agora se perguntando: o que é uma oração? Vamos lá.

Oração é a frase ou um pedaço de frase que se organiza em torno de uma forma verbal à qual podem se subordinar outros termos (sujeito, complementos, adjuntos etc.).

Volte aos exemplos acima. Em "O silêncio das sereias é perigoso", temos uma única oração, porque há uma só forma verbal. Em "A gratidão não é somente a maior das virtudes, é também mãe de todas as outras", temos duas orações, porque há duas formas verbais.

◇ Usamos a expressão **forma verbal** para deixar claro que o verbo pode se apresentar em formas compostas por mais de um verbo, como nos tempos compostos e nas locuções verbais. Em "Amanhã poderá chover" e "Tinha estudado para a prova", embora tenhamos dois verbos em cada frase, há em cada uma delas uma única forma

Capítulo 9. A frase **209**

verbal e, portanto, uma única oração. *Poderá chover* é uma locução verbal e *tinha estudado*, um tempo composto.

Uma oração pode ou não ter sentido completo, ou seja, há orações que constituem frases e outras não. Nesse caso, são apenas pedaços de frase.

Veja, a seguir, um resumo.

O que caracteriza a oração é a presença de uma forma verbal. A frase é todo enunciado linguístico de sentido completo capaz de estabelecer comunicação. O período é a frase que apresenta forma verbal. Portanto:

- nem toda frase é uma oração (há frases sem verbo);
- nem toda oração é uma frase (há orações sem sentido completo, são pedaços de frase);
- há frases formadas por uma ou mais orações (período simples ou período composto);
- todo período é uma frase porque tem sentido completo.

Como nossa preocupação deve estar sempre voltada para o sentido que as construções linguísticas produzem, é relevante apenas que você saiba o conceito de frase e que ela pode ou não se constituir em torno de uma forma verbal.

Por fim, para que um conjunto de palavras seja considerado frase, não é obrigatório que o conteúdo informacional veiculado seja verdadeiro. Lembre-se de que as pessoas usam frases para dizer mentiras. Assim, enunciados como "A baleia é um peixe" e "A Terra é plana" são frases, embora veiculem informações falsas.

9.2.1 Tipos de frase

As frases costumam ser classificadas com base no propósito comunicativo. Costumam ser classificadas em:

a) **declarativas:** são utilizadas para afirmar ou negar algo de forma objetiva. O enunciador dá como certo o que declara.

Um homem de caráter tem vergonha até diante de seu cão. (Tchekhov)
Não conto gozar a minha vida: nem gozá-lo penso. (Fernando Pessoa)

b) **interrogativas:** quem fala desconhece algo e pergunta a alguém sobre isso. Ao fazer uso de uma frase interrogativa, o falante espera obter uma resposta.

O que aconteceu?
Quando você chegou?

Com as frases interrogativas, pode-se perguntar sobre tudo:

Seres animados: *Quem foi aprovado?*
Coisas ou acontecimentos: *Que contém essa caixa? Que aconteceu com você?*
Lugares: *Onde você mora?*
Tempo: *Quando você volta?*
Causa: *Por que você desistiu?*
Finalidade: *Para que você comprou isso?*

As frases interrogativas que terminam em ponto de interrogação são chamadas de interrogativas diretas. As interrogativas indiretas terminam em ponto e a pergunta propriamente dita é dependente de outra oração, por exemplo, "Perguntei quando ela voltaria" e "Não sei por que você me abandonou".

c) **imperativas:** são dirigidas a alguém para exprimir ordem, conselho ou solicitação. Nesse tipo de frase, normalmente o sujeito gramatical não vem expresso e a forma verbal, se houver, não exprime tempo.

Devolva os livros à biblioteca.
Patrícia, não deixe de fazer os exercícios.

d) **exclamativas:** são utilizadas para exprimir espanto, admiração, surpresa.

Que maravilha!
Não acredito no que aconteceu!

Capítulo 9. A frase **211**

e) **optativas:** são utilizadas para exprimir desejo.

Deus te proteja!
Bons ventos o levem!

9.2.2 Frase e sentido

No discurso, isto é, no uso efetivo da língua, você poderá observar que o sentido da frase pode estar muito além das palavras que a formam. Em outros casos, uma frase afirma uma coisa, mas está significando outra. Há ainda usos em que a frase apresenta uma forma gramatical interrogativa, mas o propósito comunicativo é um pedido. Muitas frases apresentam em sua superfície elementos que levam a conteúdos implícitos. Há também casos em que a frase revela um maior ou menor comprometimento daquele que fala em relação àquilo que fala.

Enfim, o sentido da frase não é necessariamente dado por sua forma gramatical. Nos próximos itens, discutiremos alguns desses casos.

9.2.3 Atitude do falante

As frases expressam a atitude do falante em relação àquilo que diz. As atitudes, como adiantamos, são as mais diversas: de certeza, de dúvida, de ordem, de pedido, de desejo etc.

Essas atitudes são manifestadas pela entoação e, do ponto de vista linguístico, pelos modos verbais (indicativo, subjuntivo e imperativo).

Vejamos as atitudes expressas pelos modos verbais.

9.2.3.1 Modo indicativo

O indicativo revela uma atitude objetiva do falante em relação ao processo verbal, apresentando o fato expresso pelo verbo como certo, preciso, seja ele passado, presente ou futuro.

Letícia *estuda* Psicologia.
Valéria *resolveu* o problema rapidamente.
O professor não *dará* aulas no próximo semestre.

9.2.3.2 Modo subjuntivo

O subjuntivo revela uma atitude subjetiva do falante em relação ao processo verbal, permitindo a expressão de estados emocionais, como os de dúvida, desejo e condição:

> Patrícia disse que talvez *vá* ao cinema.
> Espero que eles me *convidem* para a festa.
> Se ela mesma não me *dissesse*, não acreditaria.

O subjuntivo é normalmente empregado nas orações dependentes de outras (subordinadas). No entanto, pode aparecer, no presente, em orações independentes para exprimir:

a) **desejo:** *Esperemos* ansiosamente a chegada dos atletas.

b) **hipótese:** Talvez *encontrem* os verdadeiros culpados.

c) **ordem ou proibição:** Que *entrem* os acusados. *Revoguem*-se as disposições em contrário.

9.2.3.3 Modo imperativo

O imperativo revela uma atitude de interferência do falante sobre o interlocutor, exprimindo mando, ordem, solicitação, conselho ou convite.

O imperativo pode expressar diversas atitudes do falante, por isso, a entoação da frase é fundamental para exprimir a ideia pretendida.

Como nesse modo verbal o falante sempre se dirige a alguém, o imperativo só possui as formas que admitem um interlocutor (segundas e terceiras pessoas e primeira pessoa do plural):

> *Devolva*-me os documentos. (ordem)
> *Passe*-me o açúcar, por gentileza. (solicitação)
> Patrícia, não *deixe* o carro na rua, guarde-o na garagem. (conselho)

9.2.4 Comprometimento do falante

As frases podem exprimir o comprometimento do falante em relação àquilo que fala. Observe:

a) Eu tenho certeza de que ele foi o responsável pelo acidente.

b) Não tenho dúvidas de que ele foi o responsável pelo acidente.

c) Desconfio de que ele foi o responsável pelo acidente.

d) Acho que ele foi o responsável pelo acidente.

Há um conteúdo informacional veiculado expresso na oração "ele foi o responsável pelo acidente". Esse conteúdo é introduzido por outra oração que revela o grau de comprometimento do falante. Nos exemplos *a* e *b*, o falante se compromete com o que é dito; já em *c* e *d*, não se compromete. Em outros termos, em *a* e *b* o falante se responsabiliza pelo que enuncia; em *c* e *d* não se responsabiliza pelo que diz.

Outra forma usada para evitar o comprometimento do falante em relação àquilo que diz é atribuir o conteúdo informacional a outrem não identificado (em muitos casos, esse outrem nem existe de fato), como em:

Ouvi dizer que ele foi o responsável pelo acidente.

Contam que ele foi o responsável pelo acidente.

9.2.5 Implícitos

Muitas vezes, uma frase pode remeter a sentidos que não estão expressos, mas podem ser inferidos. Há algum tempo, um *site* de notícias trazia a seguinte manchete: "Mulheres já podem dirigir na Arábia Saudita".

Essa frase traz um conteúdo implícito: antes, as mulheres não podiam dirigir na Arábia Saudita. Há na frase um elemento linguístico que permite ao leitor inferir o conteúdo implícito: o advérbio *já*.

Veja outro exemplo: "Pedro deixou de fumar".

Essa frase remete a um conteúdo implícito: Pedro fumava anteriormente. O elemento linguístico que permitiu inferir o conteúdo implícito é a expressão *deixou de*.

Os linguistas dizem que, nesses casos, ocorreu pressuposição. Há um posto, o enunciado, a frase, e um pressuposto, o conteúdo implícito. Na pressuposição, há sempre na frase posta uma expressão linguística que permite inferir o conteúdo pressuposto.

Há, no entanto, especialmente na linguagem falada, certas frases que remetem a informações implícitas sem que haja qualquer elemento linguístico que leve a ela (não se trata de pressuposição, portanto). O interlocutor infere o conteúdo implícito a partir de sua experiência pessoal e do contexto em que ocorre a interação.

Imagine a seguinte situação: há uma importante reunião marcada na empresa para começar exatamente às 9 horas da manhã. Um dos diretores chega esbaforido poucos minutos antes das 10 horas da manhã, entra e diz: "O trânsito está péssimo".

Evidentemente, o propósito comunicativo de quem proferiu essa frase não era informar as condições do trânsito naquela manhã, mas justificar o atraso e, de certa forma, pedir desculpas. Essa frase, dita naquelas circunstâncias, contém uma informação implícita. Ocorre que nela não há qualquer elemento linguístico que leve a essa informação.

Veja outro caso. Quando tratamos dos tipos de frase, falamos em frases declarativas e interrogativas. Ocorre que podemos usar uma frase declarativa não para afirmar ou negar algo, mas para fazer um pedido. Quando uma pessoa diz para outra "Está um calor insuportável aqui dentro", pode ser apenas uma constatação de que está calor, ou seja, quem fala afirma exatamente aquilo que está dito, sem qualquer subentendido. Nesse caso, temos uma frase declarativa. Mas, numa determinada situação comunicativa, aquela mesma frase pode conter uma informação implícita: um pedido para que se abram as janelas ou se ligue o ar-condicionado.

Na conversação cotidiana, fazemos isso com muita frequência como forma de polidez. Quantas vezes você já não disse a alguém "Você teria uma caneta?", em vez de "Me empreste a caneta", que soa muito imperativo.

9.2.6 Ironia

Observe o fragmento a seguir, extraído do livro *Memórias de um sargento de milícias*, de Manuel Antônio de Almeida.

— Com força, menina, com bem força, e Nossa Senhora não desampara os fiéis. Ânimo, ânimo; isto o mais que sucede é uma vez por ano. Desde que nossa mãe Eva comeu aquela maldita fruta ficamos nós sujeitas a isso. "Eu multiplicarei os trabalhos de teu parto." São palavras de Jesus Cristo. Já se vê que a comadre era forte em história sagrada.

(ALMEIDA, 2011, p. 204)

A última frase não deve ser lida literalmente, já que o que está explícito no enunciado não corresponde exatamente ao que se diz. Em termos mais técnicos, ouvem-se aí duas vozes: uma presente no enunciado e outra que corresponde à enunciação. Diz-se uma coisa, mas de fato está se dizendo outra, que é o contrário do efetivamente dito. A ironia combina, pois, dois planos: o do enunciado e o da enunciação. O primeiro orientado positiva-mente; o segundo, negativamente.

Ao afirmar "Já se vê que a comadre era forte em história sagrada", orien-tação positiva, o enunciador está dizendo que a comadre não sabe nada de história sagrada, orientação negativa.

A frase "Já se vê que a comadre era forte em história sagrada" contém uma ironia, pois a referência textual da comadre contém um erro, na medida em que a frase "Eu multiplicarei os trabalhos de teu parto" não foi dita por Jesus Cristo, uma vez que aparece no Velho Testamento (Gênesis), em que Jesus Cristo não aparece.

É evidente que só os leitores que sabem que a frase "Eu multiplicarei os trabalhos de teu parto" não foi dita por Jesus Cristo perceberão a ironia.

Veja outro exemplo. No prefácio da edição brasileira do *Curso de linguís-tica geral*, de Ferdinand Saussure, feito pelo professor Isaac Nicolau Salum, há a seguinte passagem:

"A 1ª edição do Curso é de 1916, como se sabe, 'obra póstuma', pois Saussure faleceu a 27 de fevereiro de 1913. A versão portuguesa sai com apenas 56 anos de atraso."

(SALUM, 1972, p. XIII)

Na última frase, afirma-se algo que é o contrário do que efetivamente se diz. Se a edição demorou 56 anos para sair, o uso do advérbio *apenas* con-fere à frase sentido irônico.

9.2.7 Lítotes

Quando falamos de tipos de frase, chamamos sua atenção para o fato de as frases poderem afirmar ou negar algo. Muitas vezes, uma frase afirma algo pela negação de seu contrário. Trata-se de uma figura de linguagem que os estudiosos do texto e do discurso chamam de lítotes.

O nome pode lhe parecer estranho (e é mesmo). Voltamos a insistir que o importante não é dominar uma nomenclatura (o nome da figura), mas perceber os sentidos que se escondem por trás de uma forma linguística. Um enunciador, como vimos, pode usar uma forma interrogativa para pedir. Nas lítotes, a forma gramatical é negativa, mas o sentido é afirmativo. Veja que essa figura se aproxima muito da ironia. Veja alguns exemplos:

Ela não é nada boba.
Luana não é nada feia.

Embora ambas, do ponto de vista gramatical, tenham estrutura gramatical negativa, afirmam algo. Na primeira, afirma-se que ela é esperta; na segunda, que Luana é bonita.

Como afirmamos no capítulo anterior, as figuras de linguagem não devem ser vistas como ornamentos do discurso, recursos para tornar mais belo o que pretendemos dizer. Veja que as figuras que comentamos, lítotes e ironia, estão sendo empregadas como recursos argumentativos, como uma forma de enfatizar o que se pretende dizer.

TEXTO COMENTADO

Fragmentos

Antes, não existia nada. Nada além daquela fina poeira cinza que caía lentamente sobre seus fios brancos e lisos. Seus ouvidos zuniam como se um inseto houvesse se apoderado de seu corpo e nunca mais pretendesse deixar sua hospedeira. Era o único som além do ranger da madeira a cada nova investida de uma labareda jovem e indomável.

Ali parada, anestesiada, com seus tênis verdes e roídos, tentou lembrar se havia tirado as poucas peças de roupa do varal e a ideia de ficarem com aquele odor

Capítulo 9. A frase **217**

mórbido a deixou perturbada. Pensava em como se livrar desse odor enquanto seus olhos vidrados observavam como estrangeiros aquele cenário de natureza morta que exercia nela um fascínio fulminante.

As chamas aos poucos consumiam a cor e a forma de cada objeto; a cama simples de madeira mofada, os poucos quadros de fotografia que pendiam espalhados pela casa; os discos de vinil empoeirados que ninguém ouvia se contorciam em câmera lenta com o calor que se aproximava dos pratos de porcelana que jamais foram usados, do berço da criança esquecida em uma única imagem embotada, dos livros que não conseguiu salvar. Todos os pequenos resquícios de uma solidão compartilhada transformados em cinzas que cintilavam na luz do poste na rua agora tomada pelo calor e pelas pessoas que se acumulavam.

As aglomerações desencantam. Toda a individualidade e o prazer da solidão desaparecem. Nunca gostou de aglomerações – pessoas grudadas umas nas outras com aquela mórbida curiosidade de quem tem tédio da vida – e logo que iniciaram o ritual ao redor da fogueira que se fez do que um dia foi a casa de sua juventude, ela vagarosamente se retirou esquecendo a roupa no varal, sai lentamente de cena, deixando pra trás a fétida silhueta que a cativou em uma tarde quente e fastidiosa de domingo.

(PACHECO, 2015, p. 43-44)

O texto que você acabou de ler é um exemplo de como as frases cumprem sua finalidade essencial: dizer de modo completo, contribuindo dessa forma para a clareza.

Fragmentos é um ato de fala que conta uma história. Se o propósito comunicativo é contar algo, temos um texto narrativo. Um ato de fala tem, como vimos, por unidade mínima a frase e uma única frase pode constituir uma narrativa.

Uma frase como "Otelo matou Desdêmona" é uma narrativa mínima. Observe que nela estão presentes todos os elementos da narrativa. Há um narrador que disse que Otelo matou Desdêmona. Há personagens, Otelo e Desdêmona. Há um fato narrado, uma ação, expressa pelo verbo *matar*, e um tempo (passado), depreensível pela forma verbal *matou*.

Embora uma única frase possa constituir uma narrativa, os textos narrativos apresentam encadeamentos de frases que se relacionam por causa e consequência.

Em *Fragmentos*, temos uma sequência de frases encadeadas construindo uma narrativa. Como a narrativa pressupõe ações de personagens, o tipo de frase que predomina nela são períodos, isto é, frases que se organizam em torno de verbos de ação. Os períodos, como vimos, podem estar constituídos em torno de uma só forma verbal (período simples), ou em torno de mais de uma (período composto). Vejamos como a autora, Jessyca Pacheco, articula as frases para produzir um texto coerente, coeso e claro.

Em primeiro lugar, chamamos a atenção para a extensão das frases. Se você observar, verá que predominam frases curtas.

"Antes, não existia nada."

"As aglomerações desencantam."

"Toda a individualidade e o prazer da solidão desaparecem."

"Era o único som além do ranger da madeira a cada nova investida de uma labareda jovem e indomável."

Mesmo as frases estruturadas em torno de mais de uma forma verbal (períodos compostos) são curtas.

"Nada além daquela fina poeira cinza que caía lentamente sobre seus fios brancos e lisos."

"Ali parada, anestesiada, com seus tênis verdes e roídos, tentou lembrar se havia tirado as poucas peças de roupa do varal e a ideia de ficarem com aquele odor mórbido a deixou perturbada."

"Pensava em como se livrar desse odor enquanto seus olhos vidrados observavam como estrangeiros aquele cenário de natureza morta que exercia nela um fascínio fulminante."

A frase mais extensa do texto é a que abre o terceiro parágrafo e só ficou um pouco mais longa que as demais porque a autora teve de se valer de enumerações para explicitar o que era devorado pelas chamas.

Claro que há textos muito bem escritos que se valem de frases longas, mas atente para uma coisa: o uso de frases longas, do ponto de vista do leitor, vai exigir dele maior esforço cognitivo; e, do ponto de vista do produtor, grande destreza no manejo da língua. Chamamos a atenção sobre isso no Capítulo 7 (tópico *7.2.2.1. Clareza e gramática*), exemplificando com um parágrafo de obra de Rui Barbosa.

Capítulo 9. A frase **219**

Um texto em que predominam frases curtas favorece a legibilidade. Frases curtas implicam, portanto, não ter receio de usar o ponto. Veja como a autora de *Fragmentos* não economiza nos pontos, tornando a leitura fluente.

Quantas vezes você já se deparou com uma frase muito longa, cheia de orações que se encaixam em outras e, quando estava lá pelo meio do período, teve de voltar ao início e recomeçar a leitura porque perdeu o fio da meada? Certamente, várias.

Embora tenhamos definido frase como uma unidade de sentido completa capaz de estabelecer comunicação, nos textos essas unidades de sentido não são tão independentes, já que as frases se relacionam.

O texto não resulta da soma das frases que o constituem, pois há entre elas relações de sentido que são garantidas pela coesão, ou seja, uma frase se amarra a outra. Veja como Jessyca Pacheco começa o texto:

"Antes, não existia nada. Nada além daquela fina poeira cinza que caía lentamente sobre seus fios brancos e lisos."

Há duas frases e o sentido da segunda depende da primeira. Observe que há entre elas um elemento comum, o pronome *nada*, que encerra a primeira e abre a segunda. Esse elemento comum amarra a segunda frase na primeira estabelecendo um vínculo entre ambas, que permitiu que, na segunda, se omitisse o verbo, "(Não havia) Nada além daquela fina poeira cinza que caía lentamente sobre seus fios brancos e lisos".

A segunda frase é um período composto porque é constituída em torno de duas formas verbais, *havia* (implícito) e *caía*. O sentido, portanto, não decorre da soma da primeira frase com a segunda, mas da relação que se estabelece entre ambas; em outras palavras, o sentido dos textos é mais do que a soma das frases que o constituem. E assim a autora vai tecendo seu texto. Frases curtas, independentes apenas na aparência, que se amarram a outras formando um todo coeso e coerente maior que a soma das partes que o constituem.

220 **Língua Portuguesa:** desenvolvendo competências de leitura e escrita

REVISÃO GRAMATICAL

As frases, como vimos, se manifestam tanto na língua falada quanto na língua escrita. Na língua falada, a entoação é constitutiva do sentido. Na língua escrita, o falante não dispõe dos inúmeros recursos da fala, tais como entoação, gestos, expressões do rosto.

Na escrita, usamos os sinais de pontuação para reproduzir, ainda de que maneira bastante imperfeita, os inúmeros recursos da fala. Tais sinais se prestam, basicamente, a marcar não só a melodia da frase, isto é, a forma como ela deve ser entoada, como também as pausas.

Os sinais que marcam a melodia são o ponto (.), o ponto de interrogação (?), o ponto de exclamação (!) e as reticências (...). Os demais sinais marcam pausas. Deles, nos interessa particularmente a vírgula.

É importante que você saiba que o emprego ou não da vírgula é uma questão relativa à estrutura da frase, ou seja, diz respeito à sintaxe, e não ao fato de haver ou não pausas para respirar. Pode ocorrer de haver uma frase muito longa que nos obrigue a fazer pausas para emiti-la e não haver vírgula. Por outro lado, pode haver uma frase curta, sem nenhuma pausa que obrigue o uso da vírgula. Leia em voz alta as duas frases que seguem.

Aqueles dois excelentes alunos do segundo semestre do curso de pós-graduação em engenharia ambiental receberam um prêmio.

Fique quieto, menino!

Na primeira frase, você deve feito uma pausa depois de *ambiental*, mas note que, na escrita, não há vírgula, porque não se podem separar termos imediatos, como o sujeito do predicado, mesmo que o sujeito seja extenso e obrigue a uma pausa depois dele para que se enuncie o predicado.

Na segunda frase, você não deve ter feito pausa alguma entre *quieto* e *menino*, mas observe que, na escrita, há uma vírgula, porque o vocativo sempre se separa por vírgula, esteja ele no começo, no meio ou no fim da frase.

Como dissemos, saber usar a vírgula é, basicamente, uma questão de sintaxe e não de prosódia. Para usá-la adequadamente, você deve observar que a frase se dispõe numa certa ordem. As frases simples,

Capítulo 9. A frase **221**

aquelas que se constituem em torno de um único verbo, apresentam seus componentes na seguinte ordem: sujeito, verbo, complementos. Essa é a chamada ordem direta. Quando os termos estiverem dispostos nessa ordem, não devem ser separados por vírgula. Assim, não se usa vírgula entre o sujeito e o predicado, entre o verbo e seu complemento e entre o nome e seu complemento ou adjunto, mesmo que na fala haja pausa entre esses termos. Observe:

Muitos imigrantes europeus chegaram ao Brasil naquele ano.
Todos os alunos apresentaram o texto ao professor.
A áspera resposta ao candidato deixou-o magoado.

Nas frases simples, deve-se empregar a vírgula para marcar termos deslocados e termos intercalados.

Vírgula com termos deslocados

Geralmente, quando um termo é deslocado de seu lugar original na frase, deve vir separado por vírgula. Observe:

Naquele dia, os candidatos receberam a imprensa.

Na ordem direta, teríamos:

Os candidatos receberam a imprensa naquele dia.

Inquietos, os espectadores aguardavam o início do espetáculo.

Na ordem direta, teríamos:

Os espectadores aguardavam o início do espetáculo inquietos.

Vírgula com termos intercalados

Os termos que se intercalam na ordem direta, quebrando a sequência natural da frase, devem vir isolados por vírgulas. Observe:

Os espectadores, inquietos, aguardavam o início do espetáculo.
Os candidatos, naquele dia, receberam a imprensa.
A sua atitude, no entanto, causou sérios desentendimentos.

Nas frases compostas, aquelas formadas por mais de uma oração, vamos distinguir dois casos: orações subordinadas e orações coordenadas.

As orações subordinadas são pedaços de frases, isto é, elas são termos de uma frase. Para esse tipo de oração aplicam-se os mesmos princípios do período simples, a frase organizada em torno de um único verbo. Separam-se as orações subordinadas quando vierem deslocadas ou intercaladas. Observe:

Todos aplaudiram quando o cantor subiu ao palco.
Quando o cantor subiu ao palco, todos aplaudiram.
O cantor, como era esperado pela plateia, cantou seu maior sucesso.

As orações coordenadas, ao contrário das subordinadas, não funcionam como termos de uma frase. Embora sejam pedaços de uma frase maior, são independentes do ponto de vista sintático, relacionando-se pelo sentido. Podem estar ligadas ou não por conjunção. Esse tipo de oração sempre se separa por vírgula. A única exceção é a oração coordenada que se inicia pela conjunção aditiva e. Observe:

Cheguei, pedi silêncio, aguardei alguns minutos e comecei a palestra.
Eles se esforçaram muito, porém não obtiveram o resultado desejado.

As orientações apresentadas, evidentemente, não cobrem todos os casos de emprego da vírgula. São princípios gerais que ajudarão você na maioria das situações. Sempre que houver dúvida num caso mais específico, consulte uma boa gramática. Ao final deste livro há indicação de algumas.

APLICANDO O CONHECIMENTO

As questões de 1 a 3 referem-se ao texto _Fragmentos_, apresentado na seção _Texto comentado_. Volte a ele para respondê-las.

1. Os tempos do pretérito se dividem para expressar uma ação totalmente acabada (perfeito e mais-que-perfeito) ou um processo em sua duração (imperfeito). Observe as formas verbais usadas no texto e verifique que há predominância de verbos no pretérito imperfeito. Que efeito de sentido isso traz para o texto?

2. O texto trata de um incêndio que destrói tudo. Assim, uma palavra concreta, _incêndio_, recobre a ideia de destruição. Dizemos que incêndio é uma figura e

Capítulo 9. A frase **223**

que destruição é um tema. Destaque, no nível da expressão do texto, outras palavras relacionadas pelo sentido a *incêndio*.

3. O título do texto é *Fragmentos*. Essa palavra é usada para designar pedaços de algo que se quebrou, cortou, rasgou etc., portanto, fragmento se opõe a totalidade, a inteireza. De que fragmentos trata o texto?

4. O trecho a seguir foi extraído do livro *Alice no país das maravilhas*, de Lewis Carroll.

— Então você deve dizer o que acha — continuou a Lebre Aloprada.
— Eu digo o que acho... — apressou-se em responder Alice — ... ou pelo menos... pelo menos eu acho o que digo... É a mesma coisa, não é?
— Não é nem um pouco a mesma coisa — disse o Chapeleiro —, pois da mesma forma que você poderia dizer que "Eu vejo o que como" é a mesma coisa que "Eu como o que vejo"!
— Você pode do mesmo modo dizer que "Eu gosto daquilo que consigo" é a mesma coisa que "Eu consigo aquilo de que gosto"! — acrescentou a Lebre Aloprada.
— Da mesma forma você dizer que "Eu respiro quando durmo" é a mesma coisa que "Eu durmo quando respiro"! — acrescentou a Marmota, que parecia falar enquanto dormia.
— No seu caso é de fato a mesma coisa — disse o Chapeleiro.
E aqui a conversa foi interrompida, ficando o grupo em silêncio por alguns minutos, enquanto Alice meditava sobre as possíveis relações entre corvos e escrivaninhas, que, aliás, não eram muitas.

(CARROLL, 2009, p. 80-82)

O texto chama a atenção para o fato de que frases como: "Eu digo o que acho..."/"Eu acho o que digo...", "Eu vejo o que como."/"Eu como o que vejo.", "Eu gosto daquilo que consigo."/"Eu consigo aquilo de que gosto.", "Eu respiro quando durmo."/"Eu durmo quando respiro." não possuem o mesmo sentido.

Se elas são formadas pelas mesmas palavras, como se explica, do ponto de vista gramatical, que não tenham o mesmo sentido?

5. Explique a diferença de sentido entre as frases a seguir:

I. O técnico disse que, depois do jogo, não gosta de dar entrevistas.

II. O técnico disse, depois do jogo, que não gosta de dar entrevistas.

6. Com relação às frases a seguir, aponte a diferença de significado existente entre elas:

As seguradoras, que se baseiam em estatísticas, afirmam que as batidas de carro causadas por homens são mais fortes do que as causadas por mulheres.

As seguradoras que se baseiam em estatísticas afirmam que as batidas de carro causadas por homens são mais fortes do que as causadas por mulheres.

7. Usando apenas uma vírgula, pontue a frase a seguir de duas maneiras distintas, de modo que tenham sentidos diferentes.

Se o homem soubesse o valor que tem a mulher andaria de rastos à sua procura.

Nos fragmentos de 8 a 14, omitiram-se alguns sinais de pontuação. Reescreva-os, pontuando-os adequadamente.

8. Mas gostaria de dizer que não se podia esquecer que eram heróis todos os que suportaram o medo a doença a fome o cansaço a lama os piolhos as moscas os percevejos os carrapatos as mutucas o frio a desesperança a dor a indiferença a lama a injustiça a mutilação. (RIBEIRO, 2011, p. 476)

9. Havia alguns problemas porém que expressavam a experiência específica das sociedades árabes quando se tornaram independentes elas herdaram uma variedade de escolas algumas públicas algumas privadas algumas modernas algumas islâmicas tradicionais algumas ensinando por meio do árabe outras de uma língua europeia geralmente inglês ou francês. (HOURANI, 2006, p 510)

10. Percorrendo a Rua Matacavalos pensei com saudade naqueles cavalheiros que andavam de tílburi jogavam voltarete e tinham sobre o mundo pensamentos sutis. Divisei a um canto o vulto amável de Sofia e tive dó do Rubião. A meus ouvidos Mana Rita fazia insinuações (Cale a boca mana Rita...). Em certo bonde que me pareceu puxado por burricos tive a meu lado Dom Casmurro e lobriguei numa travessa dois vultos que deslizavam furtivos à luz escassa dos lampiões: Capitu e Escobar. (ANJOS, 1975, p. 163)

11. A internet possibilitou que mais pessoas pudessem publicar seus textos, a custo zero, seja em blogues seja em redes sociais. Pessoas que nunca publicavam e que portanto não eram lidas hoje veem seus textos serem lidos discutidos e compartilhados com outros leitores. Assiste-se ao surgimento de uma geração de autores que nunca publicaram no formato livro de papel. Sem dúvida a internet fez com que as pessoas passassem a escrever mais. Mensagens de textos são usadas cada vez mais no lugar de ligações telefônicas. (TERRA, 2018, p. 138)

12. Quando me apertava em gravatas quando me vestia como os outros homens meu pensamento se achava cheio de vestidos suntuosos de joias de leques. (CARDOSO, 2013, p. 59)

13. A caolha era uma mulher magra alta macilenta peito fundo busto arqueado braços compridos delgados largos nos cotovelos grossos nos pulsos mãos grandes ossudas estragadas pelo reumatismo e pelo trabalho unhas grossas chatas e cinzentas cabelo crespo de uma cor indecisa entre o branco sujo e o louro grisalho desse cabelo cujo contato parece dever ser áspero e espinhento boca descaída numa expressão de desprezo pescoço longo engelhado como o pescoço dos urubus dentes falhos e cariados. (ALMEIDA, 2001, p. 49)

14. A internet oferece mesmo a seus usuários mais comuns alguns poderes do espaço literário tradicional. No antigo regime da literatura o acesso à produção de enunciados oferecido a um público era drasticamente limitado; com a web consideráveis populações podem participar de dois espaços passar todos os dias algumas horas comunicando-se no âmbito de modalidades que não recorrem à interação comum oral ou escrita aquele em que indivíduos socialmente identificáveis se comunicavam em espaços sujeitos a restrições espaciais e temporais. Tal como na literatura, em que o próprio enunciado impõe seu contexto, aquele enviado pela web define a identidade de seu locutor o lugar e o momento de sua emissão: já não há acesso a um contexto dado mas a uma enunciação que institui suas próprias coordenadas. (MAINGUENEAU, 2006, p. 106)

RECAPITULANDO

Neste capítulo, estudamos a frase, que definimos como todo enunciado linguístico oral ou escrito com sentido completo, capaz de estabelecer comunicação, de acordo com a situação em que se acham os interlocutores.

Do ponto de vista gramatical, vimos que as frases podem ou não apresentar verbo. As frases que se constituem em torno de uma forma verbal são chamadas de períodos, que podem ser simples – quando organizadas em torno de uma única forma verbal – ou compostos – no caso de se organizarem em torno de mais de uma.

Do ponto de vista do sentido, as frases são usadas para atender os mais diversos propósitos comunicativos. Tradicionalmente, são classificadas em declarativas, interrogativas, exclamativas, imperativas e optativas.

■ **Frase declarativa**: é utilizada para afirmar ou negar algo de forma objetiva. Vem acompanhada por ponto final.

226 **Língua Portuguesa:** desenvolvendo competências de leitura e escrita

- **Frase interrogativa**: é utilizada quando o falante desconhece algo e faz perguntas sobre o tema. Há dois tipos de frase interrogativa, a direta e a indireta. A primeira termina em ponto de interrogação; a segunda termina em ponto final e a pergunta é dependente de outra oração.

- **Frase exclamativa**: é empregada quando o falante quer exprimir emoções (espanto, admiração, surpresa etc.).

- **Frase imperativa**: é utilizada para exprimir ordem, conselho ou solicitação. Pode ser afirmativa ou negativa.

- **Frase optativa**: é empregada quando o falante quer exprimir um desejos e vem acompanhada por ponto de exclamação.

As frases podem, também, trazer informações que não são manifestadas em sua superfície, como no caso das que contêm conteúdos implícitos que podem ser inferidos a partir de marcas linguísticas, como no caso dos pressupostos, ou pela situação comunicativa.

- **Pressuposto**: é o conteúdo não expresso no texto que pode ser inferido a partir de elementos linguísticos presentes na frase.

Destacamos, ainda, frases em que na superfície se diz uma coisa, mas na estrutura profunda se diz outra, como no caso das que contêm ironias, em que se afirma algo no enunciado, mas se nega na enunciação. A ironia comporta dois planos (ou duas vozes): o do enunciado, orientado positivamente, e o da enunciação, orientado negativamente.

CAPÍTULO 10

LINGUAGEM E ESTILO

10.1 Introdução

Encerrando nosso percurso de estudos da linguagem verbal, neste Capítulo 10 vamos falar um pouco sobre estilo. Veremos que, se a principal função da linguagem é favorecer a interação entre sujeitos, possibilitando a troca de conhecimentos e experiências, ela também pode ser usada para sensibilizar, a fim de tornar nossas mensagens mais expressivas e convincentes.

10.2 Estilo

Quando se fala em estilo, nos vem à cabeça uma frase do Conde de Buffon (1707-1788), presente em sua obra *Discurso sobre o estilo*. Diz Buffon que o estilo é o próprio homem. Mas afinal o que é estilo? Como fizemos outras vezes neste livro, vamos começar recorrendo ao dicionário.

O Houaiss apresenta nada menos do que 15 acepções para essa palavra, ou seja, *estilo* é uma palavra polissêmica. Devemos, entre as várias acepções, buscar aquela que mais se aproxima do campo de nossos estudos, ou seja, qual delas faz referência aos estudos da linguagem e do discurso.

Das 15 acepções que constam no Houaiss, quatro fazem referência à linguagem verbal. São as seguintes:

> **estilo**
> [Do lat. *stilu.*]
> **Substantivo masculino**
> **3.** modo pelo qual um indivíduo usa os recursos da língua para expressar, verbalmente ou por escrito, pensamentos, sentimentos, ou para fazer declarações, pronunciamentos etc. <e. dramático> <e. prolixo> <e. conciso>

229

4. maneira de exprimir-se, utilizando palavras, expressões, jargões, construções sintáticas que identificam e caracterizam o feitio de determinados grupos, classes ou profissões <falava no e. dos comentaristas esportivos>

5. maneira de escrever que segue o padrão social de correção gramatical e elegância <redigiu o texto em bom e.> <manual de e.>

6. *SLING.* cada um dos graus de formalidade de um discurso escrito ou falado; registro.

Antes de prosseguir, gostaríamos de esclarecer algumas informações presentes no verbete do Houaiss.

O *e.* é a abreviatura de *estilo*; o *SLING.*, que aparece na acepção 6, é a abreviatura de *sociolinguística*, que é o ramo da linguística que estuda as relações entre a língua e a sociedade. Quando tratamos da variação linguística no Capítulo 2, estávamos nos valendo dos estudos da sociolinguística. Naquela ocasião, comentamos que a variação decorrente da situação em que os falantes se encontram é denominada *registro* ou *estilo*; daí falarmos em registro (ou estilo) formal e informal.

Na acepção 3, o advérbio *verbalmente* está empregado no sentido de oralmente. Veja que, na expressão, esse advérbio está em relação de alternância com a expressão "por escrito" ("[...] para expressar, verbalmente ou por escrito [...]"). Lembramos o que afirmamos no Capítulo 1: o adjetivo *verbal* refere-se a palavra, e esta é manifestada inicialmente pela fala e, num estágio posterior, pela escrita. A palavra *verbal* provém do latim *verbalis*, que significa "de palavras". Na acepção 3, a palavra *estilo* remete a algo individual ("[...] modo pelo qual um indivíduo usa os recursos da língua [...]"). Nesse sentido, *estilo* é o mesmo que os linguistas chamam de *idioleto*, que é o conjunto de atos de fala de um indivíduo.

Na acepção 4, *estilo*, ao contrário da acepção 3, não se refere ao uso individual, mas ao de grupos sociais ("[...] de determinados grupos, classes ou profissões [...]"). Comentamos isso no Capítulo 2, quando falamos do jargão, que é o uso da língua por grupos profissionais ou socioculturais. Os linguistas chamam de *socioleto* o conjunto de atos linguísticos de um grupo de indivíduos.

Na acepção 5, *estilo* faz referência à adequação do uso que os falantes fazem (ou devem fazer) da língua à variedade prestigiada socialmente, a norma culta.

Como você deve ter notado, *estilo* está ligado à variação linguística. Trata-se, portanto, de algo que se liga à fala ou ao discurso, ou seja, a usos efetivos que os falantes fazem da língua. No campo dos estudos literários, *estilo* é empregado para designar os usos da língua por autores de uma determinada época. A expressão *estilos de época* é usada para o conjunto de características de um determinado movimento estético, daí se falar em estilo barroco, estilo clássico, estilo romântico etc.

Dentre as várias acepções de estilo, vamos nos centrar, neste capítulo, na concepção de estilo como uso individual da língua, como forma de tornar o dizer mais expressivo. Não foi à toa, portanto, que começamos este capítulo com a citação de Buffon, que identifica o estilo ao homem.

Os estudos sobre estilo são bastante antigos e remontam a Aristóteles em uma obra chamada *Retórica*. Atualmente, o ramo dos estudos do discurso que tratam do estilo é a estilística.

Embora as considerações que faremos sobre estilo estejam centradas em textos verbais, destacamos que o estilo faz parte de inúmeras atividades humanas. Fala-se em estilo no discurso da moda, jogadores de futebol também se diferenciam pelo estilo de jogar, narradores esportivos, *idem*. Jornalistas têm seu estilo. Percorra colunas de jornais e você poderá comprovar isso. Os próprios jornais têm seu estilo: uns mais sisudos, outros mais popularescos. É falsa, como se vê, a ideia de que o estilo esteja ligado apenas ao discurso artístico.

Durante anos, os estudiosos encaram o estilo de maneiras diferentes. Para alguns, estilo é aquilo que se desvia da linguagem padronizada. O estudo das figuras de linguagem emerge dessa concepção de estilo. Para outros, é um algo a mais que se sobrepõe à maneira usual de dizer, acarretando com isso um sentido novo.

Encerrando este tópico, destacamos que o estilo se manifesta nos dois componentes da língua, o léxico e a gramática. No léxico, pela escolha das palavras; na gramática, pela sintaxe, isto é, pela maneira como as palavras são combinadas.

Capítulo 10. Linguagem e estilo **231**

10.2.1 Estilo e frase

Não é objetivo deste livro tratar de questões estéticas. Não é nossa pretensão apresentar recomendações para formar poetas, romancistas e contistas, embora reconheçamos que a boa literatura sirva como referência para produção de textos não literários. Estilo não está ligado apenas a usos da língua com finalidades artísticas nem se restringe ao uso das chamadas figuras de estilo, também chamadas de figuras de linguagem ou figuras de retórica, tampouco a ornamentos do discurso. Estilo está ligado à expressividade que, além de criar uma imagem do enunciador, dotado de voz e corpo, permite que este consiga a adesão do enunciatário ao discurso.

Vimos, no capítulo anterior, que cada vez que nos valemos da língua temos um ato de fala e que a unidade mínima dos atos de fala é a frase. Agora, voltamos a falar da frase, mas sob o ponto de vista do estilo.

A frase gramatical, o período, simples ou composto, apresenta uma organização padrão. Como vimos no capítulo anterior, a frase simples, aquela organizada em torno de uma única forma verbal, costuma apresentar os termos numa ordem que vamos chamar de canônica, que é a seguinte: sujeito, verbo, complementos, adjuntos. Isso significa que a disposição dos termos nessa ordem não deve causar estranheza alguma, já que é a esperada pelo enunciatário. Quando se rompe essa ordem, alguma coisa soa diferente a ele. Esse desvio daquilo que é canônico pode ter valor estilístico. A alteração da ordem normal das palavras e das orações na frase chegou a ser uma das marcas do estilo da literatura de uma época, o Barroco, no século XVII. O excesso de inversões acabou se configurando num rebuscamento da linguagem, tanto que a palavra *barroco* passou a ser usada como sinônimo de mau gosto.

Como afirmamos, a ordem direta favorece a legibilidade; mas, por ser a esperada, tem parco efeito estilístico, já que é a norma. Os desvios da ordem direta podem se configurar recurso estilístico, mas é preciso saber usá-los. Têm de ser feitos levando em conta a expressividade, mas sem prejudicar a legibilidade.

10.2.1.1 Deslocamentos

Estilo tem muito a ver com o que se destaca, ao que foge do comum, ao que inova. Por isso, a ruptura da ordem canônica dos termos da frase costuma chamar a atenção e adquirir valor estilístico.

Voltemos a uma frase do Padre Vieira que apresentamos no Capítulo 7.

> "Tudo cura o tempo, tudo faz esquecer, tudo gasta, tudo digere, tudo acaba."

Trata-se de uma frase composta, formada de cinco orações (observe que há cinco formas verbais) que, embora sintaticamente independentes, se relacionam pelo sentido.

A oração que inicia o período é "Tudo cura o tempo" e chama a atenção porque algo soa diferente. O que, exatamente? Verifique que nela o autor rompe de forma radical a ordem canônica (sujeito – verbo – complemento), colocando o complemento antes do verbo e o sujeito depois dele. O único termo que ocupa o lugar padrão é o verbo.

Na ordem canônica, o autor teria dito "O tempo cura tudo". Agora, reflita: "o tempo cura tudo" e "tudo cura o tempo" dizem exatamente a mesma coisa, não há alteração de sentido. O que muda, então? A expressão, isto é, a forma de dizer, e essa mudança na forma da expressão produzem o estranhamento. Nesse caso, a alteração da ordem dos termos tem função estilística.

Avancemos um pouco mais. As demais orações se encadeiam à primeira. O autor manteve a posição do complemento antes do verbo; mas, nelas, omite o sujeito (o tempo) que estava expresso na primeira oração. A repetição de uma mesma estrutura sintática também tem valor estilístico. Comentaremos esse recurso a seguir, quando falarmos sobre paralelismo.

Numa das passagens de *Dom Quixote*, de Cervantes, o escudeiro Sancho Pança, um homem bastante simples, diz ao cavaleiro: "Luz dá o fogo; claridade dão as fogueiras".

Um pensamento simples ganha uma força expressiva muito grande. Sancho, da mesma forma como fez Vieira, subverte radicalmente a ordem canônica, antecipando o complemento para antes do verbo e deslocando o sujeito para depois dele. Veja que é o fogo que dá luz e são as fogueiras que dão a claridade.

Se dispusesse os termos na ordem canônica, diria "O fogo dá luz; as fogueiras dão a claridade". O conteúdo informacional seria o mesmo, mas a forma que ele escolheu é mais expressiva porque surpreende o leitor. Isso é um fato estilístico, a maneira particular de Sancho dizer as coisas. Aliás, se você leu *Dom Quixote*, deve ter percebido que Sancho Pança tem um estilo de dizer diferente do estilo de Dom Quixote. Uma das coisas que chamam atenção no estilo do escudeiro é que ele costuma, sempre que tem oportunidade, inserir um ditado popular em sua fala. A repetição sistemática desse procedimento é um dos fatores que caracterizam o estilo de Sancho.

A alteração da ordem canônica da frase com o deslocamento de um termo de sua posição normal é ainda um recurso usado para se obter ênfase. Normalmente, a ênfase recai sobre o termo que abre a frase.

As frases apresentam uma estrutura do seguinte tipo: aquilo ou aquele de que se fala, que correponde ao tema, e uma informação sobre o tema, aquilo que se fala, a que se dá o nome de rema. Em síntese: as frases apresentam a articulação tema/rema, sendo o tema a informação conhecida e o rema a informação nova. Há autores que se referem à articulação tema/rema por tópico/comentário, sendo o tópico correpondente ao tema e o comentário o correspondente de rema.

Do ponto de vista sintático, o tema costuma ser o sujeito e o rema o predicado. No entanto, nem sempre o tema corresponde ao sujeito, como você pode observar nos exemplos a seguir:

"A onça, o povo dizia que ela tinha vindo de longe."

(Guimarães Rosa)

"As chaves ele tirou no mesmo instante daquele bolso; como da vez anterior, tudo estava em um molho, em um aro de aço."

(Dostoiévski)

No primeiro exemplo, o tema é "a onça", é dela que se fala, mas o sujeito gramatical é "o povo". Na segunda, o tema é "as chaves", mas o sujeito gramatical está representado pelo pronome pessoal "ele". Observe o efeito estilístico que essas frases produzem comparando-as com as seguintes:

O povo dizia que a onça tinha vindo de longe.

Ele tirou no mesmo instante as chaves daquele bolso; como da vez anterior, tudo estava em um molho, em um aro de aço.

Não há menor dúvida de que as frases originais são mais expressivas, já que destacam o tema.

Como usamos frases para falar de alguém ou de alguma coisa, o usual é que o tema venha abrindo a frase. Como o tema é, em geral, o sujeito da frase, é comum que ele venha abrindo a frase. Em muitos casos, no entanto, não queremos ressaltar o sujeito, ou porque ele não corresponde ao tema, ou porque queremos que a ênfase recaia em outro termo. O que fazemos? Antecipamos o termo que queremos destacar para o início da frase.

Observe:

A segunda temporada da série estreia domingo na Netflix.

Domingo, a segunda temporada da série estreia na Netflix.

Na Netflix, a segunda temporada da série estreia domingo.

Estreia domingo a segunda temporada da série na Netflix.

No primeiro exemplo, enfatiza-se aquilo que estreia, o sujeito "a segunda temporada da série"; no segundo, enfatiza-se o "quando" (domingo); no terceiro, o "onde" (na Netflix); no quarto, a ação verbal, o acontecimento (estreia).

10.2.2 Vozes verbais

Outra forma de enfatizar um termo está ligada à opção pela voz ativa ou voz passiva. Relembrando: diz-se que há voz ativa quando o sujeito gramatical pratica a ação expressa pelo verbo. Haverá voz passiva quando o sujeito recebe (ou sofre) a ação expressa pelo verbo. Em suma: sujeito agente, voz ativa; sujeito paciente, voz passiva.

Essa definição, que aprendemos na escola, pode não funcionar em alguns casos, pois leva em conta apenas o critério semântico (praticar ou sofrer a ação; agente ou paciente). Numa frase como "O menino levou uma surra", embora o sujeito (o menino) sofra a ação, temos voz ativa, porque *levou* é uma forma verbal de voz ativa.

Melhor seria dizer que uma oração está na voz passiva quando a forma verbal for uma forma passiva, normalmente verbo auxiliar (em geral, o verbo *ser*) seguido de particípio: *foi comprado, é registrado, será discutido* etc.

A opção por se usar uma construção de voz ativa ou passiva está relacionada ao elemento que se quer destacar e que será colocado como sujeito da frase.

Na Copa do Mundo de futebol realizada no Brasil em 2014, o jogador colombiano Zuñiga atingiu com uma joelhada o jogador Neymar, o mais importante do Brasil e a esperança do brasileiros para a conquista do torneio. Em decorrência da entrada dura do colombiano, o atleta brasileiro ficou fora da Copa. Se você fosse jornalista de um jornal brasileiro, qual das manchetes a seguir você escolheria para informar esse fato aos leitores?

Zuñiga atinge Neymar com uma joelhada.
Neymar é atingido por Zuñiga com uma joelhada.

Evidentemente, a segunda, porque se pretende que a atenção recaia sobre o atleta brasileiro. O agente da ação, Zuñiga, poderia até ser omitido:

Neymar é atingido com uma joelhada.

Veja outro exemplo:

Receita libera mais um lote de restituição do imposto de renda.
Mais um lote de restituição do imposto de renda é liberado pela Receita.

A primeira, uma oração de voz ativa, enfatiza-se o órgão que libera a restituição; na segunda, uma construção passiva, enfatiza-se o que foi liberado. Quando se opta pela construção passiva, pode-se omitir o agente, como em "Mais um lote de restituição do imposto de renda é liberado".

Nesse caso, omitiu-se o "pela Receita" porque o enunciador pressupôs que o enunciatário poderia inferi-la sem qualquer esforço cognitivo.

Pode-se também optar por construções passivas com a forma verbal iniciando a frase. Nesse caso, não se destaca o agente nem o paciente, mas o próprio processo verbal, como nos exemplos a seguir:

É liberado pela Receita mais um lote de restituição do imposto de renda.
Foram indeferidos alguns pedidos.

10.2.3 Paralelismo sintático

Dizemos que há paralelismo quando há relação de semelhança entre duas coisas ou duas ideias. O paralelismo sintático decorre de semelhanças entre frases de mesma estrutura gramatical. Atente bem: estamos falando de paralelismo sintático, ou seja, de regras de construção de frases. Isso significa que as palavras das estruturas paralelas não precisam ser necessariamente as mesmas e, no caso de serem as mesmas, devem estar combinadas de maneiras diferentes. Se duas frases apresentam as mesmas palavras, combinadas da mesma maneira e na mesma ordem, não há paralelismo, pois se trata de uma mesma frase. Como há simetria de estrutura sintática, as frases paralelas costumam apresentar a mesma extensão. Observe o exemplo que segue:

> Duas mulheres, dois mundos. Teresa, santa, deu-se aos pobres. Diana, pecadora, entregou-se aos ricos.
>
> (Josias de Souza)

Há três frases, sendo a primeira sem verbo. As duas outras estão organizadas em torno de verbos e apresentam a mesma estrutura sintática, que é a seguinte:

◇ Núcleo nominal + adjetivo + verbo reflexivo + complemento verbal introduzido pela preposição *a*.

Essa mesma estrutura é preenchida por palavras diferentes (figuras). Podemos então afirmar que, entre a segunda e a terceira frase, há paralelismo sintático.

Veja mais um exemplo, que colhemos do *Sermão de Quarta-feira de Cinzas*, do Padre Antônio Vieira (1608-1697):

> [...] Os vivos são pó levantado, os mortos são pó caído; os vivos pó que anda, os mortos pó que jaz. [...]
>
> (Padre Antônio Vieira)

Temos uma única frase (um período composto) formada por quatro orações que apresentam simetria. Há, portanto, paralelismo sintático. No entanto, há uma pequena diferença entre as orações desse período: nas duas primeiras, o verbo de ligação (*são*) está explícito; nas duas últimas, subentendido. Nas duas primeiras, o substantivo *pó* é qualificado por adjetivo (*levantado* e *caído*); nas duas últimas, *pó* é qualificado por orações com função adjetiva (*que anda* e *que jaz*).

Como se pode notar, as quatro orações formam dois blocos de estruturas paralelas, separadas pelo ponto e vírgula. As estruturas paralelas podem assim ser representadas:

◇ **Bloco 1**: sujeito + verbo de ligação + predicativo formado de substantivo + adjetivo.

◇ **Bloco 2**: sujeito + (verbo de ligação implícito) + predicativo formado de substantivo + oração adjetiva.

O uso do paralelismo sintático confere expressividade à frase. O valor argumentativo dela decorre do uso do paralelismo sintático somado ao emprego de palavras que se opõem pelo sentido, constituindo uma figura de linguagem denominada antítese. Observe: *vivos* × *mortos*; *levantado* × *caído*; *anda* × *jaz*.

Há um tipo de paralelismo sintático em que a estrutura sintática é repetida de forma cruzada, como no célebre poema de Drummond.

[...] No meio do caminho tinha uma pedra
Tinha uma pedra no meio do caminho. [...]

(ANDRADE, 1973, p. 61)

Esse tipo de paralelismo cruzado recebe o nome de quiasmo, palavra que vem do grego, *khiasmós*, ação de dispor em cruz, em forma da letra grega *khi* (**X**).

Há alguns anos, uma propaganda de biscoito fez muito sucesso e muito desse sucesso se deveu ao fato de ela se valer de um quiasmo. Na peça publicitária, um narrador fazia a seguinte pergunta:

Tostines é fresquinho porque vende mais ou vende mais porque é fresquinho?

A repetição cruzada de é "fresquinho porque vende mais"/"vende mais porque é fresquinho" tem um efeito persuasivo importante, na medida em que instaura um círculo vicioso. Não há, portanto, resposta para essa pergunta, de sorte que ambos os predicados atribuídos ao biscoito passam a ser tomados como verdadeiros.

Se o paralelismo sintático contribui para a expressividade, a quebra do paralelismo atua em sentido contrário, na medida em que, não estabelecendo um vínculo sintático onde deveria haver, quebra-se a coesão.

Certas construções sintáticas se caracterizam por apresentarem pares correlativos. São exemplos de pares correlativos:

- *não só... mas também*; *não somente... mas ainda*, que aparecem em frases com orações aditivas;
- *tanto... que*; *tão... que*, presentes em frases em que a segunda oração é consecutiva;
- *quanto mais... mais* (ou *menos*); *quanto menos... menos* (ou *mais*), presentes em orações que indicam proporção; e
- *ora... ora*; *quer... quer*; *seja... seja*, que aparecem em orações alternativas.

Se, num texto, você usa o primeiro elemento de um par correlativo, a expectativa é que o segundo apareça. Se não aparecer, houve quebra de coesão. Num texto, se você em algum momento diz "por um lado", espera-se que adiante vá dizer "por outro (lado)". Se não disser, quebrou o paralelismo, redundando quebra de coesão.

Encerrando este tópico, chamamos sua atenção para o fato de que, quando se coordenam duas orações (ou palavras), elas devem pertencer à mesma categoria. Assim, será quebra de paralelismo sintático coordenar orações de natureza diferente. Numa frase como "Funcionários cogitam uma nova greve e isolar o governador", há ausência de paralelismo sintático, uma vez que se coordenam termos de classes gramaticais diferentes (*greve* – substantivo e *isolar* – verbo). Uma construção paralela exigiria que se coordenassem termos simétricos, isto é, pertencentes a uma mesma classe de palavras; portanto, para que houvesse paralelismo, a redação deveria ser "Funcionários cogitam nova greve e isolamento do governador" (substantivos coordenados) ou

Capítulo 10. Linguagem e estilo **239**

"Funcionários cogitam realizar nova greve e isolar o governador" (dois verbos coordenados). Veja mais um exemplo de ausência de paralelismo sintático:

Não viajei nas férias por estar doente e porque não tinha dinheiro.

Nesse exemplo, coordenam-se duas orações que exprimem causa. A primeira apresenta-se sob a forma de oração reduzida (por *estar* doente); a segunda, sob a forma de oração desenvolvida (*porque* não *tinha* dinheiro). Para estabelecer a simetria, bastaria redigir a frase de forma que as duas orações causais coordenadas entre si apresentassem a mesma estrutura gramatical (ambas reduzidas ou ambas desenvolvidas). Assim:

Não viajei nas férias *por estar doente* e *por não ter dinheiro*.

Ou:

Não viajei nas férias *porque estava doente* e *porque não tinha dinheiro*.

TEXTO COMENTADO

Das duas, uma

Amanhã, domingo, das duas, uma: ou você assiste a um jogo ou a um filme qualquer.

Se você vê o filme, tudo bem. Mas se vê o jogo, das duas, uma: ou você torce para um dos times ou fica indiferente.

Se você fica indiferente, tudo bem. Mas se torce, das duas, uma: ou você pega uma almofada para socar ou rói as unhas.

Se você rói as unhas, tudo bem. Mas se você pega uma almofada para socar, das duas, uma: ou é uma almofada comum, vagabunda, ou é uma almofada de estimação, daquelas pacientemente bordadas pela sua sogra dois dias antes de morrer.

Se é uma almofada comum, tudo bem. Mas se é uma almofada especial, das duas, uma: ou você tenta consertá-la no intervalo ou conta para sua mulher que transformou em farrapo aquela lembrança especial.

Se você tem habilidades de crochê e conserta o estrago, tudo bem. Mas se você vai contar tudo para sua mulher, das duas, uma: ou ela é muito mansa ou é uma fera.

Se sua mulher é mansa, tudo bem. Mas se ela for uma fera, das duas, uma: ou você engole em seco todos os xingamentos que vai ouvir ou parte de uma vez para a ignorância.

Se você engole em seco, tudo bem. Mas se parte para a ignorância, das duas, uma: ou você bate ou você apanha.

Se você apanha, tudo bem. Mas se você bate, das duas, uma: ou ela foge e nunca mais volta ou ela chama a polícia.

Se ela foge, tudo bem. Mas se chama a polícia, das duas, uma: ou eles aceitam suborno ou te levam para a delegacia.

Se eles aceitam suborno, tudo bem. Mas se te levam para a delegacia, das duas, uma: ou você vai para uma cela individual ou para uma coletiva.

Se você vai para a solitária, tudo bem. Mas se te põem numa coletiva, das duas, uma: ou os companheiros de cela te ignoram ou resolvem lhe dar uma surra para você aprender que não deve bater em mulher nem com uma flor, ainda mais com um controle remoto.

Se eles te ignoram, tudo bem. Mas se eles te acertam, das duas, uma: ou você morre ou vai para um hospital público.

Se você morre, tudo bem. Mas se vai para um hospital público, das duas, uma: ou você é operado por engano e trocam o seu sexo ou fica largado no corredor sem ser atendido.

Se trocarem seu sexo e você tiver que mudar o nome para Maricleide, tudo bem. Se te largarem no corredor, das duas, uma: ou tem televisão ali por perto, ou não.

Se não houver, tudo bem. Se houver, das duas, uma: ou você assiste a um jogo ou a um filme qualquer.

Dessa vez, assista ao filme.

P.S.: Quando se tem uma crônica para escrever, das duas, uma: ou você tem uma ideia ou copia a ideia de alguém. Se você tem a tal ideia, tudo bem. Mas se copia, das duas, uma: ou você dá uma de espertinho e diz que ela foi sua ou cita a fonte inspiradora. Se você resolve dar uma de espertinho, tudo bem. Se resolve dizer o nome do plagiado, das duas, uma: ou diz que é o Aparício Torelli ou diz que é o Barão de Itararé, que os dois são um.

(TORERO, 2001, p. 81-83)

O texto que você acabou de ler pertence ao gênero crônica, que circula na esfera jornalística. É comum que crônicas venham a ser, posteriormente, publicadas em suportes diferentes do jornal. Isso ocorre quando são reunidas em livros físicos e/ou digitais.

Trata-se de texto enunciativo, aqueles em que há espalhadas pelo texto as marcas linguísticas do narrador. Nesse caso, o efeito de sentido é o de subjetividade e o de proximidade à instância da enunciação. Os textos enunciativos são simulacros de enunciação na medida em que parecem reproduzi-la.

Você pode estar questionando: por que é um texto enunciativo se nele não aparecem as marcas linguísticas de 1ª pessoa? A resposta é simples: repare que o tempo todo o narrador fala se dirigindo a alguém, que, no texto, é designado por você. Se há uma 2ª pessoa instalada no texto (você), há um *eu* que fala a esse *você*.

Chamamos sua atenção para um fato: o *você* que aparece no P.S. ("Quando se tem uma crônica para escrever, das duas, uma: ou você tem uma ideia ou copia a ideia de alguém") não é o mesmo que aparece no corpo da crônica. O *você* do P.S. não designa aquele para quem se fala (a 2ª pessoa), mas aquele que fala, a 1ª pessoa, portanto. Você, no P.S., significa *eu*.

Não é incomum usar-se uma pessoa do discurso no lugar de outra. O ex-jogador Edson Arantes do Nascimento, o Pelé, costumava, em entrevistas, referir-se a si mesmo não pelo pronome de primeira pessoa *eu*, mas pelo próprio nome (Edson), quando queria se referir ao cidadão, ou por Pelé, quando queria se referir ao atleta. Era comum ouvir Pelé falando frases como: "O Pelé sempre treinou para estar em boa forma física", em vez de "Eu sempre treinei..." ou "O Edson sempre se preocupou com as crianças desassistidas" em vez de "Eu sempre me preocupei...".

Feita essa observação, detenhamo-nos em questões de estilo. Certamente, já na primeira leitura, a forma como o autor estrutura as frases do texto deve ter chamado sua atenção. Há uma mesma estrutura sintática que se repete, preenchida com palavras diferentes (figuras), ou seja, o autor recorre ao paralelismo sintático na construção de seu texto.

Exceção feita ao primeiro e ao último parágrafos, os demais apresentam uma mesma estrutura sintática. A estrutura do primeiro parágrafo é a seguinte: Das duas, uma: ou (alternativa A) ou (alternativa B).

Os demais, exceto o último, têm a seguinte estrutura sintática:

- **Parágrafo 2:** se A (ou B), tudo bem. Mas se B (ou A), das duas, uma: ou C ou D.

- **Parágrafo 3:** se C (ou D), tudo bem. Mas se D (ou C), das duas, uma: ou E ou F.

- **Parágrafo 4:** se E (ou F), tudo bem. Mas se F (ou E), das duas uma: ou G ou H; e assim até o penúltimo parágrafo.

Essa estrutura frasal, além de constituir um paralelismo sintático, reproduz um raciocínio lógico e poderia prolongar-se indefinidamente.

O último parágrafo ("Dessa vez, assista ao filme.") põe fim não só à estrutura frasal paralela, mas também à própria crônica. Observe ainda que o último parágrafo retoma as alternativas apresentadas no primeiro ("ou você assiste a um jogo ou a um filme qualquer"), fechando a estrutura circular da crônica.

Note, ainda, que o recurso de retomada de ideias já expressas e da própria estrutura frasal confere coesão ao texto.

REVISÃO GRAMATICAL

Nos dois últimos capítulos, estudamos a frase. Nas frases formadas por mais de uma palavra, as palavras se combinam segundo algumas regras, a gramática da língua. Uma frase estruturada em torno de verbo articula-se em dois segmentos: um sujeito e um predicado.

O predicado é o termo que contém o verbo. O sujeito é o termo a respeito do qual a informação contida no predicado se refere. O vínculo entre esses dois termos é estreito, pois além de estarem relacionados pelo sentido, há entre eles uma adequação gramatical. Em outros termos: o verbo, que é elemento essencial do predicado, concorda em número e pessoa com a palavra que funciona como base do sujeito (o núcleo).

Esse mecanismo pelo qual o verbo altera sua terminação para se adequar ao sujeito chama-se concordância verbal. Lembramos que os nomes também concordam entre si. Artigos, adjetivos, pronomes e numerais alteram suas terminações para se adequarem em gênero e número com o substantivo a que se referem.

A concordância (verbal e nominal) favorece a legibilidade e a coesão na medida em que torna explícita a relação entre os termos. Faremos, a seguir, uma rápida revisão de princípios de concordância verbal.

Capítulo 10. Linguagem e estilo **243**

A regra básica de concordância verbal é: o verbo concorda com o seu sujeito em número e pessoa. Isso significa que, se o sujeito é singular, o verbo fica no singular; se o sujeito é plural, o verbo vai para o plural. Sujeito de 1ª pessoa, verbo na 1ª pessoa; sujeito de 2ª pessoa, verbo na 2ª pessoa; sujeito de 3ª pessoa, verbo na 3ª pessoa.

Evidentemente, há combinação de pessoa e número. Assim, sujeito na 1ª pessoa do plural, verbo na 1ª pessoa do plural; sujeito na 3ª pessoa do plural, verbo na 3ª pessoa do plural.

Essa regra parece não apresentar problema algum. De fato. No entanto, chamamos a sua atenção para as seguintes informações:

◊ O verbo concorda com o sujeito mesmo que este venha deslocado.

Em diversos órgãos de imprensa *surgem especulações* sobre a demissão do ministro.

Ainda *restam* daquela remessa quarenta *caixas* do produto.

◊ O verbo concorda com a palavra que funciona como núcleo do sujeito e não com as que se referem a ele.

A *maioria* das pessoas não *sabe* o que significa alimentos transgênicos.

A *revelação* dos acontecimentos ocorridos na sessão plenária *chocou* a todos.

Se a regra básica é o verbo concordar com o sujeito, como proceder quando não há sujeito? Simples. Se não houver sujeito, o verbo não se flexiona, devendo permanecer na 3ª pessoa do singular. É o que ocorre com o verbo haver, no sentido de *acontecer*, *existir*, *ocorrer*, ou indicando tempo transcorrido, e o verbo *fazer*, indicando tempo transcorrido.

Havia sérios obstáculos a serem transpostos.

Faz muitos anos que ele enviou.

Os pronomes de tratamento (*você*, *Vossa Senhoria*, *Vossa Excelência* etc.), embora se refiram à pessoa com quem se fala, a 2ª pessoa do discurso, obrigam que o verbo seja empregado na 3ª pessoa.

Vossa Excelência *sabe* que seu projeto não poderá ser aprovado.

Vossa Senhoria *conhece* os problemas da sua repartição.

Note que, como os pronomes de tratamento, a concordância nominal é feita também em 3ª pessoa:

Vossa Excelência sabe que *seu* projeto não poderá ser aprovado (e não *vosso* projeto).

Essas são orientações gerais de concordância. Há, ainda, um número não pequeno de casos específicos, como concordância de porcentagens, concordância de nomes que só se usam no plural, concordância com núcleos do sujeito ligados por *ou*, concordância do sujeito coletivo etc.

Não cabe aqui apresentar uma lista exaustiva desses casos especiais, ademais porque eles costumam apresentar exceções. No caso de dúvidas, recomendamos a consulta a uma boa gramática. Nas Referências ao final deste livro, indicamos algumas.

Para finalizar, chamamos sua atenção para o fato de que a concordância nem sempre é feita de acordo com as regras estipuladas pelas gramáticas normativas. Muitas vezes, o falante, intencionalmente, deixa de fazer a concordância com o que está expresso na frase (concordância gramatical) para fazer a concordância com a ideia, com o sentido que subjaz à palavra ou à expressão presente na frase. É o que os gramáticos chamam de concordância ideológica. Veja:

A dinâmica e populosa São Paulo continua sofrendo com as enchentes.

Nessa frase, os adjetivos *dinâmica* e *populosa*, no feminino, não concordam gramaticalmente com o termo *São Paulo*, que é masculino, mas com a ideia implícita neste termo – *cidade*.

É lamentável que os brasileiros tenhamos de conviver com um descaso desse tipo.

Nessa frase, o verbo *ter* não concorda com a forma gramatical do sujeito *os brasileiros*, que é de 3ª pessoa. Ocorre que o falante se inclui no universo representado, estabelecendo a concordância em 1ª pessoa do plural: nós, os brasileiros.

Os sertões conta a Guerra de Canudos.

Nessa frase, o verbo *contar* não concorda em número com a forma gramatical do sujeito *Os sertões*, que é plural, mas com a ideia que se subentende: a obra (ou o livro).

APLICANDO O CONHECIMENTO

1. Leia o trecho a seguir, extraído de *O diário de Anne Frank*.

Fiquei furiosa e não quis ser despachada daquela maneira. Perguntei o motivo do "Não", mas isso não me levou a lugar algum. O tom de sua resposta foi:
— Você sabe que tenho de estudar também, e se eu não puder fazer isso nas tardes, não vou poder me concentrar. Tenho de terminar a tarefa que decidi fazer; caso contrário, não há sentido em começar. Além disso, você não fala a sério sobre seus estudos. Mitologia: que tipo de trabalho é esse? Ler e tricotar não contam. Eu uso a mesa e não vou abrir mão dela!
— Sr. Dussel — respondi —, eu levo o meu trabalho a sério. Não posso estudar à tarde no outro cômodo, e gostaria que o senhor reconsiderasse o meu pedido!
Tendo dito essas palavras, a insultada Anne virou e fingiu que o doutor não estava ali. Eu estava fervendo de raiva e achava que Dussel tinha sido incrivelmente grosseiro (o que era verdade) e que eu fora muito educada.

(FRANK, 2007, p. 119)

Trata-se de texto em 1ª pessoa, ou seja, há um narrador[1] instalado no texto, como demonstram as formas verbais e pronominais de 1ª pessoa ("[...] se *eu* não puder fazer isso nas tardes, não *vou* poder *me* concentrar"). Numa passagem do texto, o narrador usa a 3ª pessoa em lugar da 1ª. Identifique essa passagem.

As frases a seguir apresentam problemas de concordância, na medida em que se desviam do que prescrevem as gramáticas normativas. Identifique esses problemas e reescreva as frases de modo a adequá-las ao que estabelecem as gramáticas normativas da Língua Portuguesa.

2. A distribuição das atividades no final de um subtítulo *e/ou* no final do capítulo ficam a critério do autor.

3. A difusão dessas concepções trouxeram grandes prejuízos para a ciência.

---

1. Usamos *narrador* (no masculino) porque nos referimos à função (aquele que narra). No texto, a função de narrador é exercida por uma personagem do gênero feminino, Anne.

4. Toda essa situação gera muitos conflitos dentro da sala de aula, o que não ocorria anos atrás, quando o ritmo de vida e a estrutura familiar era diferente.

5. Em diversos órgãos de imprensa surge especulações a respeito da separação da atriz.

6. Ainda subsiste indícios de que ela foi a autora do crime.

Texto para a questão 7.

O homem era alto e tão magro que parecia sempre de perfil. Sua pele era escura, seus ossos proeminentes e seus olhos ardiam como fogo perpétuo. Calçava sandálias de pastor e a túnica azulão que lhe caía sobre o corpo lembrava o hábito desses missionários que, de quando em quando, visitavam os povoados do sertão batizando multidões de crianças e casando os amancebados. Era impossível saber sua idade, sua procedência, sua história, mas algo havia em seu aspecto tranquilo, em seus costumes frugais, em sua imperturbável seriedade que, mesmo antes de dar conselhos, atraía pessoas.

(LLOSA, 1982, p. 15)

7. Reescreva as frases, substituindo as palavras em destaque por aquelas indicadas entre parênteses, observando a concordância.

   a) "O *homem* era alto e tão magro que parecia sempre de perfil." (mulher/homem e mulher)

   b) "Sua *pele* era escura, seus ossos proeminentes e seus *olhos* ardiam como fogo perpétuo." (rosto; olhar)

8. No romance *Relato de um certo oriente*, de Milton Hatoum, há a seguinte passagem:

"Os filhos de Emilie éramos proibidos de participar destas reuniões que varavam a noite e terminavam no pátio da fonte, aclarado por uma luz azulada."

(HATOUM, 2005, p. 57)

Se o verbo concorda com o sujeito em número e pessoa, como você justifica a concordância do verbo *ser* (éramos), já que o sujeito é "os filhos de Emilie"?

RECAPITULANDO

Para compreender o que é estilo, temos de ter bem claros os conceitos já estudados neste livro, particularmente os de língua e fala, de variação linguística, de texto e de frase.

Capítulo 10. Linguagem e estilo **247**

Resumidamente, estilo diz respeito ao plano da expressão dos textos e está ligado a maneiras de dizer. O estilo é resultado de escolhas que o falante faz, tanto no léxico quanto na gramática. Estilo relaciona-se às estratégias do enunciador em tornar seu texto mais expressivo e, com isso, conseguir a adesão do enunciatário. Embora haja estilo de uma determinada época, ou de uma determinada categoria de pessoas, neste capítulo nosso estudo voltou-se ao estilo individual, mais precisamente aos recursos gramaticais que contribuem para tornar os textos mais expressivos. Entre esses recursos, destacamos principalmente:

- **Deslocamentos**: mudança na ordem canônica da frase (sujeito - verbo - complementos), a fim de dar destaque a um termo.

- **Vozes verbais**: a escolha da voz ativa ou passiva está relacionada ao que se quer enfatizar: o agente ou o paciente.

- **Paralelismo**: recorrência de mesmas estruturas sintáticas com finalidade expressiva. Quando as estruturas paralelas se dispõem em forma de um X, temos o quiasmo.

Destacamos ainda que, em muitos casos, o falante se desvia intencionalmente das regras da gramática normativa a fim de tornar seu texto mais expressivo.

REFERÊNCIAS

ADAM, Jean-Michel. *A linguística textual*: introdução à análise textual dos discursos. Tradução de Maria da Graças Soares Rodrigues *et al*. 2. ed. São Paulo: Cortez, 2011.

AGOSTINHO, Santo. *Confissões*. Tradução de Lorenzo Mammi. São Paulo: Penguin-Companhia, 2017.

ALEKSIÉVITCH, Svetlana. *Vozes de Tchernóbil*: a história oral do desastre nuclear. Tradução de Sonia Branco. São Paulo: Companhia das Letras, 2016.

ALMEIDA, Júlia Lopes de. A caolha. In: MORICONI, Italo (Org.). *Os cem melhores contos brasileiros do século*. Rio de Janeiro: Objetiva, 2001.

ALMEIDA, Manuel Antônio de. *Memórias de um sargento de milícias*. Cotia: Ateliê Editorial, 2011.

ANDRADE, Carlos Drummond de. Poema de sete faces. In: _____. *Poesia completa e prosa*. Rio de Janeiro: Aguilar, 1973.

ANDRADE, Carlos Drummond de. No meio do caminho. In: _____. *Poesia completa e prosa*. Rio de Janeiro: Aguilar, 1973.

ANJOS, Cyro dos. *O amanuense Belmiro*. 8. ed. Rio de Janeiro: José Olympio, 1975.

ANTÔNIO, João. Maria de Jesus de Souza (Perfume de Gardênia). In: _____. *Contos reunidos*. São Paulo: Cosac Naify, 2012.

AQUINO, Marçal. *Eu receberia as piores notícias dos seus lindos lábios*. São Paulo: Companhia das Letras, 2005.

ASSIS, Machado de. Quincas Borba. In: _____. *Machado de Assis*: obra completa. Rio de Janeiro: Aguilar, 1979.

ASSIS, Machado de. Memórias póstumas de Brás Cubas. In: _____. *Machado de Assis*: obra completa. Rio de Janeiro: Aguilar, 1979b.

ASSIS, Machado de. Dom Casmurro. In: _____. *Machado de Assis*: obra completa. Rio de Janeiro: Aguilar, 1979c.

AZEVEDO, Aluísio. *O cortiço*. Disponível em: http://www.dominiopublico.gov.br/download/texto/bn000003.pdf. Acesso em: 26 dez. 2019.

BARBOSA, Rui. Escritos e discursos seletos. 2. ed. São Paulo: Aguilar, 1966, *apud* LEITE, Marli Quadros. *Metalinguagem e discurso*: a configuração do purismo brasileiro. 2. ed. São Paulo: Associação Editorial Humanitas, 2006.

BAUMAN, Zygmunt. *Vida líquida*. 2. ed. Tradução de Carlos Alberto Medeiros. Rio de Janeiro: Zahar, 2009.

BERGAMO, Mônica. Palácio ficou perplexo com frase 'terrível' de Guedes sobre domésticas. *Folha de S.Paulo*, 13 fev. 2020. Disponível em: https://www1.folha. uol.com.br/colunas/monicabergamo/2020/02/palacio-ficou-perplexo-com- -frase-terrivel-de-guedes-sobre-domesticas.shtml. Acesso em: 24 jan. 2023.

BERGAMO, Mônica; SORAGGI, Bruno B.; AZEVEDO, Victoria.; VIEIRA, Bianka. Eleição da diretoria da Câmara de SP acentua crise na bancada do PT. *Folha de S.Paulo*, 18 dez. 2019. Disponível em: https://www1.folha.uol.com.br/ colunas/monicabergamo/2019/12/eleicao-da-diretoria-da-camara-de-sp-a- centua-crise-na-bancada-do-pt.shtml. Acesso em: 24 jan. 2023.

BOTTINI, Ettore. *Uns contos*. São Paulo: Cosac Naify, 2013.

BRASIL. Secretaria de Educação Fundamental. *Parâmetros Curriculares Nacionais*: Língua Portuguesa: terceiro e quarto ciclos do ensino fundamen- tal. Brasília: MEC/SEF, 1998. v. 2.

CAMÕES, Luís de. *Obra completa*. Rio de Janeiro: Aguilar, 1963.

CANETTI, Elias. *Massa e poder*. Tradução de Sergio Tellaroli. São Paulo: Companhia das Letras, 2019.

CARDOSO, Lúcio. *Crônica da casa assassinada*. 13. ed. Rio de Janeiro: Civilização Brasileira, 2013.

CARROLL, Lewis. *Alice no país das maravilhas*. Tradução de Nicolau Sevcenko. São Paulo: Cosac Naify, 2009.

CHAROLLES, Michel. Introdução aos problemas da coerência dos textos. In: GALVES, Charlote; ORLANDI, Eni Pulcinelli; OTONI, Paulo (Org.). *O texto*: leitura e escrita. Campinas: Pontes, 1997.

CHIZIANE, Paulina. *Niketche:* uma história de poligamia. São Paulo: Companhia das Letras, 2004.

COUTO, José Geraldo. Festa nossa, drama de Parreira. *Folha de S.Paulo*, 5 set. 2005. Disponível em: https://www1.folha.uol.com.br/fsp/esporte/fk0509200530.htm. Acesso em: 9 nov. 2022.

COUTO, Mia. *Terra sonâmbula*. São Paulo: Companhia das Letras, 2007.

CRUZ E SOUSA, João da. *Obra completa*. Rio de Janeiro: José Aguilar, 1961.

CUNHA, Euclides. *Os sertões*. 39. ed. Rio de Janeiro: Livraria Francisco Alves Editora/Publifolha, 2000.

CRYSTAL, David. *A revolução da linguagem*. Tradução de Ricardo Quintana. Rio de Janeiro: Zahar, 2005.

DE MASI, Domenico. *O ócio criativo*. Tradução de Léa Manzi. Rio de Janeiro: Sextante, 2000.

DIAS, Gonçalves. Canção do exílio. In: CANDIDO, Antonio; CASTELLO, José Aderaldo. *Presença da Literatura Brasileira I*: das origens ao Romantismo. 5. ed. São Paulo: Difusão Europeia do Livro, 1973.

DICKENS, Charles. *Um conto de duas cidades*. 2. ed. Tradução de Débora Landsberg. São Paulo: Estação Liberdade, 2010.

FIORIN, José Luiz. *Elementos de análise do discurso*. São Paulo: Contexto, 2000.

FIORIN, José Luiz. *As astúcias da enunciação*. 2. ed. São Paulo: Ática, 2001.

FIORIN, José Luiz; SAVIOLI, Francisco Platão. *Para entender o texto*: leitura e redação. 4. ed. São Paulo: Ática, 1995.

FRANK, Anne. *O diário de Anne Frank*. 24. ed. Tradução de Alves Calado. Rio de Janeiro: Record, 2007.

GARCIA, Othon Moacyr. *Comunicação em prosa moderna*. 7. ed. Rio de Janeiro: Editora da Fundação Getúlio Vargas, 1989.

GIGLIOLI, Daniele. *Crítica da vítima*. Tradução de Pedro Fonseca. Belo Horizonte: Âyiné, 2016.

GREENBLATT, Stephen. *Ascensão e queda de Adão e Eva*. Tradução de Donaldson M. Garschagen. São Paulo: Companha das Letras, 2018.

GROSSMAN, Vassili Semyonovitch. *Vida e destino*. Tradução de Irineu Franco Perpetuo. Rio de Janeiro: Objetiva, 2014.

HATOUM, Milton. *Relato de um certo oriente*. São Paulo: Companhia das Letras, 2004.

HADDAD, Fernando. Sob ataque. *Folha de S.Paulo*, 28 dez. 2019. Disponível em: https://www1.folha.uol.com.br/colunas/fernando-haddad/2019/12/sob-ataque.shtml. Acesso em: 24 jan. 2023.

HOUAISS. Houaiss Corporativo. *Houaiss*, s/d. Disponível em: https://houaiss.uol.com.br/pub/apps/www/v5-2/html/index.php#2. Acesso em: 7 jun. 2020.

HOURANI, Albert. *Uma história dos povos árabes*. São Paulo: Companhia de Bolso, 2006.

IBSEN, Henrik. *Casa de bonecas*. Tradução de Cecil Thiré. São Paulo: Nova Cultural, 2003.

INSTITUTO BRASILEIRO DE GEOGRAFIA E ESTATÍSTICA (IBGE). Produção da Pecuária Municipal 2017. *IBGE*, 6 fev. 2019. p. 4. Disponível em: https://biblioteca.ibge.gov.br/visualizacao/periodicos/84/ppm_2017_v45_br_informativo.pdf. Acesso em: 12 ago. 2022.

JUNG, Carl Gustav. Le conditionnement terrestre de l'âme. In: BACHELARD, Gaston. *A poética do espaço*. 2. ed. Tradução de Antonio de Pádua Danesi. São Paulo: Martins Fontes, 2008.

KRISTEVA, Julia. *Introdução à semanálise*. Tradução de Lucia Helena França Ferraz. São Paulo: Perspectiva, 1974.

LIBÂNIO, Marcelo. A importância da Literatura… para a Engenharia. *Boletim Informativo da UFMG*, n. 1398, 29 de maio de 2003. Disponível em: https://www.ufmg.br/boletim/bol1398/segunda.shtml. Acesso em: 24 jan. 2023.

LÍNGUA: vidas em português. Direção de Victor Lopes. Brasil, Portugal, 2002. 1 vídeo (105 min). Disponível em: https://www.youtube.com/watch?v=JB-mLzbjmhhg. Acesso em: 15 dez. 2022.

LLOSA, Mario Vargas. *A guerra do fim do mundo*. 8. ed. Tradução de Remy Gorga Filho. São Paulo: Francisco Alves, 1982.

LUFT, Celso Pedro. *O romance das palavras*. São Paulo: Ática, 1996.

MACHADO, Alcântara. A piedosa Teresa. In: DIAS, Gonçalves *et al*. *Nós e os outros:* histórias de diferentes culturas. 2. ed. São Paulo: Ática, 2003.

MACHADO, Alcântara. Lisetta. In: _____. *Brás, Bexiga e Barra Funda: notícias de São Paulo*. Belo Horizonte: Itatiaia, 2001.

MÃE, Valter Hugo. *O filho de mil homens*. São Paulo: Cosac Naify, 2011.

MAINGUENEAU, Dominique. *Discurso literário*. Tradução de Adail Sobral. São Paulo: Contexto, 2006.

MANN, Thomas. *Os Buddenbrooks*. 3. ed. Tradução de Herbert Caro. Rio de Janeiro: Nova Fronteira, 2000.

MANGUEL, Alberto. *O leitor como metáfora*: o viajante, a torre e a traça. Tradução de José Geraldo Couto. São Paulo: Edições SESC São Paulo, 2017.

MARÍAS, Javier. *Os enamoramentos*. Tradução de Eduardo Brandão. São Paulo: Companhia das Letras, 2012.

NABUCO, Joaquim. *Minha formação*. São Paulo: Editora 34, 2012.

NATUREPLANET. Projeto Peixe Boi. *NaturePlanet*, 12 ago. 2007. Disponível em: http://natureplanet.blogspot.com/2007/08/projeto-peixe-boi.html. Acesso em: 15 ago. 2022.

OLIVEIRA, Germano. Precisamos acabar com o Frankenstein tributário. *IstoÉ*, 20 dez. 2019. Disponível em: https://revista.istoe.com.br/precisamos-acabar--com-o-frankenstein-tributario. Acesso em: 16 nov. 2022.

PACHECO, Jessyca. Fragmentos. In: _____. *Matéria derradeira*. São Paulo: Córrego, 2015.

PADEIRO, Carlos; PRATES, Renan. Presidente do Palmeiras ironiza fama de banana e chama críticos de 'bolhas e amebas'. *Uol*, 6 dez. 2021. Disponível em: https://www.uol.com.br/esporte/futebol/ultimas-noticias/2011/12/06/pre-sidente-do-palmeiras-ironiza-fama-de-banana-e-chama-criticos-de-bolhas-e--amebas.htm. Acesso em: 26 out. 2022.

PESSOA, Fernando. *Obra poética em um volume*. Rio de Janeiro: Aguilar, 1972.

PIGLIA, Ricardo. *Respiração artificial*. Tradução de Heloisa Jahn. São Paulo: Companhia das Letras, 2010.

PINKER, Steven. *Guia de escrita*: como conceber um texto com clareza, precisão e elegância. Tradução de Rodolfo Ilari. São Paulo: Contexto, 2016.

POE, Edgar Allan. O barril de amontillado. In: _____. *Ficção completa, poesia e ensaios*. Tradução de Oscar Mendes com a colaboração de Milton Amado. Rio de Janeiro: Nova Aguilar, 2001.

POSSENTI, Sírio. *Os humores da língua*: análise linguística de piadas. Campinas: Mercado de Letras, 1998.

PUCHNER, Martin. *O mundo da escrita*: como a literatura transformou a civilização. Tradução de Pedro Maia Soares. São Paulo: Companhia das Letras, 2019.

RAMOS, Graciliano. Linhas Tortas (1962). [Em entrevista concedida a um jornal, em 1948.] *Site oficial do escritor Graciliano Ramos*, s/d. Disponível em: https://graciliano.com.br/obra/linhas-tortas-1962/. Acesso em: 16 ago. 2022.

RIBEIRO, João Ubaldo. *Viva o povo brasileiro*. 5. ed. Rio de Janeiro: Objetiva, 2011.

ROCCO, Maria Thereza Fraga. *Crise na linguagem*: a redação no vestibular. São Paulo: Mestre Jou, 1981.

ROSA, Noel. Com que roupa. In: MÁXIMO, João; DIDIER, Carlos. *Noel Rosa: uma biografia*. Brasília: Editora da Universidade de Brasília, 1990.

RULFO, Juan. O dia do desmoronamento. In: _____. *Chão em chamas*. Tradução de Eric Nepomuceno. Rio de Janeiro: BestBolso, 2015.

SALUM, Isaac Nicolau. Prefácio à edição brasileira. In: SAUSSURE, Ferdinand. *Curso de linguística geral*. 4. ed. Tradução de Antônio Chelini, José Paulo Paes e Izidoro Blikstein. São Paulo: Cultrix, 1972.

SANTOS, Joel Rufino dos. *História do Brasil*. São Paulo: Marco Editorial, 1979.

STRUNK JR., William. *The Elements of Style*. Disponível em: http://www.jlakes.org/ch/web/The-elements-of-style.pdf. Acesso em: 27 jan. 2023.

STYCER, Maurício. O Brasil de 2020 grita nas novelas. *Folha de S.Paulo*, 19 jan. 2020. Disponível em: https://www1.folha.uol.com.br/colunas/mauriciostycer/2020/01/o-brasil-de-2020-grita-nas-novelas.shtml. Acesso em: 9 nov. 2022.

TERRA, Ernani. *Da leitura literária à produção de textos*. São Paulo: Contexto, 2018.

TEZZA, Cristovão. *Literatura à margem*: sete conferências de Cristovão Tezza. Porto Alegre/São Paulo: Dublinense, 2018.

TORERO, José Roberto. Das duas uma. In: _____. *Os cabeças-de-bagre também merecem o paraíso*. Rio de Janeiro: Objetiva, 2001.

VERISSIMO, Erico. *Incidente em Antares*. São Paulo: Companhia de Bolso, 2009.

VERISSIMO, Erico. *O tempo e o vento* [parte III]: o arquipélago. São Paulo: Companhia das Letras, 2004. v. 2.

VIEIRA, Padre Antônio. Sermão de Quarta-Feira de Cinzas. *Biblioteca Digital de Literatura de Países Lusófonos*, s/d. Disponível em: https://www.literatura-brasileira.ufsc.br/documentos/?action=download&id=134839. Acesso em: 8 jun. 2020.

WOLF, Maryanne. *O cérebro no mundo digital*: os desafios da leitura na nossa era. Tradução de Rodolfo Ilari e Mayumi Ilari. São Paulo: Contexto, 2019.

GRAMÁTICAS

AZEREDO, José Carlos de. *Gramática Houaiss da língua portuguesa*. São Paulo: Publifolha, 2012.

BECHARA, Evanildo. *Moderna gramática portuguesa*. 37. ed. revista e ampliada. Rio de Janeiro: Lucerna, 2001.

CASTILHO, Ataliba T. de. *Nova gramática do português brasileiro*. São Paulo: Contexto, 2010.

CUNHA, Celso; CINTRA, Lindley. *A nova gramática do português contemporâneo*. 3. ed. Rio de Janeiro: Lexikon, 2007.

NEVES, Maria Helena de Moura. *A gramática do português revelada em textos*. São Paulo: Editora da Unesp, 2018.

NEVES, Maria Helena de Moura. *Gramática de usos do português*. São Paulo: Editora da Unesp, 2000.

TERRA, Ernani. *Curso prático de gramática*. 7. ed. São Paulo: Scipione, 2017.